中国地方政府债务风险

（2014~2017）

THE RISK OF
LOCAL GOVERNMENT DEBT
IN CHINA：2014-2017

刁伟涛 著

社会科学文献出版社
SOCIAL SCIENCES ACADEMIC PRESS (CHINA)

本书系教育部人文社会科学研究青年基金项目"债务置换下地方政府债务风险的再评估与防范：基于偿债策略设计的视角"结项成果

（批准号：16YJC790015）

序

　　地方债风险不仅是财政学界关注的热点问题，也是全社会高度关注的问题。地方债风险到底有多大，真是众说纷纭。极而言之，只要能够保证债务可持续，即正常还本付息，地方债就不存在风险。这是最低层次的债务管理目标。

　　对于地方债风险的认识，"夸大说"和"淡然说"的危害都是不言而喻的。前者可能导致原本可以通过债务融资实现的公共服务不能有效提供；后者可能导致本可防范的风险不能得到有效防范。地方债基础数据的不足是"夸大说"和"淡然说"流行的主要原因。错误地将国有企业债务与地方债画等号，必然夸大地方债的风险。为此，厘清地方债的口径就显得特别重要。认为中国政府资产多，就不用关心负债问题，对地方债"淡然处之"，也是极其有害的。政府资产和负债的关系不是简单的一对一关系，以资产抵债，多数情况下需要有合适的变现机制，而且资产变现还可能耗费时间。

　　全国各地的债务分布不同，债务风险也有很大的差异。债务规模大的地方风险不一定高，债务规模小的地方风险也不一定低。发达地区通常有较大的债务规模，但偿债能力较强；当然，欠发达地区如有较大的债务规模，则风险肯定很高。为此，我们需要高度关注地方债的分布问题。

　　地方债风险是动态变化的。经济社会环境的变化可能让地方债风险发生转变。地方债务管理不能只从地方财政运行视角出发，而应从国家治理的高度进行，这是高层次的地方债管理应该关注的问题。

　　防范化解重大风险是系统性工程。地方债风险一旦爆发，必然会引发金融风险，金融风险最终又会转化为财政风险，严重者甚至转化为财政危机。地方债因此既是财政问题，又是金融问题，必须从战略高度处理好财政与金融的协调合作关系。把握动态变化，才能为地方债风险的防范提供有力的支持。

　　刁伟涛博士的团队对2014～2017年中国地方债风险的测度、分布与变动做了较细致的研究，给地方债务管理决策提供了有力的支持。伟涛的这部著作值得关心地方债问题的读者关注。

本书除了数据之外，所采用的方法也应得到高度重视。事实上，许多争论是方法不同所致。

年轻人在地方高校特别是理工学科大学从事财政研究工作，殊为不易。伟涛近年来活跃在财政学界，取得了较为丰硕的成果。地方债研究还有不少工作可以做，仍有很大的研究空间。或有负债、隐性债务等不易测度的地方债问题值得特别关注，我期待伟涛的团队未来能对此做出更深入的回应。

杨志勇

中国社会科学院财经战略研究院　研究员

2018 年 11 月 23 日星期五　北京

引　言

2018 年 8 月，《中共中央国务院关于防范化解地方政府隐性债务风险的意见》以及《中共中央办公厅国务院办公厅关于印发〈地方政府隐性债务问责办法〉的通知》两个文件陆续下发，应该说，这是我国地方政府债务管理历程中的标志性乃至历史性事件，意味着《中华人民共和国预算法》（以下简称《预算法》）在 2015 年之后将地方政府显性债务纳入预算管理之后，隐性债务又进一步地被明确纳入监管。自此，地方政府显性债务和隐性债务被纳入一个大的框架下进行综合治理。

实际上，近年来，地方政府债务问题尤其是风险防范化解问题受到党中央和国务院的高度重视。2017 年 7 月召开的第五次全国金融工作会议明确指出，各级地方党委和政府要树立正确政绩观，严控地方政府债务增量，终身问责、倒查责任。2017 年 12 月召开的中央经济工作会议，明确将防范化解重大风险作为 2018～2020 年的三大攻坚战之首。国务院常务会议也多次强调，各地要落实属地责任，规范地方政府举债融资，积极稳妥地化解累积的地方政府债务风险。

应该说，2018 年是中国地方政府债务规范发展的重要一年，在这一年，2014 年的存量地方政府债务全部置换完毕，地方政府债务将全部以规范的政府债券形式存在。同时，2018 年及以后中国地方政府的债务风险可能会进一步加大，随着 2015 年发行的 3 年期置换债券和新增债券在 2018 年的到期，到期本金在后续年份也会逐步叠加，偿还本金的财政压力日益凸显，地方政府再融资债券于 2018 年出现，这在很大程度上印证了这一点。另外，在财政部的部署下，各级地方政府正在密集摸底债务情况，紧锣密鼓地制定地方版化解地方债风险的方案，防范和化解地方隐性债务风险，可能成为未来政府工作的重点。

对于我国地方政府债务风险的研究一直是学术界的热点，但是大部分研究主要基于全国整体规模和国际比较的视角，对于省域层面的研究并不多（郭玉清等，2015；杨林和侯欢，2015；刁伟涛，2016；常欣等，2017；刁伟涛和王楠，2017），而对于地级和县级政府债务风险的研究则几乎是空白。但是，按照"一级政府、一级预算"的财政体制，全国整体性的地方政府债务风险并不等同于各个省份的地方政府债务风险，而各个省份的地方政府债务风险也并不等同于辖区内各个地级和县级政府的债务风险。实际上，我国地方政府债务风险总体基本可控，但是区域分布不均衡，随着不同地区经济走势的分化，部分市县级政府的债务风险已经陡然加剧，2016年10月，《地方政府性债务风险应急处置预案》和《地方政府性债务风险分类处置指南》的印发实施在很大程度上也反映了我国政府对上述状况的担忧和应对。

长期以来，债务数据缺乏可得性造成对省份尤其是市县级地方政府债务风险研究的缺失（刁伟涛，2017），但是，随着《预算法》在2015年的实施，我国地方政府债务的管控治理开始在一个新的法律框架下运行，在这个框架下，在财政部对财政信息公开的相关要求下，县级以上各级地方政府的债务都要纳入本级预算并且相关数据要向全社会公开，这使得各级地方政府的债务数据公开可得，基于这些数据从空间分布的结构性视角去研究地方政府债务风险问题也成为可能，而这无疑是对全国整体性视角的有益补充和完善。从考察分析年份上来说，本书集中于2014～2017年，2014年底的地方政府债务存量情况也是地方政府债务纳入预算之后2015年的初始状况，从样本上来说，涵盖了省级、地级和县级三个层次，省级以省份为样本，既考察全省/区/市，也分析省/区/市本级的债务风险状况及其空间分布和均衡状况等；地级以地级行政区划为样本，既分析全市/地区/州/盟，也考察市/地区/州/盟本级的债务风险状况及其空间分布和均衡状况；县级以县/市/区/旗等县级行政区划为样本，分析全县/市/区/旗的债务风险状况及其空间分布和变动趋势等①。

本书的数据主要是地方债务（含一般债务和专项债务）余额数据和地方

---

① 需要说明的是，我国还存在开发区、高新区、保税区和风景管理区等行政区域设置，其管理机构一般是管理委员会等，开发区等并不是一级行政区划，管委会也不是一级政府，而是所在地市级以上人民政府的派出机构，因此本书对于地方政府债务问题的分析，并不单独分析开发区等的债务，实际上，开发区等的债务往往纳入其所在地市级政府的市级预算。同时，本书也不考虑新疆生产建设兵团及其下辖各个师的债务情况。

财政收支①（含一般公共预算和政府性基金预算）数据，数据来源（按照优先采纳和依次查找的大致顺序）主要是：①《中国城市统计年鉴》、《中国统计年鉴》和《中国财政年鉴》等；②财政部、31 个省级政府（省、自治区、直辖市）、334 个地级政府和 2850 个县级政府的政府决算报告及附表、预算执行情况报告及附表等，还包括地方财政部门公布的地方债务相关情况（余额、举借等）说明、地方债务限额分配以及预算编制调整等，其中省级债务数据还查找了中国债券信息网（http：//www. chinabond. com. cn/）地方债券发行栏目公布的一般债券和专项债务的信息披露文件和信用评级报告等；③对于没有公布或没有找到的财政收支和地方债务数据，向省级和地级政府的财政部门或其政府信息申请公开受理机构提交了公开申请，经过电话沟通、纠错重寄、整理回复、行政复议、录入数据、核对检查和查漏补缺等环节，对相关数据进行了整理②。

当然，限于地方政府债务信息主动公开的现实状况和依申请公开的回复办理情况，以及团队人员、时间和经费等方面的限制，本书并没有完整地得到我国所有地级政府、县级政府 2014～2017 年的地方债务和财政收支数据，同时也只查找整理了 2015～2017 年县级政府的相应数据③，但是从样本数量上来说，纳入本书分析的地级政府大概占总数的 70%，县级政府大概占 40%，基于这些样本基本可以了解地级政府和县级政府债务风险的全貌，也基本可以对地方政府债务风险的变动情况有所把握。

需要说明的是，本书分析的地方政府债务仅包括 2015 年之后纳入预算的显性债务，即 2015 年发行的新增地方债券和置换地方债券，以及经过清理甄别的截至 2014 年末的非政府债券形式存量债务，既不考虑地方政府负有担保

---

① 需要明确说明的是，本书中的财政收入数据是收入合计线上的数据，不包括上级转移支付收入、债务收入、下级上解收入、上年结余、调入资金等；财政支出数据是支出合计线上的数据，不包括上解上级支出、债务还本支出、下解下级支出、调出资金和年终结余等。

② 大概从 2016 年 5 月开始，笔者带领团队对我国的地方政府进行了数次债务数据和财政收支数据的查找和申请公开工作，最先集中于 31 个省级政府和 334 个地级政府，大概从 2017 年下半年开始，查找和申请范围扩展到 2850 个县级政府，纳入本书分析的数据截至 2018 年 7 月 25 日。

③ 需要说明的是，由于公开 2015 年政府债务数据的县级政府数量很少，考虑到样本的充足性和代表性，没有将 2015 年的县域债务风险状况纳入分析。

责任和负有救助责任的政府性债务，也不考虑地方政府违法违规或变相举债形成的隐性债务，同时也不考虑在政府与社会资本合作（PPP）项目中地方政府纳入预算的财政支出责任。

当然，不把非显性债务（主要是或有债务和隐性债务）纳入考虑范围不是因为非显性债务问题不重要[1]，也不是因为本书认为其规模相对于显性债务较小[2]，恰恰相反，本书认为非显性债务尤其是隐性债务可能是更大、更棘手的问题，之所以不考虑主要是因为数据缺失，随着目前的隐性债务摸底核查工作的推进，相关数据如能及时、充分公开的话，未来对地方债务风险的研究分析无疑应将其纳入。

---

[1] 2017年以来，随着50号文（《关于进一步规范地方政府举债融资行为的通知》）、87号文（《关于坚决制止地方以政府购买服务名义违法违规融资的通知》）、92号文（《关于规范政府和社会资本合作（PPP）综合信息平台项目库管理的通知》）、194号文（《关于进一步增强企业债券服务实体经济能力严格防范地方债务风险的通知》）和23号文（《关于规范金融企业对地方政府和国有企业投融资行为有关问题的通知》）等一系列规范地方政府举债融资文件的出台，对地方政府隐性债务的监管治理日益强化。对隐性债务增量的有效遏制事关国务院43号文（《国务院关于加强地方政府性债务管理的意见》）和《预算法》确立的地方政府债务治理"开前门、堵后门"思路和原则的贯彻，也是防范化解金融风险的重要内容。

[2] 当前，全国各地正在密集开展隐性债务的摸底工作，部分地方政府的隐性债务规模数据也被不断报道或披露，根据这些样本数据和有关机构的估算判断，相对于纳入预算的显性债务，地方政府隐性债务的规模并不小。

目　录

第一章
我国地方政府债务发展历程及现状

第一节　我国地方政府债务的整体规模

关于我国地方政府性债务规模①的权威确切数据可以追溯至 1996 年审计署发布的《全国地方政府性债务审计结果》（2011 年第 35 号），其对改革开放至 2010 年底尤其是 1996 年以后的地方政府性债务情况进行了全面的梳理。两年之后，审计署又发布了《全国政府性债务审计结果》（2013 年第 32 号），对截至 2013 年 6 月底的地方政府性债务规模和结构等情况进行了公开。一年之后，为了在修正后的《中华人民共和国预算法》（以下简称《预算法》）实施后奠定将地方政府债务分门别类纳入一般公共预算和政府性基金预算管理的基础，财政部在全国范围内对截至 2014 年的底存量债务进行了一次清理甄别工作。2015 年之后，地方政府债务全面纳入预算，相关数据也按照预算公开的规范和要求进行了公开。正是基于上述工作及其对地方政府性债务信息的披露，我们可以基本梳理 1996～2017 年这 22 年中地方政府债务的发展脉络，而为了使上述梳理宏观、全面、清晰、集中，同时主线一以贯之，特别做了如下考虑。

一是将地方政府债务和中央政府债务同时纳入分析，二者共同构成政府债务，在整个政府债务的大框架下认识地方政府债务并与中央政府债务进行对比分析，形成更为全面和准确的判断。

---

① 按照《国务院办公厅关于做好地方政府性债务审计工作的通知》（国办发明电〔2011〕6 号）的界定，依据偿债法律责任的不同，地方政府性债务具体划分为三类：第一类是政府负有偿还责任的债务，即由政府或政府部门等单位举借，以财政资金偿还的债务；第二类是政府负有担保责任的或有债务，即由非财政资金偿还，地方政府提供直接或间接担保形成的或有债务，债务人出现偿债困难时，地方政府要承担连带责任；第三类是其他相关债务，即由相关企事业单位等自行举借用于公益性项目并以单位或项目自身收入偿还的债务，地方政府既未提供担保，也不负有任何法律偿还责任，但当债务人出现偿债困难时，政府可能需给予一定救助。

二是利用负债率和债务率两个指标来分析地方政府债务风险，评估地方政府债务风险的关键不在于其绝对规模，而在于其与经济体量（GDP）和综合财力（一般公共预算收入和政府性基金收入）相比的相对规模，通过对这两个指标数值大小和变化趋势的分析，可以比较准确地评估地方政府债务风险。

表1-1展示了1996~2017年这22年间地方政府债务规模及其增长情况，可以看出，从1996年末的1502.37亿元一路飙升，到2017年末达到165099.8亿元，增长了将近109倍，其增速远高于中央政府债务。从图1-1可以直观形象地看出，2009年的地方政府债务规模出现跳跃式增长，自此其规模基本与中央政府债务相当，然后在2011年超过中央政府债务并一直保持至今。

表1-1　1996~2017年我国中央政府与地方政府债务余额及其增长率

单位：亿元，%

年份	中央财政国债	中央财政国债增长率	地方政府债务	地方政府债务增长率	全国政府债务	全国政府债务增长率
1996	13959.54	—	1502.37	—	15461.91	—
1997	14571.79	4.39	1875.26	24.82	16447.05	6.37
1998	15130.24	3.83	2779.13	48.20	17909.37	8.89
1999	16088.25	6.33	3705.14	33.32	19793.39	10.52
2000	17892.75	11.22	4939.69	33.32	22832.44	15.35
2001	20493.03	14.53	6585.60	33.32	27078.63	18.60
2002	23089.3	12.67	8779.92	33.32	31869.22	17.69
2003	26205.17	13.49	11090.80	26.32	37295.97	17.03
2004	29406.46	12.22	14009.89	26.32	43416.35	16.41
2005	32614.21	10.91	17697.30	26.32	50311.51	15.88
2006	35015.28	7.36	22355.23	26.32	57370.51	14.03
2007	52074.65	48.72	28239.12	26.32	80313.77	39.99
2008	53271.54	2.30	34869.67	23.48	88141.21	9.75
2009	60237.68	13.08	56460.97	61.92	116698.65	32.40
2010	67548.11	12.14	67109.51	18.86	134657.62	15.39
2011	72044.51	6.66	81695.69	21.73	153740.2	14.17
2012	77565.7	7.66	96281.87	17.85	173847.57	13.08
2013	86746.91	11.84	123930.88	28.72	210677.79	21.19
2014	95655.45	10.27	154074.3	24.32	249729.75	18.54
2015	106599.59	11.44	147951.89	-3.97	254551.48	1.93
2016	120066.75	12.63	153164.01	3.52	273230.76	7.34
2017	134770.15	12.25	165099.8	7.79	299869.95	9.75

资料来源：审计署的政府性债务审计公告（2011年第35号、2013年第32号）、《中国统计年鉴2017》、2015~2017年的全国财政决算数据等，2013年（含）之前部分年份的地方政府债务余额由次年的增长率倒推或前后两年的平均值估算得到。

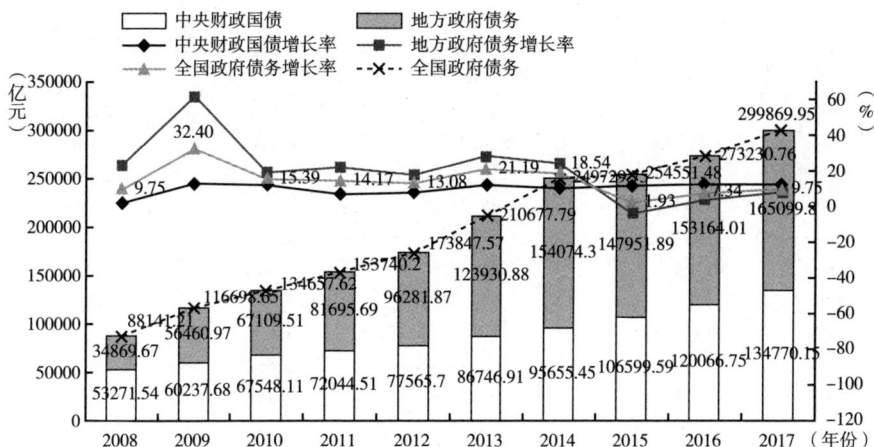

图 1-1 2008~2017 年我国中央政府与地方政府
债务余额及其增长率

第二节 我国地方政府整体的负债率和债务率状况

(一)负债率:1996~2017年

表 1-2 展示了 1996~2017 年这 22 年间中央政府债务、地方政府债务相对于 GDP 的规模及变动情况,可以看出,地方政府负债率 1996 年只有 2.09%,到 2017 年增长到 19.96%,与此同时,中央政府和地方政府总体的政府负债率也由 1996 年的 21.53% 增长到 2017 年的 36.25%。但是,政府负债率的增长主要是由地方政府负债率的增长引起的,中央政府负债率在 1996 年为 19.44%,到 2017 年下降到 16.29%。从图 1-2 也可以看出,近 10 年,中央政府负债率基本保持在 16% 左右,而地方政府负债率则有较大幅度的上升,最高达到 23.93%,虽然之后有所下降,但是也基本维持在 20% 左右。

表 1 – 2　1996~2017 年我国中央政府与地方政府负债率

单位：亿元，%

年份	名义 GDP	中央政府负债率	地方政府负债率	政府负债率
1996	71813.6	19.44	2.09	21.53
1997	79715.0	18.28	2.35	20.63
1998	85195.5	17.76	3.26	21.02
1999	90564.4	17.76	4.09	21.86
2000	100280.1	17.84	4.93	22.77
2001	110863.1	18.48	5.94	24.43
2002	121717.4	18.97	7.21	26.18
2003	137422.0	19.07	8.07	27.14
2004	161840.2	18.17	8.66	26.83
2005	187318.9	17.41	9.45	26.86
2006	219438.5	15.96	10.19	26.14
2007	270232.3	19.27	10.45	29.72
2008	319515.5	16.67	10.91	27.59
2009	349081.4	17.26	16.17	33.43
2010	413030.3	16.35	16.25	32.60
2011	489300.6	14.72	16.70	31.42
2012	540367.4	14.35	17.82	32.17
2013	595244.4	14.57	20.82	35.39
2014	643974.0	14.85	23.93	38.78
2015	689052.1	15.47	21.47	36.94
2016	744127.2	16.14	20.58	36.72
2017	827122	16.29	19.96	36.25

资料来源：本书表 1 – 1、《中国统计年鉴 2017》和《中华人民共和国 2017 年国民经济和社会发展统计公报》等。

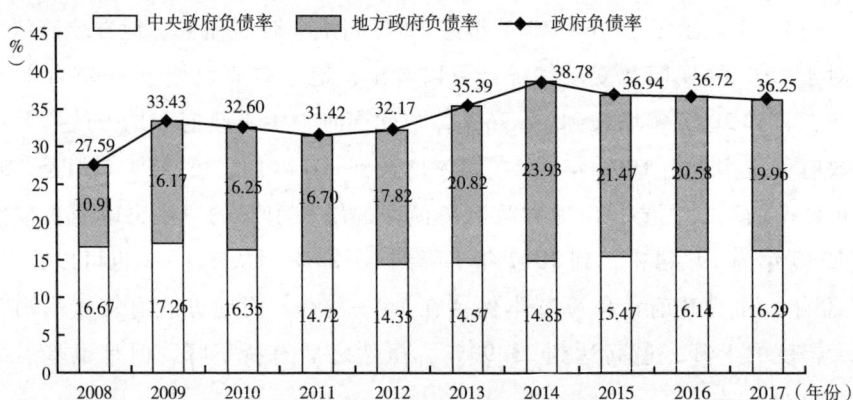

图 1 – 2　2008~2017 年我国中央政府与地方政府负债率

（二）债务率：1996～2017年

1. 中央政府债务率（1996～2017年）

改革开放以后，我国中央政府从1981年起重新开始发行国债，表1-3展示了1996～2017年这22年间中央政府债务率及其变动情况，可以看出，虽然中央政府债务率比较高，但是基本上是保持稳定的，1996年为658.52%，2017年为712.66%，22年来只增长了54.14个百分点。

表1-3　1996～2017年我国中央政府的综合财力和债务率

单位：亿元，%

年份	中央一般公共预算收入	税收返还和转移支付	中央政府性基金收入	基金转移支付	中央政府综合财力	中央政府债务率
1996	3661.07	2108.9	567.66	0	2119.83	658.52
1997	4226.92	2238.7	630.12	0	2618.34	556.53
1998	4892.00	2727.9	673.44	0	2837.54	533.22
1999	5849.21	3429	715.88	0	3136.09	513.00
2000	6989.17	4115.9	792.68	0	3665.95	488.08
2001	8582.74	5479.3	876.33	0	3979.77	514.93
2002	10388.64	6664.8	962.13	0	4685.97	492.73
2003	11865.27	7369	1086.49	0	5582.54	469.41
2004	14503.10	9103.5	1279.47	0	6678.89	440.29
2005	16548.53	10339.1	1480.69	0	7690.12	424.11
2006	20456.62	12728.3	1734.59	0	9462.91	370.03
2007	27749.16	16452.7	2136.09	0	13432.55	387.67
2008	32680.56	22723.5	2525.66	464.89	12017.83	443.27
2009	35915.71	27664.6	2508.28	599.3	10160.09	592.89
2010	42488.47	31951.3	3175.75	732.7	12980.22	520.39
2011	51327.32	40817	3130.82	946.62	12694.52	567.52
2012	56175.23	45513.4	3318.16	1179.46	12800.53	605.96
2013	60198.48	48037.6	4238.44	1420.18	14979.14	579.12
2014	64493.45	51591.04	4108.08	1355.62	15654.87	611.03
2015	69267.19	55097.51	4118.19	1338.93	16948.94	628.95
2016	72365.62	59400.7	4178.12	1110.12	16032.92	748.88
2017	81123.36	65051.78	3824.77	985.59	18910.76	712.66

资料来源：本书表1-1、相应年份的全国财政决算数据，其中2013年及之前的中央对地方的税收返还和转移支付数据来自《地方财政研究》2016年第2期发布的"1995～2014年地方预算内财力、中央返还及上解情况"，并扣除地方上解。2007年（含）之前的中央政府性基金收入是估算值，基于2008年的数值根据每一年的增长率推算得到，其中每一年的增长率以GDP名义增长率替代，同时假定基金转移支付为零。

2. 地方政府债务率（1996～2017年）

表1-4展示了1996～2017年这22年间我国地方政府综合财力以及债务率的变动情况，1996年地方政府债务率仅为25.45%，2017年为76.74%，22年来增长了2倍多，可以说，地方政府加杠杆的速度要明显快于中央政府。

表1-4 1996～2017年我国地方政府综合财力与债务率

单位：亿元，%

年份	地方一般公共预算收入	税收返还和转移支付	地方政府性基金收入①	基金转移支付②	地方政府综合财力③	地方政府债务率
1996	3746.92	2108.9	46.46	0	5902.28	25.45
1997	4424.22	2238.7	55.84	0	6718.76	27.91
1998	4983.95	2727.9	66.9	0	7778.75	35.73
1999	5594.87	3429	79.55	0	9103.42	40.70
2000	6406.06	4115.9	108.02	0	10629.98	46.47
2001	7803.30	5479.3	174.12	0	13456.72	48.94
2002	8515.00	6664.8	309.45	0	15489.25	56.68
2003	9849.98	7369	543.45	0	17762.43	62.44
2004	11893.37	9103.5	888.15	0	21885.02	64.02
2005	15100.76	10339.1	1244.11	0	26683.97	66.32
2006	18303.58	12728.3	2037.51	0	33069.39	67.60
2007	23572.62	16452.7	7584.84	0	47610.16	59.31
2008	28649.79	22723.5	12645.8	464.89	64483.98	54.07
2009	32602.59	27664.6	15827.37	599.3	76693.86	73.62
2010	40613.04	31951.3	33609.27	732.7	106906.31	62.77
2011	52547.11	40817	38232.31	946.62	132543.04	61.64
2012	61078.29	45513.4	34216.74	1179.46	141987.89	67.81
2013	69011.16	48037.6	48030.31	1420.18	166499.25	74.43
2014	75876.58	51591.04	50005.57	1355.62	178828.81	86.16
2015	83002.04	55097.51	38219.95	1338.93	177658.43	83.28
2016	87239.35	59400.7	42465.19	1110.12	190215.36	80.52
2017	91469.41	65051.78	57637.72	985.59	215144.5	76.74

注：①1996～2007年的地方政府性基金收入数据缺失，考虑到地方政府土地出让收入占地方政府性基金收入的很大比重，其差值部分占地方政府综合财力的比例也很小，因此以财政部门公布的地方政府土地出让收入代替，基本不影响债务率数值大小。

②1996～2007年的数据缺失，考虑到其占地方政府综合财力的比例很小，以零代替，基本不影响债务率数值大小。

③地方政府综合财力 = 地方一般公共预算收入 + 税收返还和转移支付 + 地方政府性基金收入 + 基金转移支付。

资料来源：本书表1-3、《中国统计年鉴2017》、相应年份的全国财政决算数据，1996～2007年的地方政府土地出让收入引自李升《土地财政与财政体制关系研究：基于数量的分解》，《中央财经大学学报》2015年第1期，第11～18页。

3. 中央政府与地方政府债务率的综合对比（1996～2017年）

表1-5展示了1996～2017年这22年间我国中央政府债务率与地方政府债务率的对比情况，以及整体的政府债务率及其变动情况，可以看出，中央政府债务率远高于地方政府债务率，同时，整体的政府债务率是下降的，1996年为192.74%，2017年下降为128.12%。另外，虽然整体的政府债务率有所下降，但是中央政府债务率和地方政府债务率都在上升，这似乎是悖论，但实际上这说明了一个事实，那就是整体政府债务率的下降更多地源于地方政府综合财力相对于中央政府财力的增长，地方政府债务率对整体政府债务率的影响力或者说权重更大，而地方政府债务率相对于中央政府债务率要低得多，因此整体政府债务率的下降反映更多的是地方政府债务率与中央政府债务率之间相对的变化，而不能反映地方政府和中央政府各自的债务率变化。

表1-5　1996～2017年我国中央政府和地方政府债务率

单位：亿元，%

年份	中央政府债务率	中央政府综合财力	地方政府债务率	地方政府综合财力	政府债务率
1996	658.52	2119.83	25.45	5902.28	192.74
1997	556.53	2618.34	27.91	6718.76	176.15
1998	533.22	2837.54	35.73	7778.75	168.70
1999	513.00	3136.09	40.70	9103.42	161.72
2000	488.08	3665.95	46.47	10629.98	159.71
2001	514.93	3979.77	48.94	13456.72	155.30
2002	492.73	4685.97	56.68	15489.25	157.96
2003	469.41	5582.54	62.44	17762.43	159.76
2004	440.29	6678.89	64.02	21885.02	152.00
2005	424.11	7690.12	66.32	26683.97	146.36
2006	370.03	9462.91	67.60	33069.39	134.89
2007	387.67	13432.55	59.31	47610.16	131.57
2008	443.27	12017.83	54.07	64483.98	115.21
2009	592.89	10160.09	73.62	76693.86	134.36
2010	520.39	12980.22	62.77	106906.31	112.32
2011	567.52	12694.52	61.64	132543.04	105.86
2012	605.96	12800.53	67.81	141987.89	112.31
2013	579.12	14979.14	74.43	166499.25	116.09
2014	611.03	15654.87	86.16	178828.81	128.41
2015	628.95	16948.94	83.28	177658.43	130.80
2016	748.88	16032.92	80.52	190215.36	132.48
2017	712.66	18910.76	76.74	215144.5	128.12

资料来源：本书表1-3、表1-4。

当然，从 2008~2017 年这 10 年的变化来看，如图 1-3 所示，地方政府债务率、中央政府债务率以及整体的政府债务率都是在上升的，政府债务率从 2008 年的 115.21% 波折上升到 2017 年的 128.12%，考虑到主权债务可能存在 90%~120% 的债务率风险警戒线，我国整体的政府债务率应该说并不低。

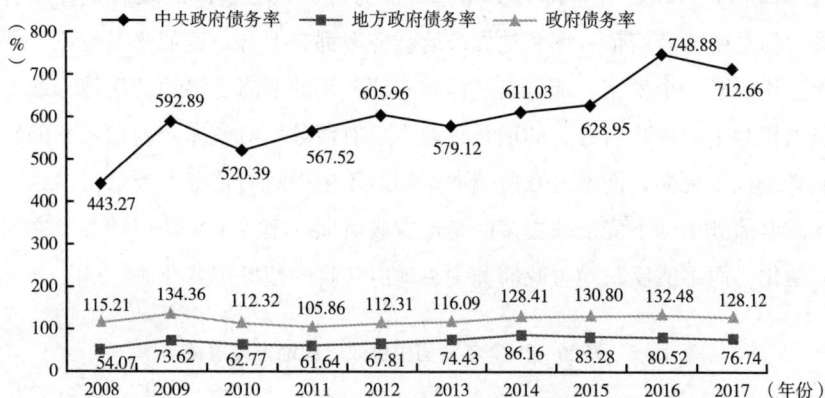

图 1-3　2008~2017 年我国政府债务率

（三）一般债务率和专项债务率: 2014~2017年

《预算法》中，地方政府债务被分类为一般债务和专项债务而分别纳入一般公共预算和政府性基金预算，二者的资金投向和偿债来源有所不同: 一般债务的投向主要是公益性项目，偿债来源是一般公共预算收入；专项债务的投向有一定收益，偿债来源对应政府性基金收入。可以说，地方政府一般债务风险和专项债务风险具有一定的隔离性①，因此本书不仅考虑整体的地方政府债务率，还具体细分为一般债务率和专项债务率，对于一般债务风险和专项债务风险进行相对独立的分析。

从表 1-6 可以看出，2015 年《预算法》实施，地方政府债务纳入预算之后，地方政府的一般债务率无论是自有财力口径还是综合财力口径，都有明显

---

① 需要说明的是，一般公共预算和政府性基金预算的资金是可以统筹使用的，但是这种统筹更多的是一种单向统筹，即政府性基金收入可以调入一般公共预算，但是一般公共预算收入不能调入政府性基金预算。

的下降，考虑到地方政府一般公共预算（综合财力）中存在相当比例的中央
财政补助收入，综合财力口径的一般债务率要明显地小于自有财力口径的一般
债务率，如果以100%为风险警戒线，则整体而言，综合财力口径的地方政府
一般债务风险基本上是可控的。

表1-6 2014~2017年我国地方政府一般债务率

单位：亿元，%

年份	一般债务余额	一般公共预算（自有财力）	一般公共预算（综合财力）	一般债务率（自有财力）	一般债务率（综合财力）
2014	94272.4	75876.58	127467.62	124.24	73.96
2015	92709.24	83002.04	138099.55	111.70	67.13
2016	97867.78	87239.35	146640.05	112.18	66.74
2017	103631.79	91469.41	156521.19	113.30	66.21

资料来源：本书表1-3、表1-4、2015~2017年全国财政决算数据等。

从表1-7可以看出，2015年《预算法》实施，地方债务纳入预算并没有
对地方政府专项债务风险产生实质性影响，相反，专项债务率有明显的提高。
当然，这也是与当年的政府性基金收入大幅下降有关，2015年之后专项债务
率的波动也基本反映了这一实际情况。考虑到地方政府的政府性基金预算
（综合财力）中的中央财政补助收入比例很低，基本可以忽略，因此综合财力
口径的专项债务率与自有财力口径的一般债务率基本相当。另外，如果以
100%为风险警戒线，则整体而言，地方政府专项债务风险是不可忽视的。

表1-7 2014~2017年我国地方政府专项债务率

单位：亿元，%

年份	专项债务余额	政府性基金预算（自有财力）	政府性基金预算（综合财力）	专项债务率（自有财力）	专项债务率（综合财力）
2014	59801.9	50005.57	51361.19	119.59	116.43
2015	55242.56	38219.95	39558.88	144.54	139.65
2016	55296.23	42465.19	43575.31	130.22	126.90
2017	61468.01	57637.72	58623.31	106.65	104.85

资料来源：本书表1-3、表1-4、2015~2017年全国财政决算数据等。

综合表1-6和表1-7，从图1-4可以看出，整体而言，地方政府的专项债务风险①要大于一般债务风险，并且专项债务率的波动幅度更大，这主要是因为以土地出让收入为主要组成部分的政府性基金收入波动较大。最后需要说明的是，考虑到"一级政府，一级预算"的财政体制，全国整体的债务率只反映债务风险的一个方面②，全面认识债务风险还要分析其在各级和各个地方政府的分布情况，因此在下面的章节中，本书将地方政府债务风险分别集中于省级、地级和县级，并分析其在每一级政府的分布情况，以全面认识地方政府债务风险。

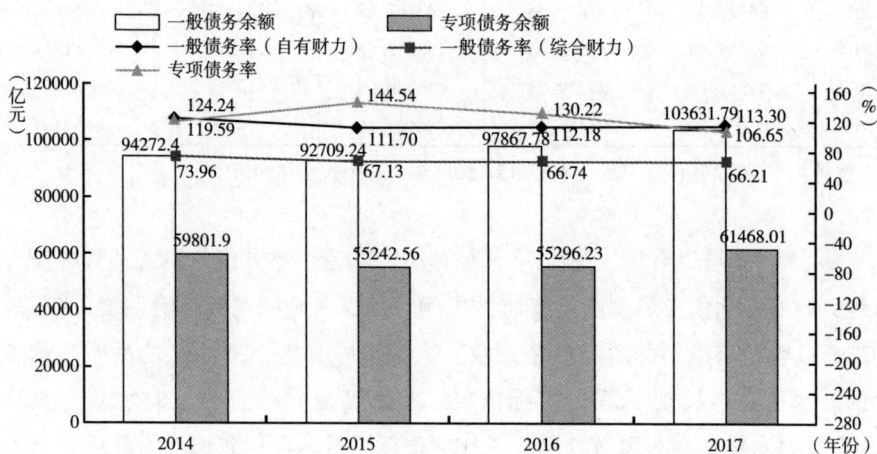

图1-4 2014～2017年我国地方政府一般债务率和专项债务率

---

① 自有财力和综合财力口径的专项债务率二者相差不大，因此在图中没有区分。

② 这一点从财政部确定的2018年地方政府新增债券限额分配上也可以看出来：2018年全国地方政府新增债券限额为2.18万亿元，其中一般债新增限额8300亿元，专项债新增限额13500亿元，从绝对规模上来说，专项债务就明显超过了一般债务，从相对规模上来说，一般债务新增限额占2017年末余额103631.79亿元的8.01%，专项债务新增限额占2017年末余额61468.01亿元的21.96%，后者明显更高。

第二章
地方政府债务风险的测度方法及其指标

第一节　负债率和债务率指标体系

对于地方政府债务风险的评估测度有不同的指标和指标体系，被普遍认可采纳的两个直接指标是负债率和债务率，前者是债务余额与当年 GDP 的比值，后者是债务余额与当年地方政府财力的比值，本书对于全国地方债务情况的分析同时使用了这两个指标。债务率指标可以从三个角度进行细分：从地方政府财力是自有财力（自有财力指的是在目前的分税制下归属地方政府的财政收入）还是综合财力（综合财力包括两个部分，一个是地方政府的自有财力，另一个是来自上级政府的转移性或补助性收入）的角度，细分为自有财力债务率和综合财力债务率；从是地方政府收入口径还是支出口径，分为收入口径的债务率和支出口径的债务率①；从是一般债务还是专项债务的角度，细分为一般债务率和专项债务率。

另外，考虑到我国上下多层的地方政府层级和地方财政层级，以及地方财政部门受同级人民政府和上级财政部门的同时领导，上级财政部门对下级财政部门进行监督指导，因此对于地方政府债务风险的分析无疑要充分考虑这个现实，具体来说就是既要考虑一级地方政府所辖的行政区域范围内整体的债务规模和债务风险，又要考虑其本级政府的债务规模和债务风险，同时前者的相关

---

① 债务率指标的分母既选择收入口径又选择支出口径，主要有如下几个考虑：一是目前对于地方政府债务风险进行管控预警所使用的债务率指标，有收入口径的也有支出口径的；二是在地方政府来自上级政府的转移性或补助性收入数据不可得的情况下，可以利用支出规模大致代替综合财力；三是单独的收入口径和支出口径债务率，对于债务风险的度量往往存在偏差，综合考虑收入口径和支出口径可以对地方政府相应的偿债财力及其债务风险进行更为综合准确的度量。

数据及分析可以与基于行政区域单元的研究相一致，便于后续的研究扩展和为其他相关研究补充和完善地方政府债务数据。基于上述思路，本书构造了地方政府债务率的指标体系，如表2-1所示。

表2-1　债务率指标体系

	债务率				债务率			
自有财力	全域		本级		全域		本级	
	一般债务率		专项债务率		一般债务率		专项债务率	
	全域	本级	全域	本级	全域	本级	全域	本级
	债务率				债务率			
综合财力	全域		本级		全域		本级	
	一般债务率		专项债务率		一般债务率		专项债务率	
	全域		本级		全域		本级	
	收入口径				支出口径			

当然，需要指出的是，利用负债率和债务率指标体系对地方政府债务风险进行测度，也是有缺陷和不足的，就负债率而言，首先，这一指标主要是从宏观视角对于债务风险的刻画，衡量政府债务相对于经济体量的大小，侧重于考察政府债务的资源配置和经济增长效应，并不直接反映债务偿还的相关状况；其次，相对于政府债务的分级分层，GDP这一指标并不相应地分层分级，而是一个对应地域或空间的指标，其在一个区域内对应中央、省、市、县四级政府的财政收入和政府债务，但是无法对应或分离出中央、省、市、县四级政府的GDP。对于债务率这一指标而言，虽然其可以弥补负债率指标上述两个不足，既能够反映以偿还压力为核心的债务风险状况，也能够分解出不同层级地方政府的债务风险，但是其衡量的债务风险更多是相对于政府财力规模的相对大小，不能反映债务风险的绝对规模。因此本书还尝试利用其他思路或方法对债务风险进行度量。

第二节　未定权益方法

未定权益方法（CCA方法）源于 Black 和 Scholes（1973）、Merton（1973）对期权定价理论的开拓性研究，Merton（1977）又进一步利用 Black-Scholes 模型

对美国联邦存款保险的定价进行了研究，后来穆迪 KMV 公司的 Crosbie 和 Bohn（2003）将其应用到了对借款企业违约概率的估计，认为贷款的信用风险是在给定负债的情况下由债务人的资产市场价值决定的，为此该模型将银行的贷款偿还问题转化为判断在债务到期日，借款企业的市场价值与债务价值孰高孰低的问题：如果公司资产的市场价值高于债务价值，公司将偿还贷款；如果公司资产价值低于债务价值，公司会选择违约。在实际运用和估算中，CCA 方法利用对数正态分布的假定去估算企业资产的市场价值，首先估算出资产价值变动率的均值及其波动性，其次计算出不同时间、不同偿还债务规模下的违约距离（Distant of Default）和对应的违约率（Probability of Default），最后利用违约率的具体数值确定可偿还的最大债务规模（Gapen 等，2005）。

国内对 CCA 方法的应用主要集中于对我国金融系统和银行业风险的研究（宫晓琳，2012；吴恒煜等，2013），应用于地方债务风险或适度规模的研究并不多。当然，在地方债"新规"之前已经有相关文献对我国政府债务的适度规模进行了研究或估测，可以归纳为两个角度：政府资产存量和政府收入流量。前者主要基于对政府资产负债表的研究和估算（李扬等，2012；马骏等，2012；沈沛龙、樊欢，2012），后者主要基于对公共财政收入和政府性基金收入等的预测（韩立岩等，2003；刘尚希、赵全厚等，2012；张平，2013）。目前，对于地方政府债务违约风险的研究大多没有明确地将其区分为一般债务和专项债务，对于政府收入的考虑也基本没有明确区分为一般公共财政收入和政府性基金收入，这不符合当前地方政府债务分类管理的现实，因此需要在原有研究的基础上相应地进行修正和完善。

将 CCA 方法应用于对我国地方政府一般债务违约风险估算时，可以理解为：举借一般债务的地方政府以未来一般公共财政收入中的可偿债部分为担保向债券投资者进行融资，如果债券到期时用于担保的财政收入超过债务偿还规模，地方政府将偿还债券并赎回对应的财政收入；如果到期时用于担保的财政收入小于债务偿还规模，则意味着地方政府将放弃对债务的偿还，债务违约发生[1]。根据上述思路，我们可以建立如下地方政府一般债务违约模型。

---

[1]　需要说明的是，这种政府债务违约更多的是理论上的分析，并且假定政府不会以将政府基金性收入调入一般公共预算、借新债还旧债、出售可变现资产等方式来偿还一般债务。

假定地方政府可偿债一般公共财政收入的对数变化率[①]服从如下普通维纳过程：

$$d\ln T_t = \mu dt + \sigma dW_t \qquad (2-1)$$

其中：T_t 为 t 时刻地方政府的可偿债一般公共财政收入，μ 为其年对数增长率的均值，σ 为年对数增长率的标准差，$dW_t = \varepsilon\sqrt{dt}$ 为标准维纳过程，ε 服从标准正态分布 $N(0,1)$。

假定在 $t=0$ 时刻，T_t 记为 T_0，在 $t=T$ 时刻，T_t 记为 T_T，则 $\ln T_T - \ln T_0$ 服从正态分布，即：$\ln T_T - \ln T_0 \sim \Phi[(\mu - \frac{\sigma^2}{2})T, \sigma\sqrt{T}]$

则在 T 时刻，地方政府的可偿债一般公共财政收入为：

$$T_T = T_0 \exp[(\mu - \frac{\sigma^2}{2})T + \sigma\varepsilon\sqrt{T}] \qquad (2-2)$$

记 B_t 为在 t 时刻应该偿还的到期政府一般债务，那么在 T 时刻，如果 $T_T \geq B_T$，政府可以偿还当期的到期一般债务，不发生违约，如果 $T_T < B_T$；政府没有足够的可偿债一般公共财政收入来偿还到期一般债务，债务违约发生，而发生违约的概率记为 PD，即：

$$PD = P(T_T < B_T) = N(-DD) \qquad (2-3)$$

其中 DD 为违约距离，$DD = [\ln(T_0/B_T) + (\mu - \frac{\sigma^2}{2})T]/\sigma\sqrt{T}$，$N(x)$ 为标准正态分布累积概率。

同时，本书对 CCA 方法应用于度量我国地方政府债务违约风险又进行了相应的扩展，主要是考虑到时期（$T-0$）可能包含多个地方债务的还本付息年份，那么直接利用公式 2-3 来计算（$T-0$）时期的违约概率存在偏差，而应分别计算每个到期年份的违约概率再进行积累计算，如下所示：

$$PD_T = 1 - \prod_{i=1}^{T}(1 - PD_i) \qquad (2-4)$$

[①] 需要特别说明的是，在 KMV 模型中不能用一般意义上的增长率，同时也不考虑价格因素的影响，因为债务规模本身就包含着价格因素。

与地方政府一般债务违约模型相类似，可以相应地建立地方政府专项债务违约模型，具体此处不再赘述。

第三节　内部评级法

在《巴塞尔协议 Ⅲ》中，内部评级法以违约概率（PD，Probability of Default）、违约损失率（LGD，Loss Given Default）、违约风险暴露（EAD，Exposure at Default）和年期（Maturity）这四个参数或指标为基础，计算借款人或债务人违约时银行可能发生的损失，即预期损失（EL，Expected Loss）（沈沛龙、崔婕，2005；戴国强、吴许均，2005）。可以看出，内部评级法实际上也可以用于对地方政府债务违约风险的估算，即将预期损失这一指标作为其风险大小的测度。而对于预期损失的估算，违约概率和违约损失率这两个参数的确定最为关键，前者指的是债务人在未来一定时期内不能按照约定偿还债务本息或履行相关义务的可能性大小，而后者指的是债务人违约之后给债权人造成的损失占整个债务规模的比例（于立勇等，2004）。

对于债务违约概率的估算，Logistic 模型是最为经典且被广泛应用的，它在反映债务风险的关键指标与违约概率之间建立相应的数量关系，即：

$$PD = \frac{1}{1 + e^{-(\beta_0 + \beta_1 X_1 + \cdots \beta_n X_n)}} \qquad (2-5)$$

也可以写成如下线性方程的形式：

$$\ln\left(\frac{PD}{1-PD}\right) = \beta_0 + \beta_1 X_1 + \cdots \beta_n X_n \qquad (2-6)$$

其中：PD 为违约概率，X_i（$i=1, 2\cdots, n$）为反映债务风险的关键指标。

当然，影响违约概率的因素有很多，但是考虑到目前对于地方政府债务风险的防范预警一般采用债务率指标，而这一指标可以反映债务风险的基本情况，因此本书将债务率作为衡量债务风险的关键指标，并且将其明确区分为一般债务率和专项债务率，分别构造一般债务和专项债务的 Logistic 模型。

对债务违约损失率的估算是实务界和学术界都面临的难题，违约损失率既会受到多种因素的影响，也存在多种估算方法和思路，其估算方法大致分为如下几类：历史数据平均法、资产评估法、非参数法和因素模型法（沈沛龙、崔婕，2005）。但是这些方法几乎都需要违约记录或样本作为估算的基础。前文已经指出，截至目前，我国地方政府几乎没有显性的债务违约事件发生，因此基于中国的相关数据进行估测有很大难度。同时，需要进一步指出的是，虽然在资产估值法中有隐含违约损失率的具体计算方法，即通过获得不同信用状况的非违约债券差价来估算违约损失率，但是考虑到我国地方政府债券基本上不存在信用状况的差别，因此隐含违约损失率的估算方法也难以运用。

基于上述考虑，本书并不试图通过估算得到我国地方政府债务的违约损失率，而假定期望损失率为100%，一方面考虑到本书对于债务风险的分析更多基于横向比较和纵向比较的视角，因此违约损失率的取值高低虽可以商榷，但基本不会对比较分析的结论产生影响；另一方面，根据相关研究（Thorburn，2000；Asarnow and Edwards，1995；Altman et al.，2005；Hu and Perraudin，2006；Derbali and Hallara，2015），债务规模大小或公司规模大小与违约损失率大小的相关性并不确切，同时虽然有大量文献已经验证违约损失率和违约概率之间的确存在一定的正向相关性，但是这种相关性更多源于两个指标受到共同的系统性风险的影响，是两个指标处在共同的时间趋势中所致，但是在同一个时间节点上，这种相关关系可能并不存在。

关于违约风险暴露这个指标，可以直接用地方政府债务的债权人应该获得的本金和利息总额来衡量，即：

$$EAD = Debt \times (1 + r \times t) \tag{2-7}$$

Debt 为债务余额，r 为债务平均利率水平，而 t 为债务余额的平均期限。

综合内部评价法所确定的各个指标，可以得到地方政府债务预期损失，如式2-8所示：

$$EL = PD \times R \times EAD = \frac{1}{1 + e^{-(\beta_0 + \beta_1 x_1 + \cdots \beta_n x_n)}} \times R \times Debt \times (1 + r \times t) \tag{2-8}$$

当然，对于地方政府一般债务和专项债务的预期损失，其参数的估算和最终计算要分别进行，但是思路和方法基本一致，具体不再赘述。

第三章
省域层面的地方政府债务风险状况

第一节　基于负债率指标的测度与分析

虽然利用负债率指标衡量地方政府债务风险存在 GDP 无法像债务一样在不同政府层级间相应划分的不足，但是考虑到省级行政区划（省、自治区、直辖市）的全域地方政府债务囊括了省级、地级和县级政府的债务，GDP 不需要在省级、地级和县级政府之间进行划分切割，因此省域层面上的负债率指标可以采纳，并且考虑到 GDP 综合反映了一个区域的经济实力，其作为分母用来衡量地方政府的债务负担状况也是合理的。基于上述考虑，本书计算了 2010～2017 年我国 31 个省份的地方政府负债率，如表 3-1 所示。

表 3-1　2010～2017 年我国 31 个省份地方政府负债率

单位：%

省份	2010 年	2011 年	2012 年	2013 年	2014 年	2015 年	2016 年	2017 年
北京市	22.47	27.72	33.40	32.10	30.55	24.89	14.58	13.85
天津市	15.13	14.19	14.30	16.22	15.89	14.39	16.29	18.41
河北省	12.59	12.61	13.76	15.91	19.21	17.81	17.75	17.10
辽宁省	20.85	20.08	20.72	24.94	31.55	29.97	38.33	35.32
上海市	20.33	22.49	25.69	22.72	24.66	19.42	15.92	15.58
江苏省	11.30	11.32	12.07	13.43	16.35	15.06	14.10	14.00
浙江省	16.04	15.82	16.81	19.94	22.25	18.49	17.76	17.85
福建省	11.63	11.25	11.51	15.87	20.17	17.68	17.24	16.91
山东省	8.27	8.72	9.48	9.75	15.57	14.38	13.88	14.03

续表

省份	2010 年	2011 年	2012 年	2013 年	2014 年	2015 年	2016 年	2017 年
广东省	9.29	10.10	11.49	12.10	12.99	11.25	10.55	10.04
海南省	33.18	31.47	32.11	36.65	39.80	37.75	38.49	38.53
东部平均	16.46	16.89	18.30	19.97	22.64	20.10	19.53	19.24
山西省	10.32	10.07	10.96	13.14	15.29	15.86	17.55	17.22
内蒙古自治区	16.95	17.39	19.33	24.16	30.82	30.59	31.32	38.61
吉林省	21.45	20.76	21.55	20.44	20.55	19.57	19.60	20.89
黑龙江省	12.34	12.28	13.40	16.27	19.77	19.42	20.28	21.32
安徽省	11.96	12.99	14.87	19.59	24.70	23.21	21.79	21.16
江西省	14.73	15.28	17.20	19.74	23.43	22.34	21.39	20.51
河南省	8.33	9.04	10.11	13.17	16.21	14.74	13.65	12.33
湖北省	18.21	18.05	19.16	19.82	16.21	15.47	15.62	15.65
湖南省	12.73	13.05	14.25	18.35	24.41	21.29	21.64	22.17
中部平均	14.11	14.32	15.65	18.30	21.27	20.28	20.32	21.10
广西壮族自治区	15.05	14.33	14.93	19.44	27.35	24.07	24.93	23.71
重庆市	34.47	29.92	28.87	27.12	22.79	21.50	21.07	20.61
四川省	21.97	21.87	23.18	25.95	26.23	24.86	23.72	22.98
贵州省	55.83	54.59	54.94	75.53	97.98	83.36	73.96	63.56
云南省	31.33	31.90	33.97	39.63	50.09	45.73	42.96	40.68
西藏自治区	7.63	7.79	8.07	8.72	9.81	7.62	5.03	7.53
陕西省	15.66	15.70	16.63	21.21	27.39	25.98	25.35	24.64
甘肃省	14.11	14.97	16.69	21.02	22.68	23.39	24.71	26.95
青海省	24.29	30.01	36.85	41.93	51.23	51.11	52.05	57.23
宁夏回族自治区	22.00	19.40	19.14	21.69	38.40	36.35	36.97	35.50
新疆维吾尔自治区	18.62	18.32	19.13	23.46	28.67	28.24	29.40	30.93
西部平均	23.72	23.53	24.77	29.61	36.60	33.84	32.74	32.21
全国平均	18.36	18.50	19.83	22.90	27.19	25.03	24.45	24.38

资料来源：相应年份的《中国统计年鉴》、2010~2013 年各个省份的地方政府数据来自省级审计部门在 2014 年 1 月集中发布的政府性债务审计公告（部分年份的地方政府债务余额由后一年的增长率倒推或前后两年的平均值估算得到），2014~2017 年的地方政府债务数据主要来自相应省份的预决算数据等。

从表 3-1 可以看出，2017 年负债率最高的 5 个省份分别是贵州省、青海省、云南省、内蒙古自治区和海南省，其负债率分别为 63.56%、57.23%、40.68%、38.61% 和 38.53%，2017 年负债率最低的 5 个省份分别是西藏自治区、广东省、河南省、北京市和江苏省,其负债率分别为7.53%、10.04%、12.33%、13.85%和14.00%,负债率最高的5个省份平均值为47.72%,负债率最低的5个省份平均值为11.55%,相差3倍多。纵向来看,31个省份的平均负债率先由2010年的18.36%逐步上升到2014年的27.19%,之后又逐步下降,2017年为24.38%。

需要特别说明的是,31个省份地方政府负债率平均值与全国整体的地方政府负债率是不同的,前者是31个省份的简单平均,后者实际上是以GDP为权重的加权平均,二者的数值差别可以在很大程度上反映负债率在不同GDP规模省份的分布,通过表3-2可以看出,2010~2017年,前者数值总是高于后者,这反映整体而言或者说从统计规律上看,GDP规模越大的省份,其负债率相对越小。

表3-2 2010~2017年全国整体与31个省份平均的地方政府负债率及其差异

年份	全国整体(%)	省份平均(%)	数值差异(个百分点)
2010	16.25	18.36	2.11
2011	16.70	18.50	1.80
2012	17.82	19.83	2.01
2013	20.82	22.90	2.08
2014	23.93	27.19	3.26
2015	21.47	25.03	3.56
2016	20.58	24.45	3.87
2017	19.96	24.38	4.42

从31个省份地方政府负债率的整体空间分布来看,也可以印证上述判断,以2017年为例,基本呈现东部最低、中部居中、西部最高的空间格局。进一步来看,在中部和东部省份中,东北地区和内蒙古自治区相对比较特殊,负债率较高;而在西部省份中,云南省、青海省和贵州省负债率相对较高。大体而言,负债率基本呈现与经济发展水平相背离的特点,并且具有一定的空间自相关性和集聚性。

从纵向变动来看,虽然31个省份的地方政府负债率在2010~2017年的变动趋势基本是一致的,但是上下变动幅度并不一致,甚至相差悬殊,这导致31个省份的地方政府负债率排名在2010~2017年有较大变动,如表3-3所示，有两个省份比较特殊，即贵州省和西藏自治区，二者分别始终保持在最高和最低的位置。

表3-3　2010～2017年我国31个省份地方政府负债率排名

省份	2010年	2011年	2012年	2013年	2014年	2015年	2016年	2017年
贵州省	1	1	1	1	1	1	1	1
青海省	5	4	2	2	2	2	2	2
云南省	4	2	3	3	3	3	3	3
内蒙古自治区	14	14	11	9	7	6	7	4
海南省	3	3	5	4	4	4	4	5
宁夏回族自治区	7	11	13	12	5	5	6	6
辽宁省	10	10	10	8	6	7	5	7
新疆维吾尔自治区	12	12	14	10	9	8	8	8
甘肃省	20	18	17	14	18	13	11	9
陕西省	16	16	18	13	10	9	9	10
广西壮族自治区	18	19	19	20	11	12	10	11
四川省	8	8	8	7	12	11	12	12
湖南省	21	21	22	21	15	17	14	13
黑龙江省	23	24	24	22	22	19	17	14
安徽省	24	22	20	19	13	14	13	15
吉林省	9	9	9	15	20	18	18	16
重庆市	2	5	6	6	17	16	16	17
江西省	19	17	15	18	16	15	15	18
天津市	17	20	21	23	27	28	23	19
浙江省	15	15	16	16	19	21	19	20
山西省	27	28	28	28	29	24	21	21
河北省	22	23	23	24	23	22	20	22
福建省	25	26	26	25	21	23	22	23
湖北省	13	13	12	17	26	25	25	24
上海市	11	7	7	11	14	20	24	25
山东省	30	30	30	30	28	29	28	26
江苏省	26	25	25	26	24	26	27	27
北京市	6	6	4	5	8	10	26	28
河南省	29	29	29	27	25	27	29	29
广东省	28	27	27	29	30	30	30	30
西藏自治区	31	31	31	31	31	31	31	31

从图3-1可以直观看出，2010～2017年，北京市、重庆市和浙江省等的负债率排名下降比较显著，而内蒙古自治区、甘肃省和黑龙江省等的排名上升比较显著。

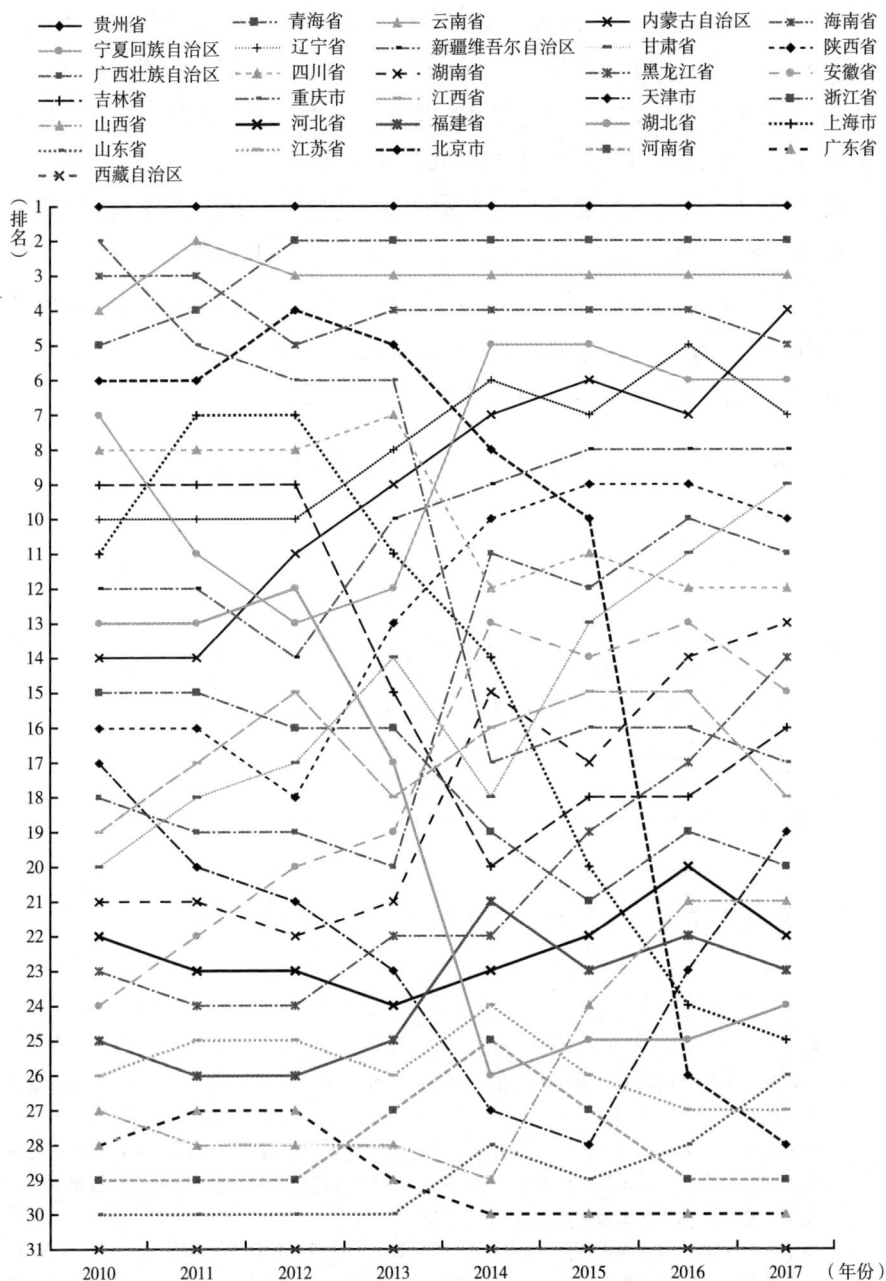

图 3-1　2010~2017 年我国 31 个省份地方政府负债率排名变化

为了更加细致明确地识别负债率在空间分布和纵向变动上的规律，本书将全国 31 个省份按照两个标准进行了划分，一是划分为东部、中部、西部三大区域①；二是划分为东北、华北、华东、华中、华南、西南和西北七大区域②，分析这两种区域划分下负债率的横向分布和纵向变动。

从图 3-2 可以直观地看出，按省份平均的负债率在 2015 年之前，西部最高、东部次之、中部最低，2015 年之后，情况有了变化，西部仍然最高，但中部的平均负债率开始超过东部。从纵向变动来看，三大区域均是从 2010 年开始不断上升，到 2014 年达到最高以后开始逐步降低，有所不同的是，中部地区 2017 年的负债率基本与 2014 年持平。

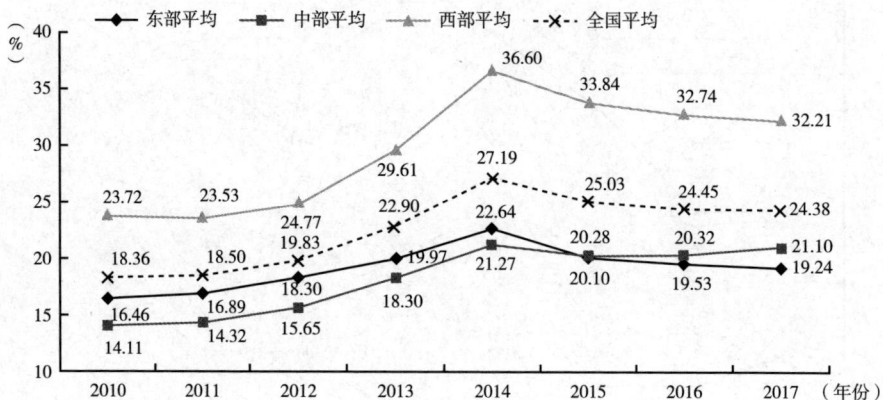

图 3-2　2010～2017 年我国东中西三大区域地方政府负债率平均值

---

① 本书的东部地区包括北京市、天津市、河北省、辽宁省、上海市、江苏省、浙江省、福建省、山东省、广东省和海南省 11 个省份；中部地区包括山西省、内蒙古自治区、吉林省、黑龙江省、安徽省、江西省、河南省、湖北省和湖南省 9 个省份；西部地区包括广西壮族自治区、重庆市、四川省、贵州省、云南省、西藏自治区、陕西省、甘肃省、青海省、宁夏回族自治区和新疆维吾尔自治区 11 个省份。

② 本书的东北地区包括黑龙江省、吉林省和辽宁省；华北地区包括北京市、天津市、河北省、内蒙古自治区、山西省和山东省；华东地区包括江苏省、浙江省、上海市、福建省和安徽省；华中地区包括河南省、湖北省、湖南省和江西省；华南地区包括广东省、广西壮族自治区和海南省；西南地区包括重庆市、四川省、贵州省、云南省和西藏自治区；西北地区包括陕西省、宁夏回族自治区、甘肃省、青海回族省和新疆维吾尔自治区。

结合表3-4和图3-3可以看出，2017年，平均负债率最高的三个区域分别是西北地区，为35.05%；西南地区，为31.07%；东北地区，25.84%。从纵向来看，虽然七大区域的变动基本是先上升后下降，但是有所不同的是西北地区和东北地区2017年的平均负债率均超过了2014年的水平。因此，从负债率这一指标来看，西北地区的地方政府债务风险最为突出，当前风险最大，同时有进一步加剧的潜在趋势。

表3-4 2010~2017年我国七大区域地方政府负债率平均值

单位：%

七大区域	2010年	2011年	2012年	2013年	2014年	2015年	2016年	2017年
东北地区	18.21	17.71	18.56	20.55	23.96	22.99	26.07	25.84
华北地区	14.29	15.12	16.87	18.55	21.22	19.66	18.56	19.87
华东地区	14.25	14.77	16.19	18.31	21.63	18.77	17.36	17.10
华中地区	13.50	13.85	15.18	17.77	20.06	18.46	18.08	17.66
华南地区	19.17	18.63	19.51	22.73	26.71	24.35	24.66	24.09
西南地区	30.25	29.21	29.81	35.39	41.38	36.61	33.35	31.07
西北地区	18.93	19.68	21.69	25.86	33.67	33.01	33.70	35.05

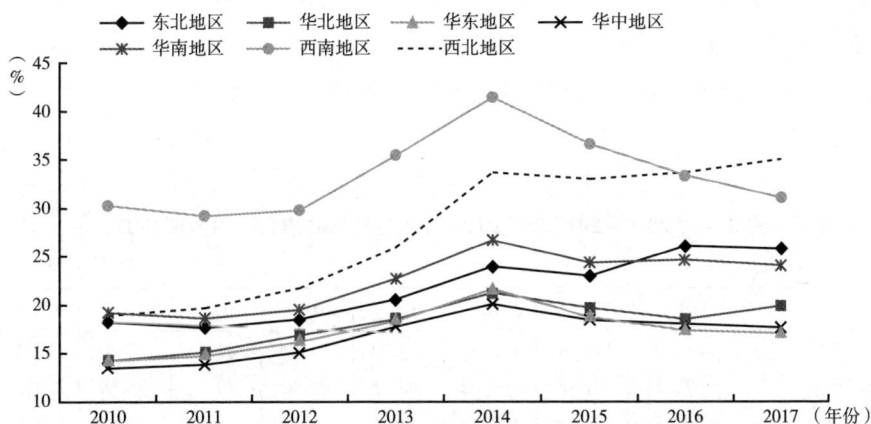

图3-3 2010~2017年我国七大区域地方政府负债率平均值

第二节　基于债务率指标的测度与分析

上节基于负债率指标对我国 31 个省份的地方政府债务风险进行了分析，当然正如在对负债率指标进行说明时所提到的，由于作为分母的 GDP 无法对应各级地方政府的 GDP，因此该指标对债务风险的度量是有偏差的，因此本节以地方政府财力作为分母，政府财力可以在各级地方政府之间明确划分，因此利用债务率来度量债务风险更为准确规范。同时，地方政府财力一般有两种常用的口径，即自有财力口径和综合财力口径，因此本节分别构造自有财力债务率和综合财力债务率两个指标。

（一）自有财力债务率分析

从表 3 - 5 可以看出，2017 年自有财力债务率最高的 5 个省份分别是青海省、贵州省、内蒙古自治区、辽宁省和云南省，其自有财力债务率分别为458.91%、334.28%、303.86%、272.60% 和 256.85%；最低的 5 个省份分别是浙江省、上海市、广东省、北京市和西藏自治区，其自有财力债务率分别为74.58%、54.57%、53.27%、45.27% 和 38.07%。最高的 5 个省份平均值为325.30%，最低的 5 个省份平均值为 53.15%，相差 6 倍多。纵向来看，31 个省份的自有财力平均债务率基本是逐步上升的，由 2010 年的 112.60% 逐步攀升到 2016 年的 157.87%，2017 年虽然有所下降，但是幅度不大，仍然高达155.20%。

表 3 - 5　2010~2017 年我国 31 个省份地方政府自有财力债务率

单位：%

省份	2010 年	2011 年	2012 年	2013 年	2014 年	2015 年	2016 年	2017 年
北京市	83.20	103.34	132.34	115.51	91.15	84.85	58.51	45.27
天津市	70.53	67.04	68.08	80.95	72.61	70.09	79.98	96.73
河北省	101.74	98.84	110.81	112.20	139.26	131.85	128.45	108.84
辽宁省	84.50	80.79	99.70	117.94	227.21	282.95	291.77	272.60
上海市	68.05	82.41	102.98	76.84	81.66	62.31	51.55	54.57
江苏省	61.23	60.29	68.87	69.25	84.14	83.47	77.04	79.24

续表

省份	2010 年	2011 年	2012 年	2013 年	2014 年	2015 年	2016 年	2017 年
浙江省	63.22	71.44	96.73	91.37	106.50	107.38	90.88	74.58
福建省	69.52	65.69	74.78	89.17	114.23	119.33	116.01	113.77
山东省	60.49	61.53	69.15	65.98	102.80	106.46	107.05	103.34
广东省	64.36	68.70	77.16	70.26	72.62	63.38	59.82	53.27
海南省	124.10	126.58	128.34	126.44	150.97	147.24	153.32	160.44
东部平均	77.36	80.60	93.54	92.36	113.01	114.48	110.40	105.69
山西省	59.30	58.42	57.26	61.89	70.55	93.49	109.52	98.16
内蒙古自治区	117.97	114.60	136.35	172.60	233.47	246.45	249.02	303.86
吉林省	175.63	149.58	165.15	148.62	156.55	172.39	174.83	185.19
黑龙江省	104.55	95.35	112.75	128.17	167.10	199.07	212.57	213.79
安徽省	62.97	66.67	82.72	90.14	114.46	122.18	103.82	96.99
江西省	96.78	94.86	99.66	92.96	114.28	113.33	119.57	108.51
河南省	85.60	85.55	90.32	100.26	125.10	122.57	110.45	93.77
湖北省	157.85	133.05	141.99	127.28	101.05	98.10	101.90	100.58
湖南省	133.78	115.46	123.23	143.99	178.92	166.80	182.52	189.83
中部平均	110.49	101.50	112.16	118.43	140.16	148.26	151.58	154.52
广西壮族自治区	110.99	109.33	106.07	127.38	175.50	182.86	193.42	187.35
重庆市	142.00	102.94	105.00	103.08	86.37	88.48	100.32	89.23
四川省	118.71	121.35	133.72	133.25	137.82	146.00	153.54	136.22
贵州省	307.08	251.59	228.86	275.34	411.73	404.33	382.53	334.28
云南省	174.62	131.89	165.04	177.19	266.38	281.80	283.10	256.85
西藏自治区	90.74	72.88	59.22	64.62	54.81	44.47	28.04	38.07
陕西省	122.56	94.50	101.82	130.95	166.97	163.52	190.59	178.37
甘肃省	109.60	118.15	132.36	135.49	150.22	144.80	148.74	168.36
青海省	204.72	227.02	263.87	279.95	323.78	356.65	434.63	458.91
宁夏回族自治区	118.15	97.81	98.95	109.75	195.25	203.27	226.79	233.09
新疆维吾尔自治区	145.98	116.37	114.68	127.45	155.62	158.56	173.71	177.18
西部平均	149.56	131.26	137.24	151.31	193.13	197.70	210.49	205.27
全国平均	112.60	104.65	114.45	120.85	149.32	153.82	157.87	155.20

资料来源：各个省份的地方一般公共预算收入，2010～2016 年来自相应年份的《中国统计年鉴》，2017 年来自 2017 年预算执行报告；各个省份的地方政府性基金收入，2010～2013 年来自《地方财政研究》发布的"1995 年～2013 年地方预算内财力、中央返还及上解情况"，2014～2017 年来自相应年份的预算执行情况或决算报告。

　　需要特别说明的是，31个省份自有财力债务率平均值与全国整体的地方政府自有财力债务率也是不同的，前者是31个省份的简单平均，而后者实际上是以自有财力为权重的加权平均，二者的数值差别可以在很大程度上反映债务率在不同自有财力规模省份的分布，通过表3-6可以看出，2010～2017年，前者数值总是高于后者，这反映出整体而言或者说是从统计规律上而言，自有财力规模越大的省份，其债务率相对越低。

表3-6　2010～2017年全国整体与31个省份平均的地方政府自有财力债务率及其差异

年份	全国整体(%)	省份平均(%)	数值差异(个百分点)
2010	112.60	165.23	52.63
2011	104.65	155.48	50.83
2012	114.45	157.64	43.19
2013	120.85	179.57	58.72
2014	149.32	203.07	53.75
2015	153.82	178.25	24.43
2016	157.87	175.56	17.69
2017	155.20	180.50	25.30

　　从31个省份自有财力债务率的整体空间分布来看，基本可以印证上述判断，以2017年为例，呈现东部最低、中部居中、西部最高的空间格局。进一步来看，在东部省份中，辽宁省相对比较特殊，债务率较高；而在西部省份中，云南省、贵州省和青海省的债务率相对较高。大体而言，负债率基本呈现与经济发展水平相背离的特点，并且具有一定的空间自相关性和集聚性。

　　从纵向变动来看，2010～2017年31个省份自有财力债务率的变化趋势和变动幅度也是差异很大的，相对比较特殊的是青海省和贵州省，如表3-7所示，其在8年内排名稳定地占据前两位，而其他省份的排名变动都比较大。

表3-7　2010～2017年我国31个省份地方政府自有财力债务率排名

省份	2010年	2011年	2012年	2013年	2014年	2015年	2016年	2017年
青海省	2	2	1	1	2	2	1	1
贵州省	1	1	2	2	1	1	2	2
内蒙古自治区	13	11	6	4	4	5	5	3
辽宁省	21	22	19	15	5	3	3	4

续表

省份	2010 年	2011 年	2012 年	2013 年	2014 年	2015 年	2016 年	2017 年
云南省	4	5	4	3	3	4	4	5
宁夏回族自治区	12	16	21	18	6	6	6	6
黑龙江省	16	17	13	10	9	7	7	7
湖南省	8	10	11	6	7	10	10	8
广西壮族自治区	14	12	15	12	8	8	8	9
吉林省	3	3	3	5	11	9	11	10
陕西省	10	19	18	9	10	11	9	11
新疆维吾尔自治区	6	9	12	11	12	12	12	12
甘肃省	15	8	8	7	14	15	15	13
海南省	9	6	10	14	13	13	14	14
四川省	11	7	7	8	16	14	13	15
福建省	24	28	26	24	20	19	18	16
河北省	17	15	14	17	15	16	16	17
江西省	18	18	20	21	19	20	17	18
山东省	30	29	27	29	22	22	21	19
湖北省	5	4	5	13	23	23	23	20
山西省	31	31	31	31	30	24	20	21
安徽省	28	27	24	23	18	18	22	22
天津市	23	26	29	25	29	28	26	23
河南省	20	20	23	20	17	17	19	24
重庆市	7	14	16	19	25	25	24	25
江苏省	29	30	28	28	26	27	27	26
浙江省	27	24	22	22	21	21	25	27
上海市	25	21	17	26	27	30	30	28
广东省	26	25	25	27	28	29	28	29
北京市	22	13	9	16	24	26	29	30
西藏自治区	19	23	30	30	31	31	31	31

　　从图 3－4 可以直观地看到，在 2010～2017 年这 8 年里，自有财力债务率排名上升比较大的省份有内蒙古自治区、宁夏回族自治区、黑龙江省、广西壮族自治区和山西省等；排名下降较大的省份有湖北省、重庆市、北京市等，基本呈现发达省份自有财力债务率排名下降、欠发达省份自有财力债务率排名上升的趋势。

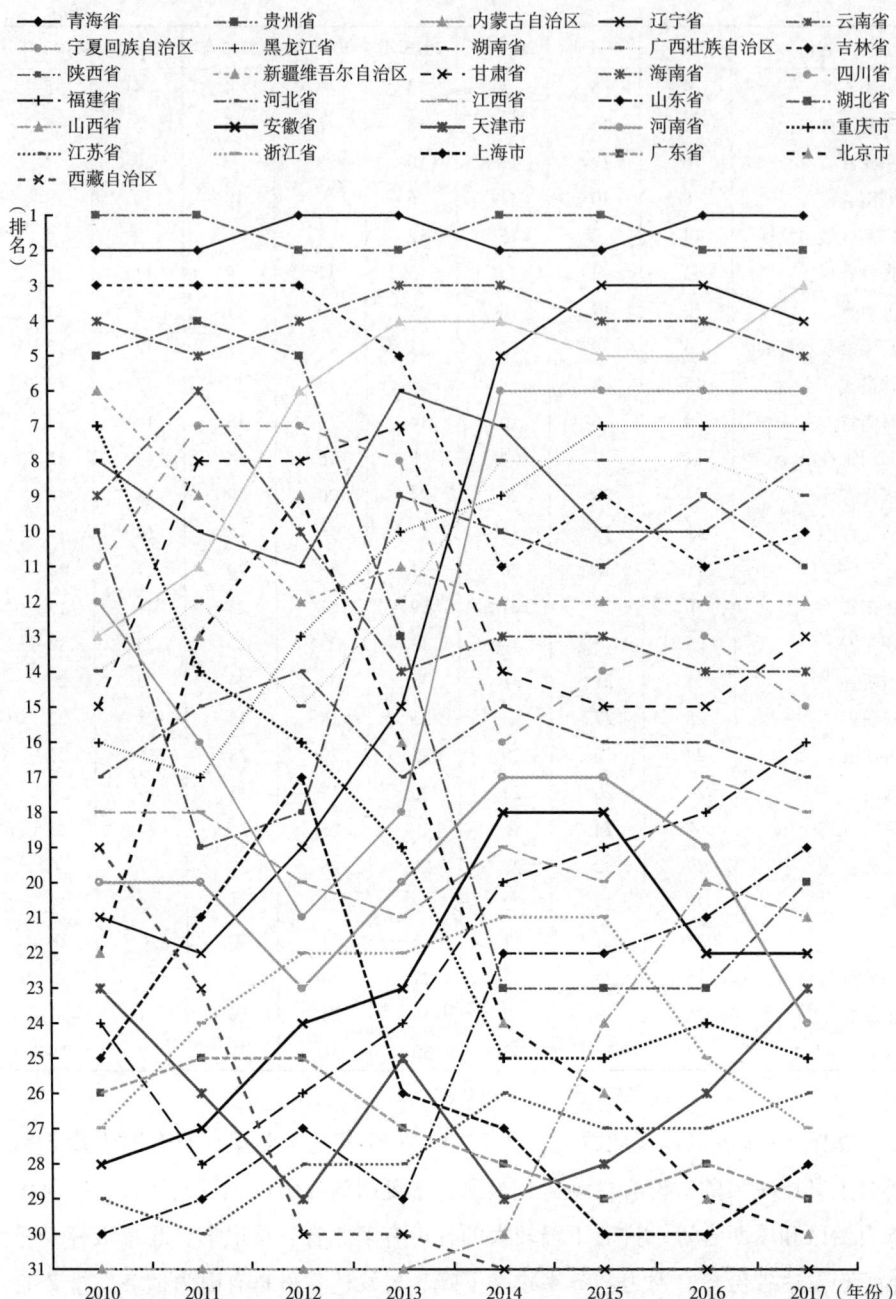

图 3-4 2010～2017 年我国 31 个省份地方政府自有财力债务率排名变动

进一步分析自有财力债务率在我国东中西三大区域的分布及其变动情况，从图 3-5 可以直观地看出，西部最高、中部次之、东部最低，并且差距明显，2017 年依次有约 50 个百分点的差距。从纵向变动来看，在 2015 年之前，自有财力债务率在三大区域都有一个明显上升的过程，2015 年之后，上升的趋势有所减缓甚至逆转，反差最明显的是东部，2015 年之后自有财力债务率平均值稳步下降。

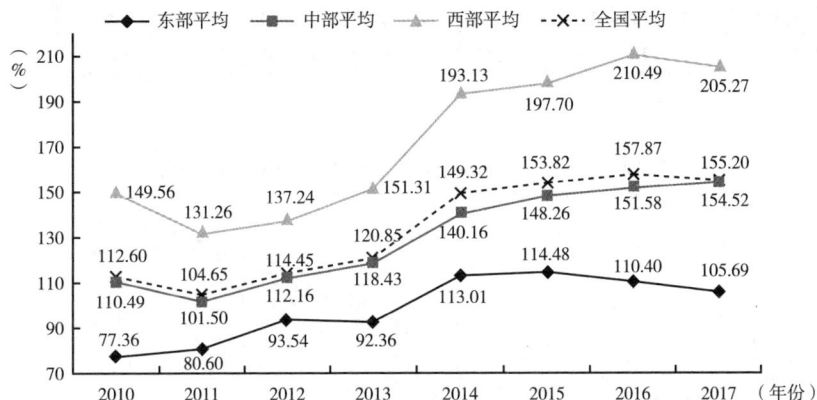

图 3-5　2010~2017 年我国东中西三大区域地方政府自有财力
债务率平均值

下面分析自有财力债务率在我国七大区域的分布及其变动情况，结合表 3-8 和图 3-6 可以看出，2017 年，自有财力债务率平均值最高的三个区域分别是西北地区，为 243.18%；东北地区，为 223.86%；西南地区，为 170.93%。从纵向来看，2015 年之前，七大区域的变动方向和幅度基本是一致的，但是 2015 年之后，七大区域明显开始分化，显著下降的有两个地区，分别为华东地区和西南地区；保持稳定的有三个地区，华北地区、华中地区和华南地区；继续上升的有两个地区，西北地区和东北地区。因此，结合指标数值变动趋势来看，以自有财力债务率衡量的债务风险在西北地区和东北地区最为突出，需要重点防范、及时化解。

表3－8 2010～2017年我国七大区域地方政府自有财力债务率平均值

单位：%

区域	2010年	2011年	2012年	2013年	2014年	2015年	2016年	2017年
东北地区	121.56	108.57	125.87	131.57	183.62	218.14	226.39	223.86
华北地区	82.20	83.96	95.67	101.52	118.31	122.20	122.09	126.03
华东地区	65.00	69.30	85.22	83.36	100.20	98.93	87.86	83.83
华中地区	118.50	107.23	113.80	116.12	129.84	125.20	128.61	123.17
华南地区	99.82	101.54	103.86	108.03	133.03	131.16	135.52	133.69
西南地区	166.63	136.13	138.37	150.70	191.42	193.02	189.50	170.93
西北地区	140.20	130.77	142.34	156.72	198.37	205.36	234.89	243.18

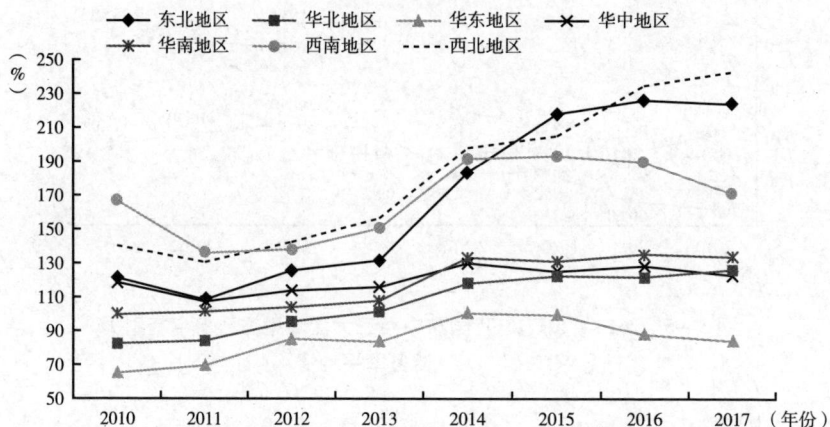

图3－6 2010～2017年我国七大区域地方政府自有财力债务率平均值

（二）综合财力债务率分析①

自有财力债务率只考虑了地方政府的自有财力，但是地方政府实际可以支配使用的财力不仅包括其自有财力，还包括相当规模的上级政府税收返还和转

---

① 考虑到2010～2013年各个省份的中央政府性基金补助收入数据缺失，为了保持口径的统一，2010～2017年的省份综合财力都不考虑中央政府性基金补助收入，仅考虑一般公共预算中的中央补助收入（税收返还和转移支付），同时，中央政府性基金补助收入在各个省份的地方政府性基金收入中占比普遍较低，因此不会对债务率数值大小产生实质性影响。

移支付，并且不同地方政府的上级政府税收返还和转移支付与自有财力之比，也是有很大差异的，因此本书进一步分析我国 31 个省份综合财力债务率这一指标。

从表 3-9 可以看出，2017 年综合财力债务率最高的 5 个省份分别是贵州省、辽宁省、内蒙古自治区、云南省和湖南省，分别为 161.50%、157.90%、135.95%、119.08% 和 105.03%；最低的 5 个省份分别是河南省、上海市、广东省、北京市和西藏自治区，分别为 56.10%、51.12%、49.01%、41.27% 和 5.66%。最高的 5 个省份平均值为 135.89%，最低的 5 个省份平均值为 40.63%，相差将近 2.5 倍。虽然高低差距仍然较大，但是比自有财力债务率高达 5 倍多的高低差距，已经有所减小。纵向来看，2010~2017 年，31 个省份综合财力债务率的平均值有一个先上升后下降的过程，在 2014 年达到 87.45% 的最高值，之后逐步下降，到了 2017 年下降到 81.94%。

表 3-9 2010~2017 年我国 31 个省份地方政府综合财力债务率

单位：%

省份	2010 年	2011 年	2012 年	2013 年	2014 年	2015 年	2016 年	2017 年
北京市	73.80	92.59	117.53	105.42	84.82	79.44	52.81	41.27
天津市	60.15	56.97	58.98	70.58	64.33	62.26	70.58	83.74
河北省	65.30	62.31	68.24	73.57	88.89	82.39	80.77	72.19
辽宁省	66.38	63.48	75.51	91.26	156.90	176.43	172.23	157.90
上海市	61.37	73.76	91.95	70.15	75.07	59.01	48.85	51.12
江苏省	54.20	53.24	60.38	62.11	76.08	76.16	70.15	71.93
浙江省	57.25	63.42	83.21	81.61	95.22	95.56	83.11	69.21
福建省	55.82	51.63	57.74	71.87	92.82	93.86	91.94	90.60
山东省	48.50	48.55	53.88	53.12	83.95	85.24	84.79	82.20
广东省	55.03	58.81	66.14	61.65	64.94	57.44	54.64	49.01
海南省	78.67	76.14	79.15	84.04	98.45	94.62	94.38	97.08
东部平均	61.50	63.72	73.88	75.04	89.23	87.49	82.20	78.75
山西省	37.55	36.72	37.07	42.23	48.03	55.70	64.07	60.07
内蒙古自治区	69.84	66.62	76.75	98.53	129.63	126.25	122.77	135.95
吉林省	87.17	79.03	84.83	81.23	83.08	83.12	81.84	84.21
黑龙江省	48.42	44.34	50.00	59.20	73.79	74.61	73.54	74.77

续表

省份	2010 年	2011 年	2012 年	2013 年	2014 年	2015 年	2016 年	2017 年
安徽省	39.42	41.44	49.32	59.48	75.56	77.23	69.37	65.54
江西省	54.36	53.04	57.30	59.48	73.06	71.62	73.15	68.35
河南省	45.70	45.46	48.58	58.54	73.32	69.46	63.69	56.10
湖北省	87.12	77.24	83.36	81.27	65.38	62.92	65.64	66.36
湖南省	65.13	59.81	63.78	79.57	104.21	93.89	100.34	105.03
中部平均	59.41	55.97	61.22	68.84	80.67	79.42	79.38	79.60
广西壮族自治区	58.50	53.65	53.74	69.73	97.69	92.43	96.18	92.85
重庆市	99.58	74.00	74.63	76.00	64.82	65.76	71.42	64.62
四川省	65.32	71.25	78.36	81.10	83.70	84.72	86.10	80.55
贵州省	135.66	112.52	113.16	150.48	208.82	195.28	180.37	161.50
云南省	87.52	73.04	83.86	97.51	131.47	131.95	129.36	119.08
西藏自治区	6.75	6.06	6.29	7.02	7.53	5.22	3.62	5.66
陕西省	65.16	53.48	59.53	79.11	101.08	95.01	105.35	102.71
甘肃省	37.21	38.80	42.52	50.65	54.59	52.43	55.46	60.64
青海省	43.39	48.51	63.20	75.59	91.14	94.82	97.67	104.26
宁夏回族自治区	55.06	45.83	45.18	52.44	90.97	88.18	94.13	91.39
新疆维吾尔自治区	55.66	47.62	48.31	58.16	71.56	64.39	70.28	74.25
西部平均	64.53	56.80	60.80	72.53	91.21	88.20	89.99	87.05
全国平均	61.97	59.01	65.56	72.35	87.45	85.40	84.15	81.94

资料来源：各个省份的中央补助收入，2010～2013 年来自相应年份的《中国财政年鉴》，2014～2017 年来自各个省份的预算执行情况、决算和全国财政决算数据。

同样需要特别说明的是，31 个省份地方政府综合财力债务率平均值与全国整体的地方政府综合财力债务率也是不同的，前者是 31 个省份的简单平均，而后者实际上是以综合财力为权重的加权平均，二者的数值差别可以在很大程度上反映债务率在不同综合财力规模省份的分布。通过表 3 - 10 可以看出，2014 年之后，前者数值总是高于后者，这反映整体而言或者说从统计规律上而言，综合财力规模越大的省份，其债务率相对越低，因此可以说，虽然中央的补助收入会增强地方政府财政实力从而减小债务风险，但是基本没有改变经济发展水平越好、债务风险越低的基本格局。

表 3 – 10 2010～2017 年全国整体与 31 个省份地方政府综合财力债务率平均值及其差异

年份	全国整体(%)	省份平均(%)	数值差异(个百分点)
2010	62.77	61.97	-0.80
2011	61.64	59.01	-2.63
2012	67.81	65.56	-2.25
2013	74.43	72.35	-2.08
2014	86.16	87.45	1.29
2015	83.28	85.40	2.12
2016	80.52	84.15	3.63
2017	76.74	81.94	5.20

综合财力规模越大的省份，其债务率相对越低的基本判断，也可以从债务率的空间分布中得到印证，以 2017 年为例，综合财力债务率相对较低的省份主要集中在中部地区，其次在东部地区，相对较高的省份主要集中在西部地区，尤其是在西南地区，最有代表性的是云南省和贵州省。需要说明的是，在中东部地区的省份中，湖南省、辽宁省和内蒙古自治区相对比较特殊，债务率较高。

从纵向变动来看，2010～2017 年 31 个省份综合财力债务率的变化趋势和变动幅度也是差异很大的，相对比较特殊的是贵州省和西藏自治区，如表 3 – 11 所示，其在 8 年内排名稳定地占据第一位和最末位，而其他省份的排名变动都比较大。

表 3 – 11 2010～2017 年我国 31 个省份地方政府综合财力债务率排名

省份	2010 年	2011 年	2012 年	2013 年	2014 年	2015 年	2016 年	2017 年
贵州省	1	1	2	1	1	1	1	1
辽宁省	9	11	11	5	2	2	2	2
内蒙古自治区	8	10	10	3	4	4	4	3
云南省	3	8	5	4	3	3	3	4
湖南省	13	14	15	11	5	9	6	5
青海省	27	23	16	14	11	7	7	6

续表

省份	2010 年	2011 年	2012 年	2013 年	2014 年	2015 年	2016 年	2017 年
陕西省	12	18	18	12	6	6	5	7
海南省	6	5	8	6	7	8	9	8
广西壮族自治区	16	17	23	19	8	11	8	9
宁夏回族自治区	20	25	28	28	12	12	10	10
福建省	18	21	20	16	10	10	11	11
吉林省	4	3	4	9	17	15	15	12
天津市	15	16	19	17	28	26	20	13
山东省	24	22	22	27	15	13	13	14
四川省	10	9	9	10	16	14	12	15
黑龙江省	25	27	24	24	21	20	17	16
新疆维吾尔自治区	19	24	27	26	24	24	21	17
河北省	11	13	13	15	13	16	16	18
江苏省	23	19	17	20	18	19	22	19
浙江省	17	12	7	7	9	5	14	20
江西省	22	20	21	22	23	21	18	21
湖北省	5	4	6	8	25	25	24	22
安徽省	28	28	25	23	19	18	23	23
重庆市	2	6	12	13	27	23	19	24
甘肃省	30	29	29	29	29	30	27	25
山西省	29	30	30	30	30	29	25	26
河南省	26	26	26	25	22	22	26	27
上海市	14	7	3	18	20	27	30	28
广东省	21	15	14	21	26	28	28	29
北京市	7	2	1	2	14	17	29	30
西藏自治区	31	31	31	31	31	31	31	31

从图 3-7 可以直观地看到，在 2010~2017 年这 8 年里，综合财力债务率排名上升比较大的省份有辽宁省、内蒙古自治区和青海省等，排名下降较大的省份有重庆市、湖北省、上海市、广东省和北京市等，基本呈现出发达省份排名下降、欠发达省份排名上升的状况。

◆ 贵州省	■ 辽宁省	▲ 内蒙古自治区	✕ 云南省	✱ 湖南省
● 青海省	✛ 陕西省	━ 海南省	─ 广西壮族自治区	◆ 宁夏回族自治区
■ 福建省	▲ 吉林省	✕ 天津市	─ 山东省	● 四川省
✛ 黑龙江省	━ 新疆维吾尔自治区	─ 河北省	◆ 江苏省	■ 浙江省
▲ 江西省	✕ 湖北省	✱ 安徽省	● 重庆市	✛ 甘肃省
─ 山西省	─ 河南省	◆ 上海市	■ 广东省	▲ 北京市
✕ 西藏自治区				

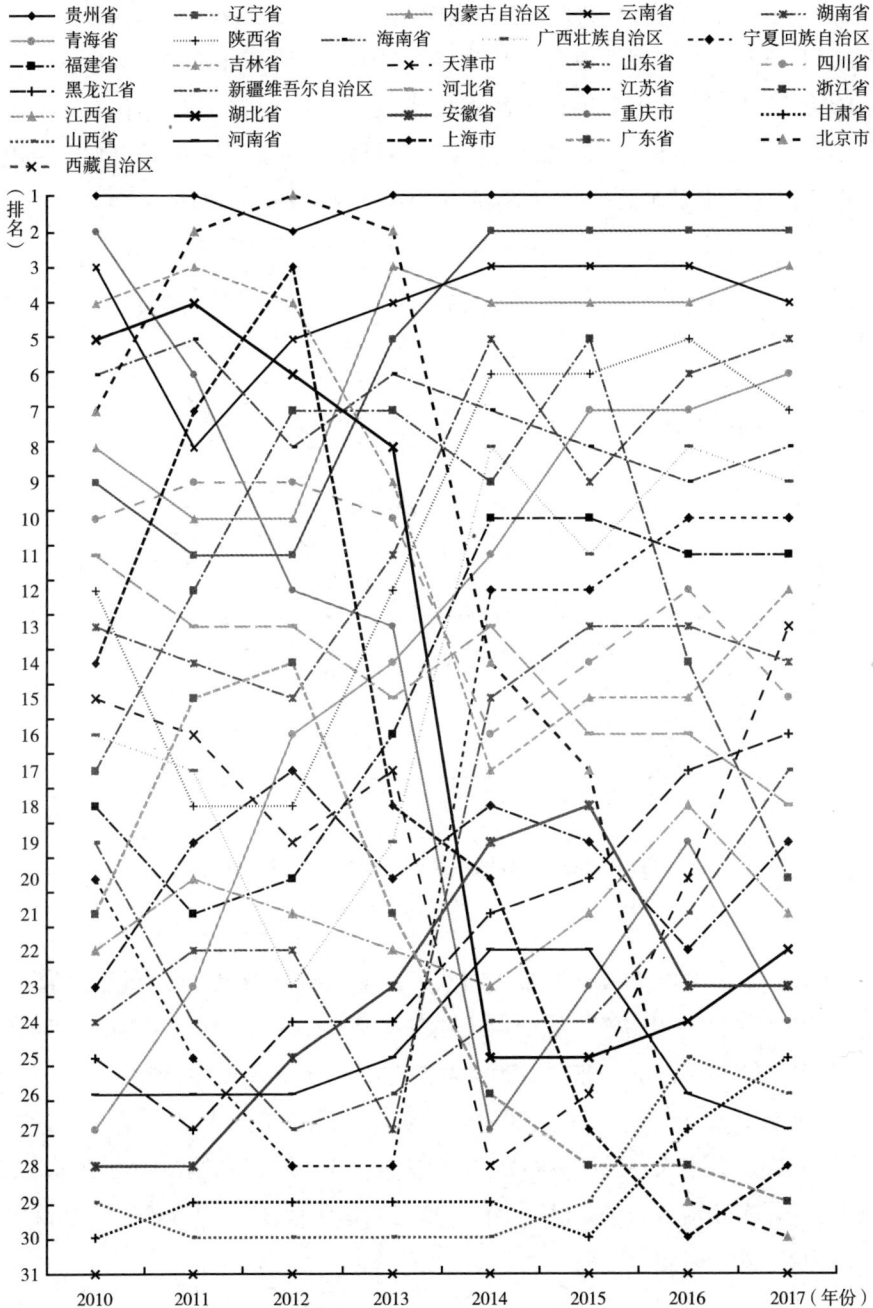

图 3－7　2010～2017 年我国 31 个省份地方政府综合财力债务率排名变动

进一步分析综合财力债务率在我国东中西三大区域的分布及其变动情况，从图3-8可以直观地看出，2010～2017年整体而言，三大区域的高低次序变化较大。2017年，东部省份平均债务率下降明显，在东中西三大区域中最低。从债务率的数值来看，差距并不明显，中央补助收入在很大程度上减弱了彼此之间的差距。从纵向变动来看，2015年之前，三大区域综合财力债务率都有一个明显上升的过程，2015年之后，上升的趋势发生逆转，东中西三大区域均逐步下降，而下降最为明显的是东部地区。

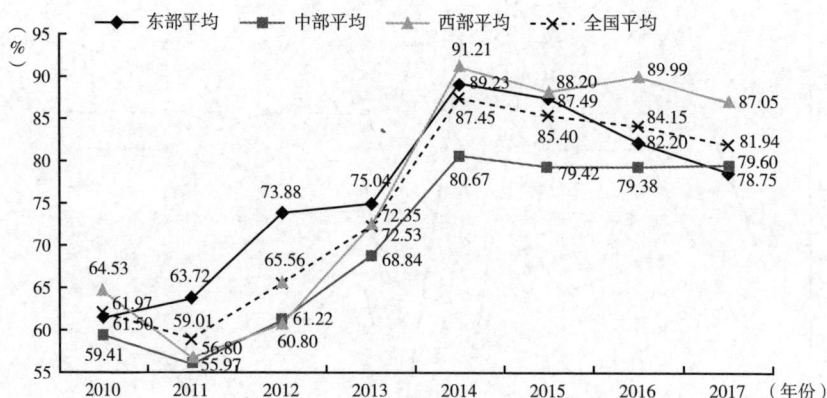

图3-8 2010～2017年我国东中西三大区域地方政府综合财力
债务率平均值

下面分析综合财力债务率在我国七大区域的分布及其变动情况，结合表3-12和图3-9可以看出，综合财力债务率平均值最高的两个区域分别是东北地区和西南地区。纵向来看，2015年之前，七大区域基本步调一致地迅速上升；但是2015年之后，七大区域开始明显分化，虽然大部分在逐步下降，但是下降幅度有很大差异，下降幅度最大的是西南地区和华东地区，西北地区有所上升，东北地区、华北地区、华中地区和华南地区稳步下降，其中东北地区从高位下降，风险相对最大。

表 3 – 12　2010 ~ 2017 年我国七大区域地方政府综合财力债务率平均值

单位：%

区域	2010 年	2011 年	2012 年	2013 年	2014 年	2015 年	2016 年	2017 年
东北地区	67.32	62.29	70.11	77.23	104.59	111.39	109.20	105.63
华北地区	59.19	60.63	68.74	73.91	83.27	81.88	79.30	79.24
华东地区	53.61	56.70	68.52	69.05	82.95	80.36	72.68	69.68
华中地区	63.08	58.89	63.25	69.71	78.99	74.47	75.70	73.96
华南地区	64.07	62.87	66.34	71.81	87.03	81.50	81.73	79.64
西南地区	78.96	67.37	71.26	82.42	99.27	96.58	94.17	86.29
西北地区	51.30	46.85	51.75	63.19	81.87	78.96	84.58	86.65

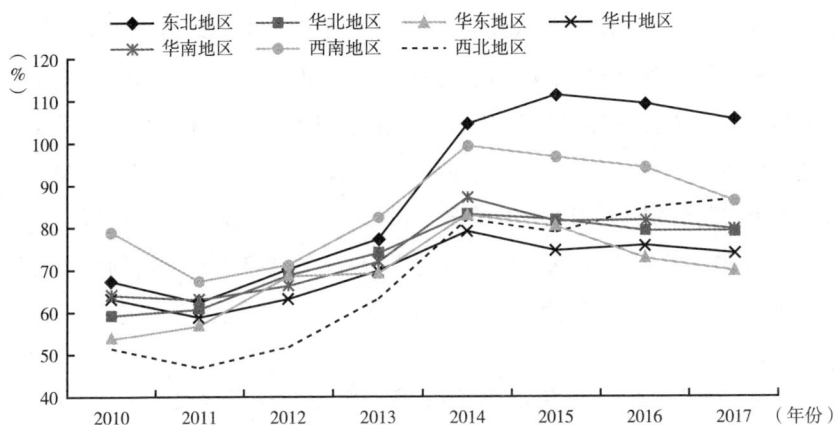

图 3 – 9　2010 ~ 2017 年我国七大区域地方政府综合财力债务率平均值

第三节　基于一般债务率和专项债务率的测度与分析

正如前文提到，在《预算法》下，地方政府债务被分类为一般债务和专项债务而分别纳入一般公共预算和政府性基金预算，二者的资金投向和偿债来源有所不同，在一定程度上，地方政府一般债务风险和专项债务风险是相对独立的，因此在省域层面上，不仅要考虑总体的债务率（自有财力口径和综合财力口径），还要具体细分为一般债务率和专项债务率。同时，考虑到数据的可得性，不仅要分析全省层面的一般债务率和专项债务率，还分析省本级层面的一般债务率和专项债务率。

另外，从本节开始，本书把债务风险在地方政府之间分布的不均衡状况作为一个重要内容，并构造地方债务风险的基尼系数来量化分析债务风险分布的不均衡程度①。

（一）全省层面：2014～2017年

1. 2014年

从表3-13可以看出，在自有财力口径下，2014年一般债务率最高的5个省份分别是青海省、贵州省、辽宁省、云南省和内蒙古自治区，一般债务率分别为410.89%、390.42%、264.66%、258.34%和244.34%；最低的5个省份分别是西藏自治区、广东省、上海市、北京市和天津市，一般债务率分别为72.66%、69.28%、67.49%、33.60%和30.09%。最高的5个省份平均值为313.73%，最低的5个省份平均值为54.62%，相差将近5倍。再看专项债务率，2014年专项债务率最高的5个省份分别是贵州省、云南省、陕西省、内蒙古自治区和湖南省，专项债务率分别为446.48%、285.54%、225.83%、193.55%和185.07%；最低的5个省份分别是江苏省、广东省、重庆市、山西省和西藏自治区，专项债务率分别为80.84%、79.26%、68.91%、53.68%和0.00%。最高的5个省份平均值为267.29%，最低的5个省份平均值为56.54%，相差将近4倍。

表3-13　2014年31个省份全省一般债务率和专项债务率

单位：%

省份	自有财力口径		综合财力口径	
	一般债务率	专项债务率	一般债务率	专项债务率
北京市	33.60	165.36	29.67	164.98
天津市	30.09	169.35	25.38	166.94
河北省	175.78	83.86	90.60	80.60
辽宁省	264.66	170.57	151.72	167.18
上海市	67.49	107.30	59.40	106.64

---

① 基尼系数往往被看作对收入不平等程度的衡量，其数值介于0~1，基尼系数越大表示不平等程度越高，但是其构造思路和方法是可以通用的，样本或个体之间在某一个属性或指标上的差异程度可以借鉴基尼系数来度量，地方政府债务风险也一样。当然，如果以债务率这个相对指标来衡量债务风险，那么利用基尼系数来衡量其分布的不均衡程度，可能与其衡量收入这个绝对指标所对应的原本意义有所偏差，但是基于横向比较和纵向比较的思路，其效果基本不受影响，另外，以债务率衡量的省份债务风险基尼系数，与市域和县域的债务风险基尼系数也可以进行比较分析。

续表

省份	自有财力口径		综合财力口径	
	一般债务率	专项债务率	一般债务率	专项债务率
江苏省	86.60	80.84	73.07	79.97
浙江省	116.14	97.19	93.58	96.59
福建省	84.89	150.99	60.01	148.72
山东省	118.46	83.00	84.49	81.20
广东省	69.28	79.26	58.82	78.40
海南省	173.78	116.51	92.11	113.39
山西省	79.31	53.68	46.31	51.79
内蒙古自治区	244.34	193.55	121.00	154.69
吉林省	157.72	154.22	67.65	146.92
黑龙江省	178.30	136.61	65.33	123.84
安徽省	144.00	85.72	70.45	83.75
江西省	134.73	85.55	68.53	82.80
河南省	152.82	82.65	70.50	79.71
湖北省	113.73	83.21	58.83	79.88
湖南省	175.05	185.07	80.71	177.71
广西壮族自治区	168.71	184.95	71.26	177.80
重庆市	103.10	68.91	62.44	65.81
四川省	145.04	128.49	67.55	124.93
贵州省	390.42	446.48	152.04	423.28
云南省	258.34	285.54	105.18	267.92
西藏自治区	72.66	0.00	7.79	0.00
陕西省	135.48	225.83	67.72	217.86
甘肃省	138.00	173.07	37.42	157.03
青海省	410.89	129.32	87.50	119.47
宁夏回族自治区	240.21	119.38	85.01	110.76
新疆维吾尔自治区	153.63	161.62	59.89	149.19
基尼系数	0.2923	0.2844	0.2204	0.2785

注：①指标构造：地方政府财力采用两个指标，一个是自有财力，另一个是综合财力，前者是地方一般公共预算收入和政府性基金收入之和，后者是在前者的基础上，在一般公共预算收入中再加上中央的税收返还和转移支付，在政府性基金收入中加上中央补助收入（基金转移支付），中央向各个省份的基金转移支付数据来自各个省份相应年份的预算执行情况或决算情况，对于部分省份、部分年份缺失的数据进行了估算补充；②数据修正：对辽宁省2014年的一般公共预算收入数据进行了修正，假定辽宁省2015年该数据的变动与黑龙江省和吉林省的平均水平变动一致，则基于2015年的数据倒推出2014年的相应数据，由原来的3192.78亿元修正为2224.61亿元，这与王振宇和郭艳娇（2016）所估算的辽宁省2014年一般公共预算收入虚增800亿元基本是吻合的，政府性基金收入数据未做调整；③2014年底各个省份的地方债务余额数据以财政部公布的各个省份2015年债务限额减去2015年新增地方政府债券额度得到，这一数据与各个省份公开或告知的数据并不完全一致，前者加总为154074.3亿元，后者加总为150891.3亿元，后者与财政部公开的全国地方政府债务余额不一致，因此取信前者，实际上，2014年底各个省份的地方债务余额包括两个部分，一个是2014年末清理甄别锁定的余额，另一个则是中央定向调增限额；④对于经济和财政数据存在造假问题的内蒙古自治区和天津市，由于真实数据不可得，准确估计有难度，因此暂时取其公布的数据。

在综合财力口径下，2014 年一般债务率最高的 5 个省份分别是贵州省、辽宁省、内蒙古自治区、云南省和浙江省，一般债务率分别为 152.04%、151.72%、121.00%、105.18% 和 93.58%；最低的 5 个省份分别是山西省、甘肃省、北京市、天津市和西藏自治区，一般债务率分别为 46.31%、37.42%、29.67%、25.38% 和 7.79%。最高的 5 个省份平均值为 124.70%，最低的 5 个省份平均值为 29.31%，相差 3 倍多。再看专项债务率，2014 年专项债务率最高的 5 个省份分别是贵州省、云南省、陕西省、广西壮族自治区和湖南省，专项债务率分别为 423.28%、267.92%、217.86%、177.80% 和 177.71%；最低的 5 个省份分别是河南省、广东省、重庆市、山西省和西藏自治区，专项债务率分别为 79.71%、78.40%、65.81%、51.79% 和 0.00%。最高的 5 个省份平均值为 252.91%，最低的 5 个省份平均值为 55.14%，相差将近 4 倍。

从债务风险分布的不均衡程度来看，在自有财力口径下，一般债务率和专项债务率的基尼系数分别为 0.2923 和 0.2844，二者的不均衡程度相差不大①；在综合财力口径下，一般债务率和专项债务率的基尼系数分别为 0.2204 和 0.2785，一般债务率的不均衡程度明显较自有财力口径小，而专项债务率则与自有财力口径接近；在综合财力口径下，专项债务率的分布不均衡程度要明显高于一般债务率。

表 3-14 从全国平均和东中西三大区域的角度分析了 2014 年 31 个省份的一般债务率和专项债务率状况。从自有财力口径来看，全国平均的一般债务率为 155.40%，其中，东部最低，中部居中，西部最高，并且差距明显，依次相差 40~50 个百分点；专项债务率全国平均为 138.33%，其中东部与中部基本相当，最高的是西部地区，并且差距明显，高于中东部 50 个百分点以上。从综合财力口径来看，东中西三大区域的一般债务率都明显较自有财力口径小，并且西部变化幅度最大，中部其次，东部最小。综合财力口径的一般债务

---

① 0.2923 和 0.2844 的基尼系数，并不能直接说明不均衡程度偏大或偏小，或者说是否在正常合理的范围之内，与一般将 0.4 作为收入不平等程度的分界线不同，因为衡量债务风险用的是债务率这一相对值，而不是计算收入基尼系数中的收入规模绝对值，因此并不能直接类比。更为重要的是，对于地方债务风险基尼系数的研究还不多，尚没有对其形成一个普遍认可的合理范围的判断，因此本书更侧重分析基尼系数之间的大小比较或高低变动。

率在三大区域基本达到一致，全国平均为 73.29%，而专项债务率较自有财力口径变化则比较小，仍然是东部与中部基本相当，西部地区最高，全国平均为131.61%。

表 3 – 14　2014 年三大区域全省一般债务率和专项债务率平均值

单位：%

地区	自有财力口径		综合财力口径	
	一般债务率	专项债务率	一般债务率	专项债务率
东部地区	110.98	118.57	74.44	116.78
中部地区	153.33	117.81	72.15	109.01
西部地区	201.50	174.87	73.07	164.91
全国	155.40	138.33	73.29	131.61

表 3 – 15 进一步从七大区域的角度分析了 2014 年 31 个省份的一般债务率和专项债务率状况，从自有财力口径来看，一般债务率西南地区、东北地区和西北地区最高，都在 200% 左右，构成第一梯队；华中地区和华南地区位列其后，构成第二梯队；华北地区和华东地区最低，构成第三梯队。专项债务率的高低聚类基本一致，西南地区、西北地区和东北地区最高，构成第一梯队；第二梯队是华南地区和华北地区；第三梯队则由华中地区和华东地区构成。

表 3 – 15　2014 年七大区域全省一般债务率和专项债务率平均值

单位：%

地区	自有财力口径		综合财力口径	
	一般债务率	专项债务率	一般债务率	专项债务率
东北地区	200.23	153.80	94.90	145.98
华北地区	113.60	124.80	66.24	116.70
华东地区	99.83	104.41	71.30	103.13
华中地区	144.08	109.12	69.64	105.03
华南地区	137.26	126.91	74.06	123.20
西南地区	193.91	185.88	79.00	176.39
西北地区	215.64	161.85	67.51	150.86

从综合财力口径来看，七大区域一般债务率的差别明显弱化，大部分在 70% 上下，只有东北地区比较高，为 94.90%，明显高于其他地区。专项债务

率则差异明显，西南地区、西北地区和东北地区最高，构成第一梯队；第二梯队是华南地区和华北地区；第三梯队则由华东地区和华中地区构成。

2. 2015年

从表3-16可以看出，在自有财力口径下，2015年一般债务率最高的5个省份分别是青海省、贵州省、辽宁省、云南省和内蒙古自治区，一般债务率分别为406.02%、342.05%、288.66%、234.65%和230.96%；最低的5个省份分别是西藏自治区、广东省、上海市、天津市和北京市，一般债务率分别为57.02%、56.14%、49.32%、28.61%和28.04%。再看专项债务率，2015年专项债务率最高的5个省份分别是贵州省、云南省、内蒙古自治区、辽宁省和陕西省，专项债务率分别为545.80%、493.75%、368.04%、269.56%和256.22%；最低的5个省份分别是江苏省、河北省、广东省、重庆市和西藏自治区，专项债务率分别为93.26%、90.81%、82.44%、77.26%和0.00%。

表3-16　2015年31个省份全省一般债务率和专项债务率

单位：%

省份	自有财力口径		综合财力口径	
	一般债务率	专项债务率	一般债务率	专项债务率
北京市	28.04	217.15	25.55	216.55
天津市	28.61	221.72	24.66	217.76
河北省	153.19	90.81	80.11	88.30
辽宁省	288.66	269.56	155.04	260.25
上海市	49.32	93.33	45.69	92.58
江苏省	77.84	93.26	67.61	92.19
浙江省	91.95	136.21	77.27	134.40
福建省	76.41	203.03	54.17	198.29
山东省	106.98	105.50	77.34	103.15
广东省	56.14	82.44	49.13	81.59
海南省	156.08	130.00	84.78	122.64
山西省	91.71	99.04	48.40	93.90
内蒙古自治区	230.96	368.04	111.40	267.34
吉林省	155.21	229.92	64.81	212.83
黑龙江省	196.59	208.50	63.30	184.31
安徽省	133.24	106.45	66.91	103.87
江西省	122.68	95.42	65.03	92.37

省份	自有财力口径		综合财力口径	
	一般债务率	专项债务率	一般债务率	专项债务率
河南省	133.44	99.73	62.70	95.85
湖北省	100.48	93.78	53.81	89.20
湖南省	151.19	200.28	70.69	191.42
广西壮族自治区	150.62	253.04	62.04	236.62
重庆市	97.16	77.26	60.25	72.13
四川省	135.30	166.37	64.34	158.88
贵州省	342.05	545.80	134.57	507.15
云南省	234.65	493.75	98.25	436.35
西藏自治区	57.02	0.00	5.36	0.00
陕西省	127.38	256.22	63.62	242.92
甘肃省	142.81	148.98	39.69	137.68
青海省	406.02	190.40	88.62	143.53
宁夏回族自治区	219.02	163.32	77.67	146.73
新疆维吾尔自治区	146.46	207.33	51.85	189.79
基尼系数	0.3098	0.3223	0.2254	0.3085

　　在综合财力口径下，2015 年一般债务率最高的 5 个省份分别是辽宁省、贵州省、内蒙古自治区、云南省和青海省，一般债务率分别为 155.04%、134.57%、111.40%、98.25% 和 88.62%；最低的 5 个省份分别是上海市、甘肃省、北京市、天津市和西藏自治区，一般债务率分别为 45.69%、39.69%、25.55%、24.66% 和 5.36%。再看专项债务率，2015 年专项债务率最高的 5 个省份分别是贵州省、云南省、内蒙古自治区、辽宁省和陕西省，专项债务率分别为 507.15%、436.35%、267.34%、260.25% 和 242.92%；最低的 5 个省份分别是湖北省、河北省、广东省、重庆市和西藏自治区，专项债务率分别为 89.20%、88.30%、81.59%、72.13% 和 0.00%。

　　从债务风险分布的不均衡程度来看，在自有财力口径下，一般债务率和专项债务率的基尼系数分别为 0.3098 和 0.3223，二者的不均衡程度相差不大。在综合财力口径下，一般债务率和专项债务率的基尼系数分别为 0.2254 和 0.3085，一般债务率的不均衡程度明显较自有财力口径低，而专项债务率则基本和自有财力口径相当；在综合财力口径下，专项债务率的分布不均衡程度要明显高于一般债务率。

表 3–17 从全国平均和东中西三大区域的角度分析了 2015 年 31 个省份的一般债务率和专项债务率状况。从自有财力口径来看，一般债务率全国平均为 144.75%，其中东部最低，中部居中，西部最高，并且差距明显，都在 40 个百分点以上；专项债务率全国平均为 182.15%，其中东部最低，中部居中，最高的是西部地区，超过 200% 高达 227.50%。从综合财力口径来看，东中西三大区域的一般债务率都明显较有自财力口径低，并且西部变化幅度最大，中部其次，东部最小，最终的一般债务率在三大区域基本达到一致，全国平均为 67.57%；而专项债务率的变化则比较小，从最终的专项债务率来看，东部与中部基本相当，西部地区最高，全国平均为 168.08%。

表 3–17　2015 年三大区域全省一般债务率和专项债务率平均值

单位：%

地区	自有财力口径		综合财力口径	
	一般债务率	专项债务率	一般债务率	专项债务率
东部地区	101.20	149.36	67.40	146.16
中部地区	146.17	166.80	67.45	147.90
西部地区	187.14	227.50	67.84	206.52
全国	144.75	182.15	67.57	168.08

表 3–18 进一步从七大区域的角度分析了 2015 年 31 个省份的一般债务率和专项债务率状况。从自有财力口径来看，一般债务率东北地区、西北地区和西南地区最高，都超过了 150%，构成第一梯队；华中地区和华南地区位列其后，构成第二梯队；华北地区和华东地区最低，构成第三梯队。专项债务率的高低聚类基本一致，西南地区和东北地区最高，都超过了 200%，构成第一梯队；第二梯队是西北地区、华北地区和华南地区；第三梯队则由华东地区和华中地区构成。

从综合财力口径来看，七大区域一般债务率的差别明显弱化，大部分在 70% 上下，只有东北地区比较突出，为 94.38%，明显高于其他地区；专项债务率则差异明显，西南地区和东北地区最高，都超过了 200%，构成第一梯队；第二梯队是西北地区、华北地区和华南地区，第三梯队则由华东地区和华中地区构成。

表3-18 2015年七大区域全省一般债务率和专项债务率平均值

单位：%

地区	自有财力口径		综合财力口径	
	一般债务率	专项债务率	一般债务率	专项债务率
东北地区	213.49	235.99	94.38	219.13
华北地区	106.58	183.71	61.24	164.50
华东地区	85.75	126.46	62.33	124.27
华中地区	126.94	122.30	63.06	117.21
华南地区	120.95	155.16	65.31	146.95
西南地区	173.24	256.64	72.55	234.90
西北地区	208.34	193.25	64.29	172.13

3. 2016年

从表3-19可以看出，在自有财力口径下，2016年一般债务率最高的5个省份分别是青海省、贵州省、辽宁省、云南省和宁夏回族自治区，一般债务率分别为491.60%、333.46%、279.49%、241.55%和236.51%；最低的5个省份分别是广东省、天津市、上海市、西藏自治区和北京市，一般债务率分别为51.68%、41.05%、37.62%、35.25%和34.00%。再看专项债务率，2016年专项债务率最高的5个省份分别是贵州省、云南省、内蒙古自治区、辽宁省和陕西省，专项债务率分别为489.62%、457.41%、368.64%、329.16%和282.90%；最低的5个省份分别是河南省、广东省、安徽省、江苏省和西藏自治区，专项债务率分别为87.35%、81.68%、81.57%、74.43%和5.91%。

表3-19 2016年31个省份全省一般债务率和专项债务率

单位：%

省份	自有财力口径		综合财力口径	
	一般债务率	专项债务率	一般债务率	专项债务率
北京市	34.00	153.12	29.93	152.59
天津市	41.05	195.36	34.85	193.49
河北省	146.87	95.21	76.60	93.47
辽宁省	279.49	329.16	145.39	317.14
上海市	37.62	90.42	34.99	89.36
江苏省	78.98	74.43	67.43	73.97

续表

省份	自有财力口径		综合财力口径	
	一般债务率	专项债务率	一般债务率	专项债务率
浙江省	90.79	91.00	78.08	90.14
福建省	87.68	162.27	61.65	160.11
山东省	103.08	114.89	73.88	112.53
广东省	51.68	81.68	45.72	80.89
海南省	172.24	121.56	86.26	117.83
山西省	111.14	104.79	56.90	98.95
内蒙古自治区	233.39	368.64	107.92	263.15
吉林省	165.02	206.41	66.29	194.51
黑龙江省	210.99	218.26	61.76	200.31
安徽省	124.22	81.57	63.64	80.61
江西省	129.31	101.47	65.44	98.86
河南省	123.99	87.35	57.28	85.36
湖北省	106.41	94.56	56.25	91.84
湖南省	165.33	226.99	77.41	214.86
广西壮族自治区	171.77	235.28	67.79	224.24
重庆市	98.79	102.60	58.92	96.45
四川省	137.20	186.13	63.06	179.89
贵州省	333.46	489.62	126.58	465.06
云南省	241.55	457.41	97.73	414.33
西藏自治区	35.25	5.91	3.54	5.66
陕西省	153.03	282.90	71.56	267.04
甘肃省	159.89	127.31	44.95	117.84
青海省	491.60	239.76	90.06	208.89
宁夏回族自治区	236.51	197.55	82.18	182.11
新疆维吾尔自治区	167.80	196.66	58.87	179.23
基尼系数	0.3215	0.3279	0.2101	0.3111

注：财政部在"2016年全国财政决算"中公布了2016年底我国31个省份（不含港澳台）的一般债务余额和专项债务余额，部分省份的数据与各省份公布的数据稍有出入，以财政部公布的数据为准。

在综合财力口径下，2016年一般债务率最高的5个省份分别是辽宁省、贵州省、内蒙古自治区、云南省和青海省，一般债务率分别为145.39%、126.58%、107.92%、97.73%和90.06%；最低的5个省份分别是甘肃省、上海市、天津市、北京市和西藏自治区，一般债务率分别为44.95%、34.99%、34.85%、29.93%和3.54%。再看专项债务率，2016年专项债务率最高的5

个省份分别是贵州省、云南省、辽宁省、陕西省和内蒙古自治区，专项债务率分别为 465.06%、414.33%、317.14%、267.04% 和 263.15%；最低的 5 个省份分别是河南省、广东省、安徽省、江苏省和西藏自治区，专项债务率分别为 85.36%、80.89%、80.61%、73.97% 和 5.66%。

从债务风险的分布不均衡程度来看，在自有财力口径下，一般债务率和专项债务率的基尼系数分别为 0.3215 和 0.3279，二者的不均衡程度相差不大；在综合财力口径下，一般债务率和专项债务率的基尼系数分别为 0.2101 和 0.3111，一般债务率的不均衡程度明显较自有财力口径低，而专项债务率则基本与自有财力口径相当，在综合财力口径下，专项债务率的分布不均衡程度要明显高于一般债务率。

表 3 - 20 从全国以及东中西三大区域的角度分析了 2016 年 31 个省份的一般债务率和专项债务率状况，从自有财力口径来看，一般债务率全国平均为 152.26%，其中东部最低，中部居中，西部最高，并且差距明显，依次相差约 50 个百分点；专项债务率全国平均为 178.07%，其中东部最低，中部居中，最高的是西部地区，超过 200% 高达 229.19%。从综合财力口径来看，东中西三大区域的一般债务率都明显较低，并且西部较自有财力口径变化幅度最大，中部其次，东部最小，最终的一般债务率在三大区域基本达到一致，全国平均为 68.16%，而专项债务率的变化则比较小，从最终的专项债务率来看，东部最低，中部居中，西部地区最高，全国平均为 166.15%。

表 3 - 20　2016 年三大区域全省一般债务率和专项债务率平均值

单位：%

地区	自有财力口径		综合财力口径	
	一般债务率	专项债务率	一般债务率	专项债务率
东部地区	102.13	137.19	66.80	134.68
中部地区	152.20	165.56	68.10	147.60
西部地区	202.44	229.19	69.57	212.79
全国	152.26	178.07	68.16	166.15

表 3 - 21 进一步从七大区域的角度分析了 2016 年 31 个省份的一般债务率和专项债务率状况，从自有财力口径来看，一般债务率西北地区、东北地区和

西南地区最高，都超过了 150%，构成第一梯队；华南地区、华中地区和华北地区位列其后，构成第二梯队；华东地区最低，构成第三梯队。专项债务率的高低聚类基本一致，东北地区、西南地区和西北地区最高，都超过了 200%，构成第一梯队；第二梯队是华北地区、华南地区和华中地区；第三梯队则是华东地区，专项债务率低于 100%。

表 3-21　2016 年七大区域全省一般债务率和专项债务率平均值

单位：%

地区	自有财力口径		综合财力口径	
	一般债务率	专项债务率	一般债务率	专项债务率
东北地区	218.50	251.28	91.14	237.32
华北地区	111.59	172.00	63.35	152.36
华东地区	83.86	99.94	61.16	98.84
华中地区	131.26	127.59	64.09	122.73
华南地区	131.90	146.18	66.59	140.99
西南地区	169.25	248.33	69.97	232.28
西北地区	241.77	208.84	69.52	191.02

从综合财力口径来看，七大区域一般债务率的差别明显弱化，大部分在 70% 以下，只有东北地区比较突出，为 91.14%，明显高于其他地区；专项债务率则差异明显，东北地区、西南地区和西北地区最高，都在 200% 上下，构成第一梯队；第二梯队是华北地区、华南地区和华中地区；第三梯队则是华东地区，专项债务率低于 100%。

4. 2017 年

从表 3-22 可以看出，在自有财力口径下，2017 年一般债务率最高的 5 个省份分别是青海省、贵州省、内蒙古自治区、辽宁省和云南省，一般债务率分别为 509.23%、316.90%、306.42%、255.70% 和 252.41%；最低的 5 个省份分别是天津市、广东省、西藏自治区、上海市和北京市，一般债务率分别为 57.72%、46.82%、41.68%、37.99% 和 34.26%。再看专项债务率，2017 年专项债务率最高的 5 个省份分别是贵州省、辽宁省、青海省、内蒙古自治区和云南省，专项债务率分别为 363.46%、329.38%、310.61%、291.16% 和 268.29%；最低的 5 个省份分别是河南省、广东省、北京市、浙江省和西藏自治区，专项债务率分别为 75.38%、66.27%、64.37%、61.95% 和 28.91%。

表 3 - 22 **2017 年 31 个省份全省一般债务率和专项债务率**

单位：%

省份	自有财力口径		综合财力口径	
	一般债务率	专项债务率	一般债务率	专项债务率
北京市	34.26	64.37	29.72	64.29
天津市	57.72	170.04	46.63	169.44
河北省	128.47	82.59	68.07	81.39
辽宁省	255.70	329.38	131.62	317.68
上海市	37.99	110.72	34.94	109.70
江苏省	81.61	76.48	68.65	76.22
浙江省	88.91	61.95	76.29	61.74
福建省	98.97	134.61	68.87	133.54
山东省	101.50	106.31	71.68	104.77
广东省	46.82	66.27	41.42	65.74
海南省	172.43	140.10	84.63	134.18
山西省	97.04	100.91	51.28	97.73
内蒙古自治区	306.42	291.16	123.38	241.08
吉林省	194.34	163.60	71.77	159.48
黑龙江省	218.27	198.83	63.89	188.88
安徽省	121.43	75.45	59.99	74.79
江西省	125.84	85.44	62.02	84.76
河南省	107.41	75.38	49.51	74.29
湖北省	104.74	95.01	55.07	92.87
湖南省	184.72	200.82	84.62	192.35
广西壮族自治区	188.84	184.87	71.88	177.06
重庆市	99.26	79.19	56.35	75.63
四川省	144.52	125.05	65.56	121.11
贵州省	316.90	363.46	117.07	348.15
云南省	252.41	268.29	96.87	256.51
西藏自治区	41.68	28.91	4.64	25.72
陕西省	157.26	219.98	74.51	213.04
甘肃省	171.32	162.50	46.60	151.22
青海省	509.23	310.61	91.66	266.28
宁夏回族自治区	235.87	222.38	79.85	207.02
新疆维吾尔自治区	184.69	152.23	65.89	147.42
基尼系数	0.3276	0.3102	0.2061	0.2977

在综合财力口径下，2017 年一般债务率最高的 5 个省份分别是辽宁省、内蒙古自治区、贵州省、云南省和青海省，一般债务率分别为 131.62%、123.38%、117.07%、96.87% 和 91.66%；最低的 5 个省份分别是甘肃省、广东省、上海市、北京市和西藏自治区，一般债务率分别为 46.60%、41.42%、34.94%、29.72% 和 4.64%。再看专项债务率，2017 年专项债务率最高的 5 个省份分别是贵州省、辽宁省、青海省、云南省和内蒙古自治区，专项债务率分别为 348.15%、317.68%、266.28%、256.51% 和 241.08%；最低的 5 个省份分别是河南省、广东省、北京市、浙江省和西藏自治区，专项债务率分别为 74.29%、65.74%、64.29%、61.74% 和 25.72%。

从债务风险的分布不均衡程度来看，在自有财力口径下，一般债务率和专项债务率的基尼系数分别为 0.3276 和 0.3102，二者的不均衡程度相差不大；在综合财力口径下，一般债务率和专项债务率的基尼系数分别为 0.2061 和 0.2977，一般债务率的不均衡程度明显较低，而专项债务率则较自有财力口径变化不大，在综合财力口径下，专项债务率的分布不均衡程度要明显高于一般债务率。

表 3–23 从全国以及东中西三大区域的角度分析了 2017 年 31 个省份的一般债务率和专项债务率状况，从自有财力口径来看，一般债务率全国平均为 156.99%。其中东部最低，中部居中，西部最高，并且差距明显，中部与东部相差 60 个百分点以上，西部与中部也相差将近 50 个百分点；专项债务率全国平均为 153.13%，其中东部最低，中部居中，最高的是西部地区，但是没有超过 200%。从综合财力口径来看，东中西三大区域的一般债务率都明显较低，并且西部较自有财力口径变化幅度最大，中部其次，东部最小，最终的一般债务率在三大区域基本达到一致，全国平均为 68.22%，而专项债务率的变化则比较小，从最终的专项债务率来看，东部最低，中部居中，西部地区最高，全国平均为 145.62%。

表 3–23　2017 年三大区域全省一般债务率和专项债务率平均值

单位：%

地区	自有财力口径		综合财力口径	
	一般债务率	专项债务率	一般债务率	专项债务率
东部地区	100.40	122.07	65.68	119.88
中部地区	162.25	142.96	69.06	134.03
西部地区	209.27	192.50	70.08	180.83
全国	156.99	153.13	68.22	145.62

　　表 3-24 进一步从七大区域的角度分析了 2017 年 31 个省份的一般债务率和专项债务率状况,从自有财力口径来看,一般债务率是西北地区和东北地区最高,都超过了 200%,构成第一梯队;西南地区、华南地区、华中地区和华北地区位列其后;构成第二梯队;华东地区最低,构成第三梯队。专项债务率的高低聚类基本一致,东北地区和西北地区最高,都超过了 200%,构成第一梯队;第二梯队是西南地区、华北地区、华南地区和华中地区;第三梯队是华东地区,专项债务率低于 100%。

表 3-24　2017 年七大区域全省一般债务率和专项债务率平均值

单位:%

地区	自有财力口径		综合财力口径	
	一般债务率	专项债务率	一般债务率	专项债务率
东北地区	222.77	230.60	89.09	222.01
华北地区	120.90	135.90	65.13	126.45
华东地区	85.78	91.84	61.75	91.20
华中地区	130.68	114.17	62.80	111.07
华南地区	136.03	130.41	65.98	125.66
西南地区	170.96	172.98	68.10	165.42
西北地区	251.67	213.54	71.70	197.00

　　从综合财力口径来看,七大区域一般债务率的差别明显弱化,大部分在 70% 左右,只有东北地区比较突出,为 89.09%,明显高于其他地区;专项债务率则差异明显,东北地区和西北地区最高,都在 200% 左右,构成第一梯队;第二梯队是西南地区、华北地区、华南地区和华中地区;第三梯队是华东地区,专项债务率低于 100%。

5. 2014—2017 年纵向变动分析

　　上文分析了 2014~2017 年 31 个省份每一年的截面情况,接下来进行纵向分析,即 2014~2017 年的纵向变动情况,主要从三个方面展开,一是一般债务率,并区分为自有财力口径和综合财力口径;二是专项债务率,也区分为自有财力口径和综合财力口径;三是基尼系数,不仅包括一般债务率和专项债务率的基尼系数,还包括债务率的基尼系数。

（1）一般债务率：2014～2017年

图3-10直观地显示了2014～2017年我国东中西三大区域自有财力一般债务率的变动情况，从中可以看出，三大区域的基本变动趋势是一致的，2015年相对于2014年有所下降，但是2015年之后又逐步上升，其中，中部和西部地区的上升幅度明显高于东部地区。

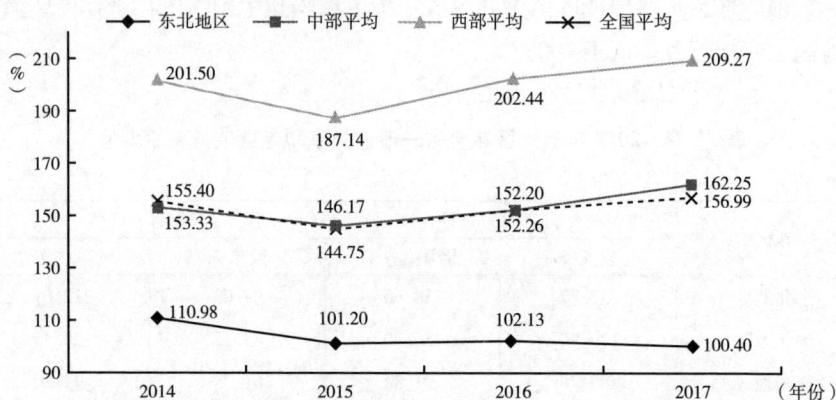

图3-10 2014～2017年三大区域自有财力一般债务率

表3-25列示了2014～2017年我国七大区域自有财力口径的一般债务率，结合图3-11可以直观地看出，上升最快的是西北地区，其次是东北地区、华南地区和华北地区，其他地区都保持相对稳定。

表3-25 2014～2017年七大区域自有财力口径一般债务率

单位：%

区域	2014年	2015年	2016年	2017年
东北地区	200.23	213.49	218.50	222.77
华北地区	113.60	106.58	111.59	120.90
华东地区	99.83	85.75	83.86	85.78
华中地区	144.08	126.94	131.26	130.68
华南地区	137.26	120.95	131.90	136.03
西南地区	193.91	173.24	169.25	170.96
西北地区	215.64	208.34	241.77	251.67

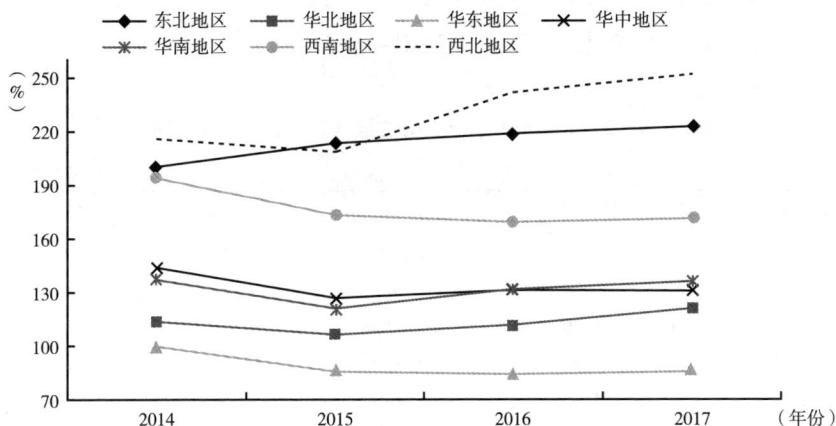

图 3 - 11   2014～2017 年七大区域自有财力一般债务率

图 3 - 12 直观地显示了 2014～2017 年我国东中西三大区域综合财力一般债务率的变动情况，从中可以看出，三大区域在 2015 年都有幅度较大的下降，并且差异程度变小，2015 年之后，三大区域的变动状况发生分化，中部地区和西部地区持续上升，而东部地区则持续下降。

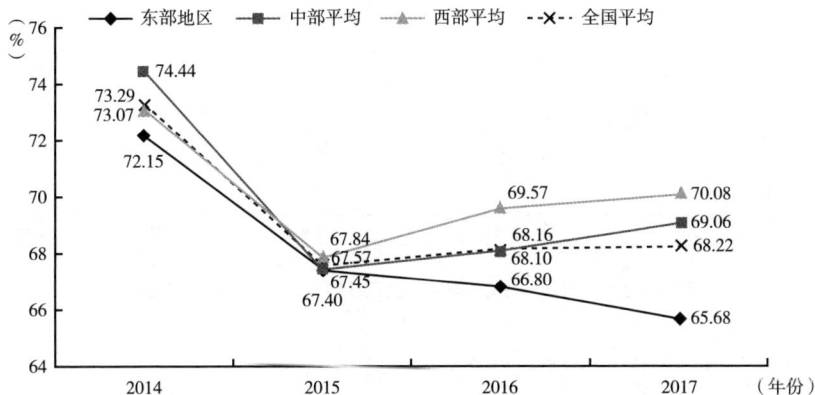

图 3 - 12   2014～2017 年三大区域综合财力一般债务率

表 3 - 26 列示了 2014～2017 年我国七大区域综合财力口径的一般债务率，结合图 3 - 13 可以直观地看出，七大区域在 2015 年多数大幅下降，而在 2015

年之后，变动状况发生分化，华北地区和西北地区逐步上升，而东北地区和西南地区下降明显，其他地区则基本保持相对稳定。

表 3 - 26 2014～2017 年七大区域综合财力口径一般债务率

单位：%

地区	2014 年	2015 年	2016 年	2017 年
东北地区	94.90	94.38	91.14	89.09
华北地区	66.24	61.24	63.35	65.13
华东地区	71.30	62.33	61.16	61.75
华中地区	69.64	63.06	64.09	62.80
华南地区	74.06	65.31	66.59	65.98
西南地区	79.00	72.55	69.97	68.10
西北地区	67.51	64.29	69.52	71.70

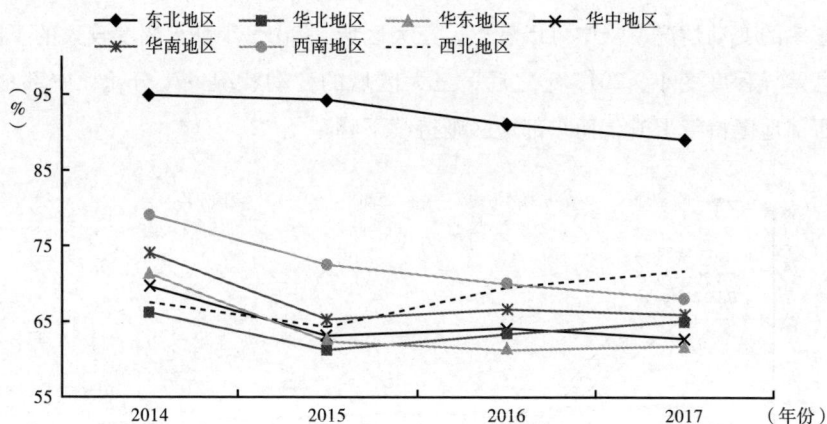

图 3 - 13 2014～2017 年七大区域综合财力一般债务率

（2）专项债务率：2014～2017 年

图 3 - 14 直观地显示了 2014～2017 年我国东中西三大区域自有财力专项债务率及其变动情况，从中可以看出，三大区域的基本变动趋势是一致的，2015 年相对于 2014 年有所上升，2016 年基本保持稳定，2017 年都有较大幅度的下降，但 2017 年的债务率水平相较于 2014 年是有所升高的。

表 3 - 27 列示了 2014～2017 年我国七大区域自有财力口径的专项债

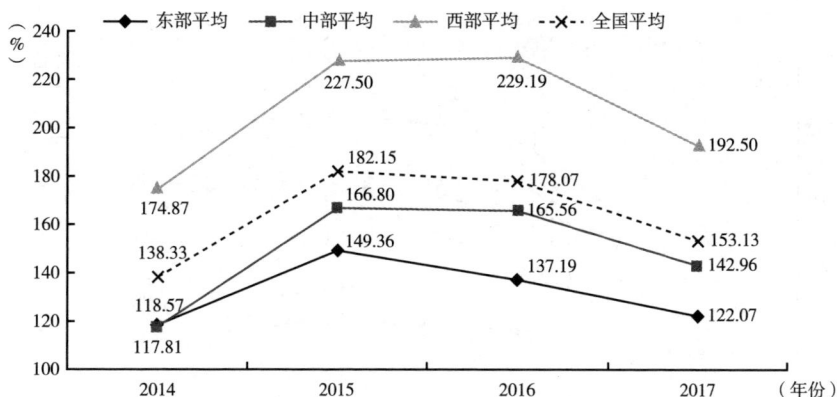

图 3-14　2014~2017 年三大区域自有财力专项债务率

务率，结合图 3-15 可以直观地看出，七大区域的专项债务率在 2015 年呈现一致上升的态势，但是在 2015 之后变动状况发生分化，西北地区继续攀升，而其他地区逐步下降或先上升后下降，其中下降幅度最为大的是西南地区、华北地区、华南地区和华东地区，东北地区和和华中地区则小幅下降①。

表 3-27　2014~2017 年七大区域自有财力口径专项债务率

单位：%

区域	2014 年	2015 年	2016 年	2017 年
东北地区	153.80	235.99	251.28	230.60
华北地区	124.80	183.71	172.00	135.90
华东地区	104.41	126.46	99.94	91.84
华中地区	109.12	122.30	127.59	114.17
华南地区	126.91	155.16	146.18	130.41
西南地区	185.88	256.64	248.33	172.98
西北地区	161.85	193.25	208.84	213.54

---

① 考虑到自有财力口径的专项债务率与综合财力口径的专项债务率的数值差别很小，其变动情况也基本一致，因此对综合财力口径的专项债务率变动情况不再赘述。

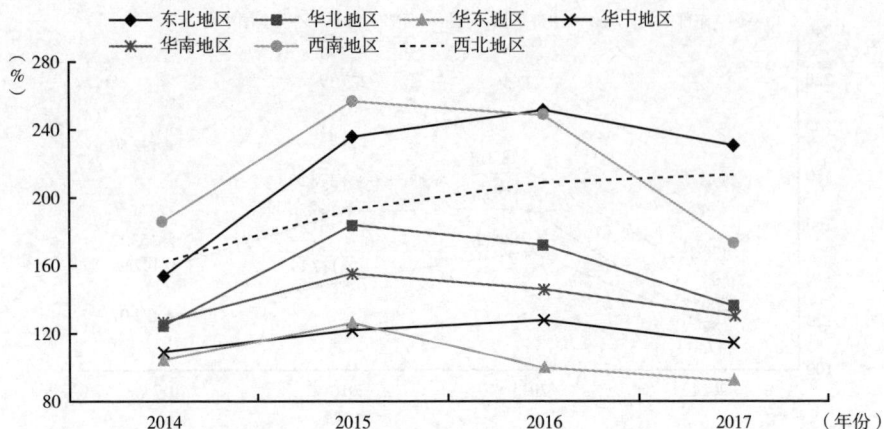

图 3－15　2014～2017 年七大区域自有财力专项债务率

（3）债务率基尼系数变动：2014～2017 年

上文分别分析了一般债务率和专项债务率数值的变动情况，债务率数值可以反映债务风险的变动，但只是一个方面，实际上，上文分析的是多个主体债务率的平均值，并不能反映债务风险在不同主体之间的分布情况及变动，而这是债务风险变动情况的另一个重要方面，因此本书继续以基尼系数为基础，分析 31 个省份债务风险的分布状况。

图 3－16 直观地反映了 31 个省份债务率的基尼系数在 2014～2017 年的变动情况，可以看出，自有财力口径的一般债务率的基尼系数持续上升，而综合财力口径的一般债务率的基尼系数则有所下降，专项债务率则是先上升后下降。再来看综合的债务率情况，自有财力口径的债务率和综合财力口径的债务率的基尼系数都是持续上升的，但是相对而言，自有财力口径的债务率上升得更为迅速。

（二）省本级层面：2014～2017 年

虽然 31 个省份是研究中国经济问题的常用视角和排序样本，但是从财政层级来说，全省债务风险并不是单一主体风险，而是全省辖区内所有地方政府债务风险的加权平均，按照"一级政府，一级预算"的财政体制，31 个省份

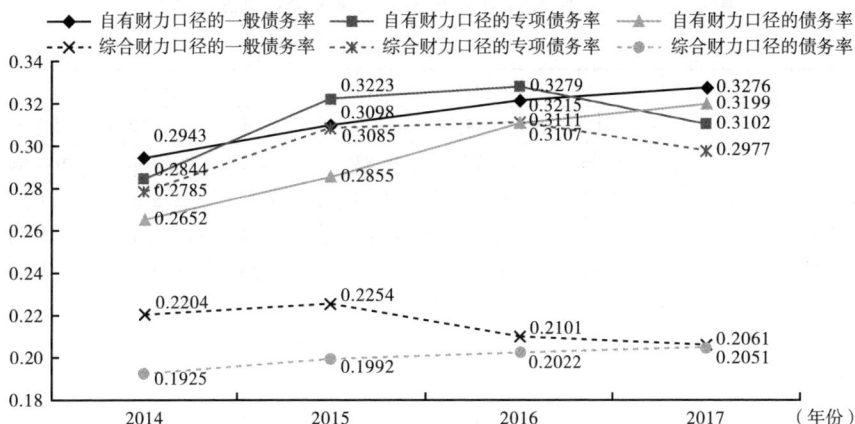

图 3 - 16　2014 ~ 2017 年 31 个省份全省债务率基尼系数

地方政府财政等相关问题的研究，更应该基于省本级政府视角①。同时需要说明的是，考虑到省本级财政的中央一般公共预算补助收入和中央政府性基金补助收入数据缺失，对于省本级的债务率指标采纳收入口径和支出口径，另外，因为在前文中并没有计算和分析省本级的债务率，因此在这一部分与一般债务率和专项债务率一并分析。

1. 2014 年

表 3 - 28 列示了 2014 年我国 31 个省份本级地方政府债务率情况，可以看出，在收入口径下，一般债务率最高的 5 个省份是青海省、西藏自治区、江苏省、安徽省和云南省，分别为 879.69%、362.59%、357.96%、302.66% 和 294.66%；专项债务率最高的 5 个省份是湖南省、北京市、天津市、广西壮族自治区和贵州省，分别为 370.29%、200.25%、167.94%、148.67% 和 147.07%；综合而言，债务率最高的 5 个省份是青海省、西藏自治区、湖南省、云南省和新疆维吾尔自治区，债务率分别为 660.24%、288.64%、225.12%、218.84% 和 186.60%。

---

① 考虑到在我国地级政府中有 5 个计划单列市即深圳市、宁波市、大连市、青岛市和厦门市，这 5 个计划单列市也拥有自主发行地方政府债券的权利，因此从财政体制上来说，我国有 36 个省级政府，或者说 36 省级发债主体，但是为了保证在对比分析中样本的一致性，暂时没有对 5 个计划单列市进行单独分析，而是合并到所在省份进行分析。

表3－28 2014年我国31个省份本级地方政府债务风险状况

单位：%

省份	收入口径			支出口径		
	一般债务率	专项债务率	债务率	一般债务率	专项债务率	债务率
北京市	30.76	200.25	90.88	34.52	255.47	106.54
天津市	6.67	167.94	67.98	5.27	208.27	62.27
河北省	81.13	0.00	54.66	51.44	0.00	43.52
辽宁省	49.33	0.00	31.85	42.16	0.00	32.63
上海市	3.57	18.44	6.52	1.98	20.92	4.03
江苏省	357.96	7.07	122.82	46.71	9.31	40.45
浙江省	172.34	30.73	132.45	70.33	70.46	70.34
福建省	121.13	28.37	98.64	55.04	48.52	54.53
山东省	36.29	115.18	60.56	47.51	143.26	78.01
广东省	97.56	0.50	77.35	63.22	0.88	57.68
海南省	50.34	0.00	33.00	30.67	0.00	29.65
山西省	107.72	0.40	85.44	39.28	1.29	38.19
内蒙古自治区	23.16	32.55	25.45	12.16	102.34	16.78
吉林省	267.74	0.72	122.04	49.03	1.19	43.38
黑龙江省	95.57	90.98	93.34	26.76	119.67	42.35
安徽省	302.66	0.78	116.09	47.54	1.32	41.50
江西省	116.19	20.20	64.02	23.39	41.30	25.27
河南省	139.47	129.61	136.02	80.84	160.30	96.86
湖北省	36.82	0.93	33.71	74.86	2.45	69.94
湖南省	171.25	370.29	225.12	86.84	462.36	136.02
广西壮族自治区	96.28	148.67	113.31	62.31	230.74	90.48
重庆市	80.11	37.87	55.41	58.94	54.16	56.93
四川省	51.49	82.32	54.87	47.13	276.30	54.56
贵州省	166.89	147.07	163.40	47.75	449.00	55.63
云南省	294.66	8.29	218.84	128.12	37.11	125.04
西藏自治区	362.59	0.00	288.64	12.04	0.00	11.82
陕西省	90.94	0.00	59.92	51.62	0.00	41.93
甘肃省	207.78	0.00	129.68	69.23	0.00	61.35
青海省	879.69	0.56	660.24	155.41	0.59	147.22
宁夏回族自治区	109.55	4.45	67.68	39.67	6.05	34.64
新疆维吾尔自治区	249.75	0.61	186.60	70.57	0.60	64.34
基尼系数	0.4795	0.7137	0.4190	0.3121	0.6994	0.3106

在支出口径下，一般债务率最高的 5 个省份是青海省、云南省、湖南省、河南省和湖北省，分别为 155.41%、128.12%、86.84%、80.84% 和 74.86%；专项债务率最高的 5 个省份是湖南省、贵州省、四川省、北京市和广西壮族自治区，分别为 462.36%、449.00%、276.30%、255.47% 和 230.74%；综合而言，债务率最高的 5 个省份是青海省、湖南省、云南省、北京市和河南省，债务率分别为 147.22%、136.02%、125.04%、106.54% 和 96.86%。

从反映债务率指标在省份之间分布不均衡状况的基尼系数来看，在收入口径下，一般债务率的基尼系数为 0.4795，而专项债务率基尼系数高达 0.7137，专项债务风险的不均衡状况明显高于一般债务；在支出口径下，一般债务率的基尼系数为 0.3121，专项债务率基尼系数高达 0.6994，专项债务风险的不均衡状况仍明显高于一般债务。进一步再看债务率的基尼系数，在收入口径下为 0.4190，既小于收入口径下的一般债务率基尼系数，也小于收入口径下的专项债务率基尼系数；从整体而言，各省份本级的一般债务和专项债务此消彼长，而不是相互叠加或正向反馈。支出口径下的债务率基尼系数也基本符合上述论断，但是一般债务率和专项债务率的关联相对有所弱化。

表 3-29 列示了 2014 年全国层面以及东中西三大区域省本级的平均债务率，包括收入和支出两种口径的债务率，债务率也明确区分为一般债务率和专项债务率。在收入口径下，全国平均的一般债务率为 156.69%，专项债务率为 53.06%，专项债务率明显低于一般债务率。分区域来看，东部地区的一般债务率最低，为 82.96%；中部地区居中，为 142.24%；西部地区最高，为 242.24%。专项债务率则有所不同，东部地区最高，西部次之，而中部地区最低。从综合的债务率来看，全国平均水平为 118.60%，其中，西部地区最高，为 191.85%；中部次之，为 88.12%；东部最低，为 70.28%。

表 3-29　2014 年我国东中西三大区域省本级平均债务率

单位：%

地区	收入口径			支出口径		
	一般债务率	专项债务率	债务率	一般债务率	专项债务率	债务率
东部地区	82.96	69.46	70.28	41.40	97.49	57.97
中部地区	142.24	25.47	88.12	45.51	38.37	45.19
西部地区	242.24	59.22	191.85	69.76	116.93	71.77
全国	156.69	53.06	118.60	52.66	87.22	59.16

支出口径下的一般债务率明显较低，全国平均水平为52.66%，其中，西部最高，为69.76%；中部次之，为45.51%；东部最低，为41.40%，但是三大区域之间的差距明显缩小。从专项债务率来看，全国平均水平为87.22%，其中，西部最高，为116.93%；东部次之，为97.49%；中部最低，为38.37%。从综合的债务率来看，全国平均水平为59.16%，其中，西部最高，为71.77%；东部次之，为57.97%；中部最低，为45.19%。

2. 2015年

表3-30列示了2015年我国31个省份本级地方政府债务率情况，可以看出，在收入口径下，一般债务率最高的5个省份是青海省、江苏省、云南省、安徽省和新疆维吾尔自治区，分别为1047.58%、408.70%、288.54%、266.85%和252.96%；专项债务率最高的5个省份是湖南省、北京市、贵州省、天津市和河南省，分别为359.74%、338.75%、231.90%、185.51%和124.45%；综合而言，债务率最高的5个省份是青海省、云南省、西藏自治区、新疆维吾尔自治区和湖南省，债务率分别为760.27%、252.80%、198.04%、189.91%和178.97%。

表3-30 2015年我国31个省份本级地方政府债务风险状况

单位：%

省份	收入口径			支出口径		
	一般债务率	专项债务率	债务率	一般债务率	专项债务率	债务率
北京市	29.24	338.75	88.23	31.11	305.62	90.76
天津市	13.74	185.51	68.71	11.07	193.59	59.70
河北省	79.40	0.00	57.58	51.05	0.00	42.88
辽宁省	54.40	0.00	42.57	42.99	0.00	31.47
上海市	28.41	56.49	32.13	15.99	20.16	16.80
江苏省	408.70	14.63	155.82	48.82	15.57	43.26
浙江省	166.64	40.28	142.41	77.85	69.08	77.32
福建省	154.00	42.06	129.88	42.69	27.88	41.16
山东省	22.17	88.36	38.18	26.66	114.11	46.68
广东省	65.67	0.35	52.56	45.16	0.70	41.64
海南省	45.09	0.00	34.24	19.24	0.00	18.24
山西省	112.61	109.02	112.06	41.70	821.89	49.01

省份	收入口径			支出口径		
	一般债务率	专项债务率	债务率	一般债务率	专项债务率	债务率
内蒙古自治区	27.67	7.24	24.71	14.28	11.05	14.10
吉林省	179.23	6.02	112.80	48.89	7.41	43.86
黑龙江省	147.32	76.42	107.32	29.90	95.06	41.26
安徽省	266.85	0.00	122.45	52.98	0.00	45.34
江西省	87.81	21.84	55.85	16.33	34.98	18.17
河南省	163.38	124.45	152.06	120.03	197.62	132.40
湖北省	35.15	1.05	32.93	58.68	2.77	56.31
湖南省	117.40	359.74	178.97	58.50	420.89	104.40
广西壮族自治区	70.06	116.14	80.48	45.18	148.62	58.46
重庆市	77.92	44.57	60.04	58.61	78.95	65.30
四川省	61.64	91.56	64.12	49.66	259.69	54.92
贵州省	150.62	231.90	159.00	47.99	428.04	55.39
云南省	288.54	17.06	252.80	143.71	21.06	136.65
西藏自治区	218.88	0.00	198.04	13.25	0.00	13.13
陕西省	96.32	2.27	69.61	54.90	2.50	45.97
甘肃省	220.05	0.00	141.75	70.14	0.00	62.20
青海省	1047.58	29.04	760.27	145.51	26.63	138.84
宁夏回族自治区	136.22	21.19	102.22	46.63	22.28	43.70
新疆维吾尔自治区	252.96	0.37	189.91	59.45	0.41	55.50
基尼系数	0.4866	0.6754	0.4120	0.3187	0.7218	0.3020

在支出口径下，一般债务率最高的 5 个省份是青海省、云南省、河南省、浙江省和甘肃省，分别为 145.51%、143.71%、120.03%、77.85% 和 70.14%；专项债务率最高的 5 个省份是山西省、贵州省、湖南省、北京市和四川省，分别为 821.89%、428.04%、420.89%、305.62% 和 259.69%；综合而言，债务率最高的 5 个省份是青海省、云南省、河南省、湖南省和北京市，债务率分别为 138.84%、136.65%、132.40%、104.40% 和 90.76%。

从反映债务率指标在省份之间分布不均衡状况的基尼系数来看，在收入口径下，一般债务率的基尼系数为 0.4866，而专项债务率的基尼系数为 0.6754，专项债务风险的不均衡状况明显高于一般债务；在支出口径下，一般债务率的基尼系数为 0.3187，专项债务率的基尼系数高达 0.7218，专项债务风险的不均衡状况仍明显高于一般债务。再看债务率的基尼系数，在收入口径下为0.4120，既小于收入口径下一般债务率的基尼系数，也小于收入口径下专项债务率的基尼系数；从整体而言，各个省份本级的一般债务和专项债务此消彼长，而不是相互叠加或正向反馈。支出口径下的债务率基尼系数为0.3020，也基本符合上述论断，但是一般债务率为专项债务率的关联有所更为弱化。

表3－31列示了2015年全国层面以及东中西三大区域省本级的平均债务率，可以看出，在收入口径下，全国平均的一般债务率为155.67%，专项债务率为65.37%，专项债务率明显低于一般债务率。分区域来看，东部地区的一般债务率最低，为85.84%；中部地区居中，为134.81%，西部地区最高，为242.56%。专项债务率则有所不同，东部地区最高，西部次之，而中部地区最低。从综合的债务率来看，全国平均水平为123.22%，其中，西部地区最高，为197.89%；中部次之，为100.25%；东部最低，为67.34%。

表3－31　2015年我国东中西三大区域省本级平均债务率

单位：%

地区	收入口径			支出口径		
	一般债务率	专项债务率	债务率	一般债务率	专项债务率	债务率
东部地区	85.84	75.31	67.34	34.65	80.64	46.66
中部地区	134.81	44.46	100.25	51.05	131.00	50.61
西部地区	242.56	72.52	197.89	68.03	114.59	70.55
全国	155.67	65.37	123.22	51.26	107.31	56.29

支出口径下的一般债务率明显较低，全国平均水平为51.26%，其中，西部最高，为68.03%；中部次之，为51.05%；东部最低，为34.65%，但是三大区域之间的差距明显缩小。从专项债务率来看，其全国平均水平为107.31%，明显高于一般债务率，其中，中部最高，为131.00%；西部次之，为114.59%；东部最低，为80.64%。从综合的债务率来看，全国平均水平为56.29%；其中，西部最高，为70.55%，中部次之，为50.61%；东部最低，为46.66%。

3. 2016年

表3－32列示了2016年我国31个省份本级的债务率情况，可以看出，在

收入口径下，一般债务率最高的 5 个省份是青海省、新疆维吾尔自治区、云南省、安徽省和江苏省，分别为 1134.09%、484.23%、383.57%、352.31% 和276.33%；专项债务率最高的 5 个省份是湖南省、黑龙江省、贵州省、天津市和河南省，分别为 384.83%、251.49%、219.22%、184.59% 和148.83%；综合而言，债务率最高的 5 个省份是青海省、云南省、新疆维吾尔自治区、湖南省和黑龙江省，债务率分别为 852.76%、322.66%、309.36%、235.97% 和210.10%。

表 3-32　2016 年我国 31 个省份本级地方政府债务风险状况

单位：%

省份	收入口径			支出口径		
	一般债务率	专项债务率	债务率	一般债务率	专项债务率	债务率
北京市	34.56	108.67	45.59	33.60	94.96	43.59
天津市	30.73	184.59	83.41	24.01	262.80	77.08
河北省	83.32	0.00	61.02	53.75	0.00	45.47
辽宁省	83.79	0.00	63.48	57.71	0.00	44.40
上海市	79.81	85.07	80.66	34.71	42.83	35.86
江苏省	276.33	11.61	139.89	32.03	14.33	30.42
浙江省	196.77	13.71	159.65	73.65	23.88	71.07
福建省	152.78	44.25	129.49	41.65	48.25	42.08
山东省	14.70	67.00	26.30	19.30	59.39	31.20
广东省	73.55	0.28	60.38	49.29	0.63	46.27
海南省	43.97	0.00	33.97	30.01	0.00	27.96
山西省	118.14	114.47	117.58	45.98	654.96	53.41
内蒙古自治区	32.85	9.26	29.83	19.02	16.62	18.91
吉林省	266.78	6.73	161.39	64.25	7.88	57.32
黑龙江省	193.07	251.49	210.10	42.72	311.96	61.13
安徽省	352.31	8.45	153.82	57.87	14.07	52.67
江西省	68.29	18.62	43.24	15.48	29.61	17.27
河南省	223.33	148.83	203.17	169.81	176.91	171.17
湖北省	27.40	1.24	26.23	75.73	3.20	72.26
湖南省	185.75	384.83	235.97	78.98	438.57	119.18
广西壮族自治区	97.17	138.23	107.65	59.44	165.52	75.23
重庆市	78.64	41.54	60.08	58.49	73.91	63.03
四川省	53.25	76.18	55.52	34.58	192.07	38.92

省份	收入口径			支出口径		
	一般债务率	专项债务率	债务率	一般债务率	专项债务率	债务率
贵州省	188.19	219.22	191.63	61.33	366.67	68.56
云南省	383.57	14.93	322.66	156.36	33.33	152.07
西藏自治区	98.53	0.00	78.61	6.69	0.00	6.64
陕西省	143.71	4.78	99.61	80.90	5.27	66.38
甘肃省	268.16	0.00	164.98	91.73	0.00	80.39
青海省	1134.09	68.67	852.76	166.89	79.21	163.05
宁夏回族自治区	131.41	16.63	99.52	50.23	18.10	46.40
新疆维吾尔自治区	484.23	0.00	309.36	67.10	0.00	62.50
基尼系数	0.4897	0.6622	0.4435	0.3371	0.6968	0.3183

注：宁夏回族自治区2016年底本级的一般债务和专项债务余额数据，在宁夏回族自治区政府网站发布的"2016年决算公开"中，"关于2016年全区及区本级财政决算草案的报告"和"宁夏回族自治区2016年政府决算表格"的数据有所不同，以后者为准。

在支出口径下，一般债务率最高的5个省份是河南省、青海省、云南省、甘肃省和陕西省，分别为169.81%、166.89%、156.36%、91.73%和80.90%；专项债务率最高的5个省份是山西省、湖南省、贵州省、黑龙江省和天津市，分别为654.96%、438.57%、366.67%、311.96%和262.80%；综合而言，债务率最高的5个省份是河南省、青海省、云南省、湖南省和甘肃省，债务率分别为171.17%、163.05%、152.07%、119.18%和80.39%。

从反映债务率指标在省份之间分布不均衡状况的基尼系数来看，在收入口径下，一般债务率的基尼系数为0.4897，而专项债务率的基尼系数为0.6622，专项债务风险的不均衡状况要明显高于一般债务；在支出口径下，一般债务率的基尼系数为0.3371，专项债务率的基尼系数为0.6968，专项债务风险的不均衡状况仍明显高于一般债务。进一步看债务率的基尼系数，在收入口径下为0.4435，在支出口径下为0.3183，都小于同口径的一般债务率和专项债务率的基尼系数，整体而言，各省份本级的一般债务和专项债务具有一定的负向关联关系。

表3-33列示了2016年全国层面以及东中西三大区域省本级的平均债务率，可以看出，在收入口径下，全国平均的一般债务率为180.62%，专项债

务率为 65.78%，专项债务率明显低于一般债务率。分区域来看，东部地区的一般债务率最低，为 82.52%；中部地区居中，为 171.33%；西部地区最高，为 286.32%。而专项债务率仍然是西部地区最高，东部地区次之，中部地区最低。从综合的债务率来看，全国平均水平为 142.18%，其中，西部地区最高，为 224.61%；中部次之，为 123.61%；东部最低，为 74.94%

表 3-33　2016 年我国东中西三大区域省本级平均债务率

单位：%

地区	收入口径			支出口径		
	一般债务率	专项债务率	债务率	一般债务率	专项债务率	债务率
东部地区	82.52	70.22	74.94	39.90	84.49	48.14
中部地区	171.33	48.90	123.61	62.35	110.93	60.58
西部地区	286.32	75.16	224.61	77.57	109.74	78.83
全国	180.62	65.78	142.18	59.78	101.13	62.64

支出口径下的一般债务率明显较低，全国平均水平为 59.78%，其中，西部最高，为 77.57%；中部次之，为 62.35%；东部最低，为 39.90%，但是三大区域之间的差距明显缩小。从专项债务率来看，其全国平均水平为 101.13%，明显高于一般债务率，其中，中部地区和西部地区基本相当，分别为 110.93% 和 109.74%；东部最低，为 84.49%。从综合的债务率来看，全国平均水平为 62.64%，其中，西部最高，为 78.83%；中部次之，为 60.58%；东部最低，为 48.14%。

4. 2017 年

表 3-34 列示了 2017 年我国 31 个省份本级的债务率情况，可以看出，在收入口径下，一般债务率最高的 5 个省份是青海省、云南省、新疆维吾尔自治区、安徽省和河南省，分别为 1194.74%、474.67%、398.59%、330.41% 和 306.44%；专项债务率最高的 5 个省份是河南省、黑龙江省、湖南省、贵州省和天津市，分别为 396.81%、379.26%、357.89%、294.17% 和 268.90%；综合而言，债务率最高的 5 个省份是云南省、青海省、河南省、新疆维吾尔自治区和黑龙江省，债务率分别为 378.95%、364.98%、327.27%、302.12% 和 238.68%。

表 3-34　2017 年我国 31 个省份本级地方政府债务风险状况

单位：%

省份	收入口径			支出口径		
	一般债务率	专项债务率	债务率	一般债务率	专项债务率	债务率
北京市	32.90	38.25	34.30	33.05	54.26	37.31
天津市	44.39	268.90	109.46	33.26	269.82	88.51
河北省	74.84	9.67	61.03	55.53	11.85	49.41
辽宁省	66.24	42.68	60.92	53.48	35.28	49.45
上海市	74.33	87.19	75.66	39.89	49.90	40.88
江苏省	255.90	49.22	218.79	29.69	47.98	30.15
浙江省	211.71	33.76	177.81	107.59	40.85	101.58
福建省	118.76	53.32	107.99	37.03	54.78	38.03
山东省	13.74	66.48	22.23	19.62	110.36	32.47
广东省	107.11	0.19	87.10	57.86	0.38	54.52
海南省	53.41	133.08	66.67	35.20	84.65	43.68
山西省	113.10	229.44	122.00	39.59	441.02	45.55
内蒙古自治区	38.90	8.98	34.97	16.73	8.98	16.26
吉林省	160.41	31.38	123.96	62.63	27.39	57.35
黑龙江省	206.48	379.26	238.68	58.00	342.26	76.92
安徽省	330.41	42.94	175.07	63.17	52.35	61.49
江西省	48.55	101.51	68.52	13.62	125.65	27.14
河南省	306.44	396.81	327.27	231.01	435.16	265.86
湖北省	29.30	115.64	30.98	66.62	61.98	66.26
湖南省	194.95	357.89	235.69	77.98	328.73	109.76
广西壮族自治区	104.45	187.45	123.90	67.32	209.03	88.62
重庆市	77.20	34.55	49.76	51.42	59.42	54.71
四川省	59.85	0.01	54.98	35.98	0.02	34.42
贵州省	214.11	294.17	220.81	78.37	246.30	84.82
云南省	474.67	21.16	378.95	148.07	36.21	142.87
西藏自治区	183.43	0.00	123.35	2.88	0.00	2.82
陕西省	131.25	4.50	92.86	91.48	4.44	71.03
甘肃省	303.77	27.35	213.98	116.29	24.61	100.71
青海省	1194.74	41.07	364.98	187.21	201.26	188.27
宁夏回族自治区	163.76	31.25	163.23	65.68	30.84	74.14
新疆维吾尔自治区	398.59	50.06	302.12	87.48	54.49	85.11
基尼系数	0.4886	0.5811	0.3791	0.3678	0.5758	0.3490

资料来源：各个省份 2017 年预算执行情况报告或附表，以及向未主动公开省份的财政厅的申请公开，省本级的一般债务余额和专项债务余额，陕西省、西藏自治区、新疆维吾尔自治区、江西省数据缺失，笔者进行了估算。

在支出口径下，一般债务率最高的 5 个省份是河南省、青海省、云南省、甘肃省和浙江省，分别为 231.01%、187.21%、148.07%、116.29% 和 107.59%；专项债务率最高的 5 个省份是山西省、河南省、黑龙江省、湖南省和天津市，分别为 441.02%、435.16%、342.26%、328.73% 和 269.82%；综合而言，债务率最高的 5 个省份是河南省、青海省、云南省、湖南省和浙江省，债务率分别为 265.86%、188.27%、142.87%、109.76% 和 101.58%。

从反映债务率指标在省份之间分布不均衡状况的基尼系数来看，在收入口径下，一般债务率的基尼系数为 0.4886，而专项债务率的基尼系数为 0.5811，专项债务风险的不均衡状况要高于一般债务；在支出口径下，一般债务率的基尼系数为 0.3678，专项债务率的基尼系数为 0.5758，专项债务风险的不均衡状况仍高于一般债务。进一步看债务率的基尼系数，在收入口径下为 0.3791，在支出口径下为 0.3490，都小于同口径的一般债务率和专项债务率的基尼系数，从整体而言，各个省份本级的一般债务和专项债务具有一定的负向关联关系。

表 3-35 列示了 2017 年全国层面以及东中西三大区域省本级的平均债务率，可以看出，在收入口径下，全国平均的一般债务率为 186.70%，专项债务率为 101.23%，专项债务率明显低于一般债务率。分区域来看，东部地区的一般债务率最低，为 87.40%；中部地区居中，为 158.88%；西部地区最高，超过了 300% 达 308.76%；而专项债务率则是东部地区最高，为 114.28%；中部地区紧随其后，为 113.23%；西部地区最低为 78.36%。从综合的债务率来看，全国平均水平为 144.13%，其中，西部地区最高，为 200.06%；中部次之，为 137.69%；东部最低，为 93.47%。

表 3-35　2017 年我国东中西三大区域省本级平均债务率

单位：%

地区	收入口径			支出口径		
	一般债务率	专项债务率	债务率	一般债务率	专项债务率	债务率
东部地区	87.40	114.28	93.47	42.99	109.23	53.10
中部地区	158.88	113.23	137.69	72.00	140.27	76.37
西部地区	308.76	78.36	200.06	85.71	89.66	86.24
全国	186.70	101.23	144.13	66.57	111.30	71.62

支出口径下的一般债务率明显较低，全国平均水平为66.57%，其中，西部最高，为85.71%；中部次之，为72.00%；东部最低，为42.99%，但是三大区域之间的差距明显缩小。从专项债务率来看，其全国平均水平为111.30%，明显高于一般债务率，其中，中部地区最高，为140.27%；东部地区次之，为109.23%；西部地区最低，为89.66%。从综合的债务率来看，全国平均水平为71.62%，其中，西部最高，为86.24%；中部次之，为76.37%；东部最低，为53.10%。

5. 2014~2017年纵向分析

（1）债务率平均值：2014~2017年

从图3-17可以看出，无论是一般债务率还是专项债务率，无论是收入口径下还是支出口径下，31个省份债务率指标的平均值在2014~2017年基本是趋于上升的，并且收入口径的一般债务率要明显高于专项债务率，而支出口径的一般债务率则明显低于专项债务率。综合来看，收入口径的债务率要明显高于支出口径的债务率，但是其变动趋势则基本一致。

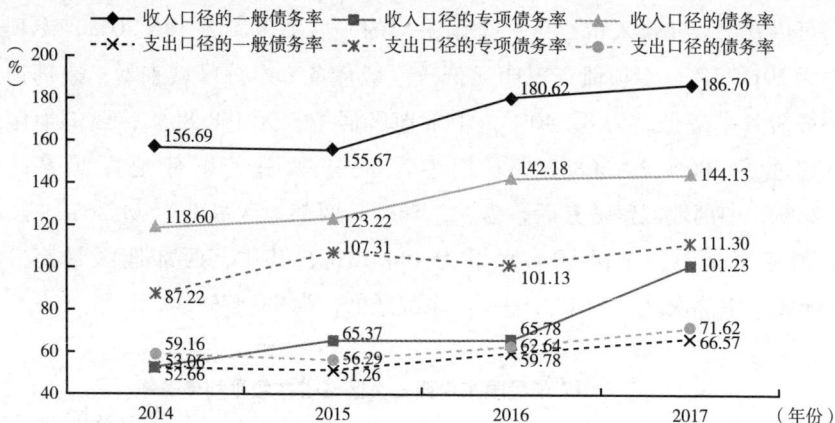

图3-17 2014~2017年31个省份本级债务率全国平均值及其变动

（2）债务率基尼系数变动：2014~2017年

从图3-18可以看出，2014~2017年31个省份省本级债务率分布不均衡状况的变动情况有所分化，收入口径的专项债务率和支出口径的专项债务率的基尼系数都是明显下降的；支出口径的一般债务率的基尼系数稳步上升，而收入口径的一般债务率的基尼系数则基本保持稳定。综合来看，收入口径的债务率基尼系数在下降，而支出口径的债务率基尼系数则在上升。

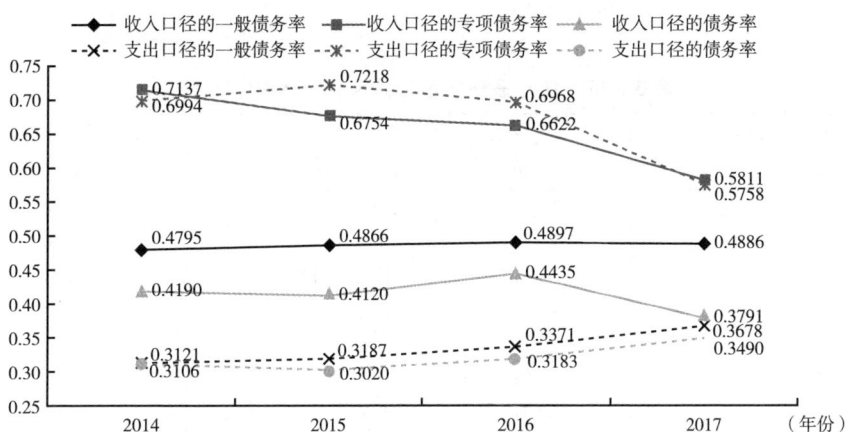

图 3 - 18　2014～2017 年 31 个省份省本级债务率基尼系数

第四节　基于未定权益方法的测度与分析

（一）一般债务违约风险：2018～2020 年

基于 CCA 方法来估算一般债务风险或者违约率，一方面需要估算或确认地方政府一般公共预算财力中可偿债财力的相关参数，包括规模大小、对数增长率及标准差等；另一方面需要计算地方政府未来各年的到期偿债规模等。

1. 地方政府一般公共预算可偿债财力相关参数的计算

首先，估算其规模大小，估算地方一般公共预算可偿债财力的常用思路是从总财力中扣除刚性支出得出剩余部分，目前我国财政支出主要是按照功能进行分类，并不能直接区分刚性支出和非刚性支出，但是按照部分市场机构的做法，将一般公共服务、教育、社会保障与就业、医疗卫生、外交、国防、公共安全、科学技术、文化教育与传媒、环境保护十项支出作为刚性支出，本书进一步在刚性支出中增加农林水支出、国土海洋气象等支出、住房保障支出、粮油物资储备支出、债务利息支出和债务发行费用支出等，而剩余部分则可以认为是可偿债财力。同时考虑到简化计算和数据更新等问题，本书以各个省份 2016 年的刚性支出比例作为 2017 年及以后年份的刚性支出比例，如表 3 - 36 所示。

表 3 - 36　31 个省份一般公共预算刚性支出比例

省份	刚性支出比例	省份	刚性支出比例
北京市	0.6894	湖北省	0.801
天津市	0.5584	湖南省	0.8003
河北省	0.8278	广东省	0.7198
山西省	0.8365	广西壮族自治区	0.827
内蒙古自治区	0.7536	海南省	0.7934
辽宁省	0.8295	重庆市	0.7117
吉林省	0.781	四川省	0.7992
黑龙江省	0.8217	贵州省	0.8458
上海市	0.5961	云南省	0.8284
江苏省	0.7355	西藏自治区	0.7288
浙江省	0.7581	陕西省	0.8147
安徽省	0.7686	甘肃省	0.8299
福建省	0.7086	青海省	0.7528
江西省	0.7895	宁夏回族自治区	0.7312
山东省	0.789	新疆维吾尔自治区	0.8095
河南省	0.8007		

资料来源：《中国统计年鉴 2017》。

其次，估算可偿债财力的对数增长率及其标准差，考虑到已经假定刚性支出比例保持不变，因此这两个参数实际上等同一般公共预算综合财力的对数增长率及标准差。综合考虑样本个数以及估算参数的准确性和稳定性等因素，本书选择 2008～2017 年这 10 年的数据进行估算，计算公式如下：

$$\mu = \frac{1}{9}\sum_{t=2008}^{2017}\ln(R_{t+1}/R_t) \qquad (3-1)$$

$$\sigma = \sqrt{\frac{1}{8}\sum_{t=2008}^{2017}\left[\ln(R_{t+1}/R_t)-\mu\right]^2} \qquad (3-2)$$

最终的估算结果如表 3 - 37 所示。

表 3 - 37 31 个省份一般公共预算综合财力对数增长率及标准差

省份	增长率	标准差	省份	增长率	标准差
北京市	0.1207	0.0453	湖北省	0.1415	0.0834
天津市	0.1275	0.1188	湖南省	0.1336	0.0808
河北省	0.1296	0.0710	广东省	0.1295	0.0440
山西省	0.1054	0.0847	广西壮族自治区	0.1306	0.0763
内蒙古自治区	0.1201	0.1007	海南省	0.1486	0.0754
辽宁省	0.0818	0.1339	重庆市	0.1434	0.1297
吉林省	0.1136	0.0779	四川省	0.1076	0.0469
黑龙江省	0.1101	0.0790	贵州省	0.1559	0.0950
上海市	0.1063	0.0378	云南省	0.1347	0.0828
江苏省	0.1175	0.0774	西藏自治区	0.1636	0.0855
浙江省	0.1156	0.0489	陕西省	0.1220	0.1259
安徽省	0.1383	0.0766	甘肃省	0.1213	0.0591
福建省	0.1352	0.0750	青海省	0.1413	0.1292
江西省	0.1446	0.0823	宁夏回族自治区	0.1436	0.0816
山东省	0.1253	0.0671	新疆维吾尔自治区	0.1519	0.0933
河南省	0.1285	0.0626			

资料来源：笔者估算。

2. 地方政府一般债务未来年份到期偿债规模

地方政府一般债务未来年份到期偿债规模如表 3 - 38 所示。

表 3 - 38 31 个省份一般债务未来年份到期偿债规模：2018～2020 年

单位：亿元

省份	2018 年	2019 年	2020 年	2018～2020 年 3 年合计
北京市	104.49	141.63	283.69	529.81
天津市	34.87	125.66	161.76	322.29
河北省	292.78	418.46	557.43	1268.67
山西省	54.66	72.04	231.56	358.26
内蒙古自治区	141.86	275.25	564.60	981.71
辽宁省	457.01	520.60	877.70	1855.31
吉林省	55.02	68.93	387.79	511.74
黑龙江省	203.09	157.47	340.82	701.38
上海市	112.60	206.60	262.70	581.9

省份	2018 年	2019 年	2020 年	2018~2020 年 3 年合计
江苏省	446.14	468.52	945.51	1860.17
浙江省	209.75	252.59	638.85	1101.19
安徽省	220.99	234.43	479.21	934.63
福建省	62.43	124.10	266.64	453.17
江西省	94.22	65.17	336.79	496.18
山东省	438.51	438.22	825.68	1702.41
河南省	170.85	259.24	528.49	958.58
湖北省	114.97	456.22	474.47	1045.66
湖南省	145.80	539.33	713.40	1398.53
广东省	132.65	161.82	519.44	813.91
广西壮族自治区	180.45	113.41	455.64	749.5
海南省	16.70	61.59	127.83	206.12
重庆市	102.29	124.96	290.60	517.85
四川省	369.00	477.61	848.51	1695.12
贵州省	293.66	319.83	725.58	1339.07
云南省	161.40	222.70	466.30	850.4
西藏自治区	0.00	3.40	9.08	12.48
陕西省	146.32	353.97	419.02	919.31
甘肃省	47.35	54.50	214.24	316.09
青海省	51.50	63.06	138.44	253
宁夏回族自治区	39.01	66.95	101.69	207.65
新疆维吾尔自治区	116.00	163.06	358.64	637.7
总　计	5016.38	7011.34	13552.11	25579.83

注：只考虑未来三年（2018~2020 年）的到期偿债规模，主要是考虑这三年的偿债规模基本已经确定，即 2015 年发行的 3 年期一般债券在 2018 年到期，2016 年发行的 3 年期一般债券在 2019 年到期，2017 年发行的 3 年期一般债券和 2015 年发行的 5 年期一般债券在 2020 年到期，同时只考虑到期本金，不考虑当年偿还利息规模，一方面因为 2018~2020 年的付息规模还要考虑地方债券新增发行情况，另一方面因为在可偿债财力的估算中已经扣除了利息支出，如果考虑当年偿还利息规模会存在重复计算的问题。

资料来源：WIND 数据库。

3. 地方政府一般债务违约率计算

基于表 3-36 中 31 个省份一般公共预算刚性支出比例，以 2017 年为基准年份，并根据表 3-37 中 31 个省份一般公共预算综合财力对数增长率及标准差，以及表 3-38 中 31 个省份 2018~2020 年一般债务未来年份到期偿债规模，使用上文中的 CCA 计算公式，可以计算得到 2018～2020 年我国 31 个省份地方政府一般债务违约率，如表 3－39 所示。

表 3－39 31 个省份地方政府一般债务违约率估算：2018～2020 年

省份	2018 年	2019 年	2020 年	2018～2020 年 3 年累计违约率
北京市	0.0000	0.0000	0.0000	0.0000
天津市	0.0000	0.0000	0.0000	0.0000
河北省	0.0000	0.0000	0.0000	0.0000
山西省	0.0000	0.0000	0.0000	0.0000
内蒙古自治区	0.0000	0.0000	0.0000	0.0000
辽宁省	0.0000	0.0014	0.3094	0.3104
吉林省	0.0000	0.0000	0.0000	0.0000
黑龙江省	0.0000	0.0000	0.0000	0.0000
上海市	0.0000	0.0000	0.0000	0.0000
江苏省	0.0000	0.0000	0.0000	0.0000
浙江省	0.0000	0.0000	0.0000	0.0000
安徽省	0.0000	0.0000	0.0000	0.0000
福建省	0.0000	0.0000	0.0000	0.0000
江西省	0.0000	0.0000	0.0000	0.0000
山东省	0.0000	0.0000	0.0000	0.0000
河南省	0.0000	0.0000	0.0000	0.0000
湖北省	0.0000	0.0000	0.0000	0.0000
湖南省	0.0000	0.0000	0.0000	0.0000
广东省	0.0000	0.0000	0.0000	0.0000
广西壮族自治区	0.0000	0.0000	0.0000	0.0000
海南省	0.0000	0.0000	0.0000	0.0000
重庆市	0.0000	0.0000	0.0000	0.0000
四川省	0.0000	0.0000	0.0000	0.0000
贵州省	0.0000	0.0000	0.0105	0.0105
云南省	0.0000	0.0000	0.0000	0.0000
西藏自治区	0.0000	0.0000	0.0000	0.0000
陕西省	0.0000	0.0000	0.0000	0.0000
甘肃省	0.0000	0.0000	0.0000	0.0000
青海省	0.0000	0.0000	0.0000	0.0000
宁夏回族自治区	0.0000	0.0000	0.0000	0.0000
新疆维吾尔自治区	0.0000	0.0000	0.0000	0.0000

资料来源：笔者计算。

从表3-39可以看出，就全省整体而言，我国31个省份中的大部分省份，其一般债务违约风险基本可以忽略，但是辽宁省和贵州省需要格外关注，尤其是辽宁省，其3年的累计违约概率已经高达31.04%。另外，2018～2020年的违约率并不代表对2020年之后地方政府债务违约情况的估测，实际上，2018年之后，随着待偿本金的陆续到期并逐步累加，债务违约风险也在迅速上升，2020年的违约风险相对于2018年和2019年明显升高，主要原因就在于2020年有两笔本金到期，即2015年发行的5年期债务、2018年发行的3年期债务，因此2018～2020年的债务违约率不高，并不代表地方政府整体风险不大。

（二）专项债务违约风险：2018～2020年

1. 地方政府性基金可偿债财力相关参数的计算

与一般公共预算收入中可偿债财力的估算类似，对于政府性基金可偿债财力的估算也从支出结构及刚性程度去分析，但是考虑到相关数据的缺失，这一思路基本无法应用，因此为了简化分析，本书根据经验判断直接设定31个省份政府性基金的刚性支出比例，同时为了防止设定比例可能存在的误差，设定高中低三种比例，分别为60%、50%、40%。

关于政府性基金可偿债财力的对数增长率及标准差，考虑到已经假设刚性支出比例在历年保持不变，因此这两个参数实际上等同于一般公共预算综合财力的对数增长率及标准差。综合考虑样本个数以及估算参数的准确性和稳定性等因素，本书选择2008～2017年这10年的数据进行估算，估算结果如表3-40所示。

表3-40　31个省份政府性基金对数增长率及标准差

省份	增长率	标准差	省份	增长率	标准差
北京市	0.2168	0.4972	湖北省	0.2485	0.2453
天津市	0.1617	0.3169	湖南省	0.1808	0.2593
河北省	0.1983	0.3327	广东省	0.1815	0.2245
山西省	0.0697	0.2959	广西壮族自治区	0.1525	0.2493
内蒙古自治区	0.0232	0.3843	海南省	0.1714	0.3140
辽宁省	-0.0177	0.4081	重庆市	0.1959	0.2638
吉林省	0.1165	0.4192	四川省	0.1456	0.2917

省份	增长率	标准差	省份	增长率	标准差
黑龙江省	0.0754	0.3334	贵州省	0.2526	0.3264
上海市	0.1033	0.4295	云南省	0.1291	0.4867
江苏省	0.1859	0.2571	西藏自治区	0.3231	0.8603
浙江省	0.1572	0.4442	陕西省	0.2022	0.2481
安徽省	0.2330	0.3275	甘肃省	0.1941	0.3792
福建省	0.1666	0.3456	青海省	0.1908	0.3198
江西省	0.1893	0.2854	宁夏回族自治区	0.0641	0.2994
山东省	0.1438	0.2490	新疆维吾尔自治区	0.1455	0.2871
河南省	0.1994	0.2404			

2. 地方政府专项债务未来年份到期偿债规模

地方政府专项债务未来年份到期偿债规模如表3－41所示。

表3－41　31个省份地方政府专项债务未来年份到期偿债规模：2018～2020年

单位：亿元

省份	2018 年	2019 年	2020 年	2018～2020 年 3 年累计
北京市	109.34	208.84	304.53	622.71
天津市	0.00	126.03	193.52	319.55
河北省	75.16	225.12	169.16	469.44
山西省	0.00	23.97	78.29	102.26
内蒙古自治区	21.45	34.14	98.76	154.35
辽宁省	34.53	267.14	278.97	580.64
吉林省	0.00	0.00	111.55	111.55
黑龙江省	1.20	26.00	76.57	103.77
上海市	49.00	233.40	256.50	538.9
江苏省	176.12	439.97	783.11	1399.2
浙江省	208.44	363.13	336.39	907.96
安徽省	6.54	0.00	194.98	201.52
福建省	0.00	0.00	382.17	382.17
江西省	9.00	101.89	157.27	268.16
山东省	34.28	359.47	151.04	544.79

续表

省份	2018 年	2019 年	2020 年	2018～2020 年 3 年累计
河南省	74.07	109.50	292.62	476.19
湖北省	33.33	0.00	243.34	276.67
湖南省	100.00	500.00	200.00	800
广东省	0.00	0.00	131.00	131
广西壮族自治区	0.00	30.00	100.00	130
海南省	0.00	41.88	39.40	81.28
重庆市	28.62	177.34	220.96	426.92
四川省	153.00	379.19	530.01	1062.2
贵州省	158.16	156.00	482.27	796.43
云南省	148.00	132.90	263.70	544.6
西藏自治区	0.00	3.00	0.00	3
陕西省	145.08	254.07	231.16	630.31
甘肃省	2.07	0.00	87.72	89.79
青海省	8.00	22.19	24.19	54.38
宁夏回族自治区	20.00	19.68	15.82	55.5
新疆维吾尔自治区	20.60	45.64	63.00	129.24
合　计	1616.00	4280.49	6498.01	25579.83

注：只考虑未来三年（2018～2020 年）的到期偿债规模，主要是考虑这三年的偿债规模基本确定，即 2015 年发行的 3 年期专项债券在 2018 年到期，2016 年发行的 3 年期专项债券在 2019 年到期，2017 年发行的 3 年期专项债券和 2015 年发行的 5 年期专项债券在 2020 年到期，同时只考虑到期本金，不考虑当年偿还利息规模，主要是因为 2018～2020 年由于有新增地方债券发行，其间付息规模具有不确定性。

资料来源：WIND 数据库。

3. 地方政府专项债务违约率计算

基于 31 个省份政府性基金刚性支出比例的设定，以 2017 年为基准年份，并根据 31 个省份政府性基金收入对数增长率及标准差，以及 31 个省份 2018～2020 年专项债务未来年份到期偿债规模，使用上文中的 CCA 计算公式，可以计算得到 2018～2020 年我国 31 个省份地方政府专项债务违约率，如表 3-42 至表 3-44 所示。

表 3-42 31 个省份地方政府专项债务违约率估算：2018~2020 年（情况一）

省份	2018 年	2019 年	2020 年	2018~2020 年 3 年累计违约率
北京市	0.0000	0.0003	0.0074	0.0077
天津市	0.0000	0.0000	0.0011	0.0011
河北省	0.0000	0.0000	0.0000	0.0000
山西省	0.0000	0.0000	0.0001	0.0001
内蒙古自治区	0.0000	0.0003	0.1236	0.1239
辽宁省	0.0000	0.2998	0.4112	0.5877
吉林省	0.0000	0.0000	0.0602	0.0602
黑龙江省	0.0000	0.0000	0.0203	0.0203
上海市	0.0000	0.0033	0.0177	0.0209
江苏省	0.0000	0.0000	0.0000	0.0000
浙江省	0.0000	0.0000	0.0003	0.0003
安徽省	0.0000	0.0000	0.0000	0.0000
福建省	0.0000	0.0000	0.0070	0.0070
江西省	0.0000	0.0000	0.0000	0.0000
山东省	0.0000	0.0000	0.0000	0.0000
河南省	0.0000	0.0000	0.0000	0.0000
湖北省	0.0000	0.0000	0.0000	0.0000
湖南省	0.0000	0.0181	0.0000	0.0181
广东省	0.0000	0.0000	0.0000	0.0000
广西壮族自治区	0.0000	0.0000	0.0000	0.0000
海南省	0.0000	0.0000	0.0000	0.0000
重庆市	0.0000	0.0000	0.0000	0.0000
四川省	0.0000	0.0000	0.0021	0.0021
贵州省	0.0000	0.0001	0.0735	0.0736
云南省	0.0094	0.0334	0.2432	0.2754
西藏自治区	0.0000	0.0130	0.0000	0.0130
陕西省	0.0000	0.0002	0.0002	0.0004
甘肃省	0.0000	0.0000	0.0122	0.0122
青海省	0.0000	0.0029	0.0094	0.0123
宁夏回族自治区	0.0000	0.0010	0.0014	0.0024
新疆维吾尔自治区	0.0000	0.0000	0.0002	0.0002

注：假定可偿债政府性基金刚性支出占政府性基金综合收入的 60%。
资料来源：笔者计算。

在表 3－42 的情况一中，2018～2020 年三年累计违约高于 5% 的省份一共
有 5 个，由高到低分别为：辽宁省，违约率为 58.77%；云南省，27.54%；内
蒙古自治区，12.39%；贵州省，7.36%；吉林省，6.02%。可以看出，其违
约概率明显高于一般债务，虽然部分原因可能是专项债务的到其规模相对较
大，但是更主要的是政府性基金的增长率相对于一般公共预算收入低，尤其关
键的因素是，政府性基金增长率的波动幅度更大，这一因素在很大程度上导致
专项债务风险的急剧攀升。

在表 3－43 和表 3－44 的情况二和情况三之下，专项债务的违约概率与情
况一是类似的，综合而言，专项债务风险主要集中在辽宁省、云南省、内蒙古
自治区和贵州省等省份，而这几个省份共同的特点是政府性基金收入增速低、
波动幅度大。同时，考虑到政府性基金的主要组成部分是国有土地出让收入，
因此土地出让收入与专项债务风险实际上是密切相关的。

表 3－43　31 个省份地方政府专项债务违约率估算：2018～2020 年（情况二）

省份	2018 年	2019 年	2020 年	2018～2020 年3 年累计违约率
北京市	0.0000	0.0009	0.0129	0.0138
天津市	0.0000	0.0000	0.0032	0.0033
河北省	0.0000	0.0000	0.0000	0.0000
山西省	0.0000	0.0000	0.0005	0.0005
内蒙古自治区	0.0000	0.0009	0.1886	0.1893
辽宁省	0.0000	0.4172	0.5133	0.7164
吉林省	0.0000	0.0000	0.0965	0.0965
黑龙江省	0.0000	0.0000	0.0416	0.0416
上海市	0.0000	0.0079	0.0315	0.0391
江苏省	0.0000	0.0000	0.0000	0.0000
浙江省	0.0000	0.0001	0.0007	0.0008
安徽省	0.0000	0.0000	0.0000	0.0000
福建省	0.0000	0.0000	0.0158	0.0158
江西省	0.0000	0.0000	0.0000	0.0000
山东省	0.0000	0.0000	0.0000	0.0000
河南省	0.0000	0.0000	0.0000	0.0000
湖北省	0.0000	0.0000	0.0000	0.0000

续表

省份	2018 年	2019 年	2020 年	2018～2020 年 3 年累计违约率
湖南省	0.0000	0.0550	0.0001	0.0551
广东省	0.0000	0.0000	0.0000	0.0000
广西壮族自治区	0.0000	0.0000	0.0000	0.0000
海南省	0.0000	0.0000	0.0001	0.0001
重庆市	0.0000	0.0000	0.0000	0.0000
四川省	0.0000	0.0001	0.0063	0.0065
贵州省	0.0000	0.0003	0.1297	0.1300
云南省	0.0242	0.0585	0.3156	0.3712
西藏自治区	0.0000	0.0190	0.0000	0.0190
陕西省	0.0000	0.0011	0.0009	0.0021
甘肃省	0.0000	0.0000	0.0243	0.0243
青海省	0.0000	0.0092	0.0217	0.0308
宁夏回族自治区	0.0001	0.0039	0.0043	0.0083
新疆维吾尔自治区	0.0000	0.0000	0.0007	0.0007

注：假定可偿债政府性基金刚性支出占政府性基金综合收入的 50%。
资料来源：笔者计算。

表 3－44　31 个省份地方政府专项债务违约率估算：2018～2020 年（情况三）

省份	2018 年	2019 年	2020 年	2018～2020 年 3 年累计违约率
北京市	0.0000	0.0024	0.0245	0.0268
天津市	0.0000	0.0002	0.0103	0.0105
河北省	0.0000	0.0001	0.0001	0.0002
山西省	0.0000	0.0000	0.0021	0.0021
内蒙古自治区	0.0000	0.0033	0.2919	0.2942
辽宁省	0.0000	0.5705	0.6365	0.8439
吉林省	0.0000	0.0000	0.1600	0.1600
黑龙江省	0.0000	0.0000	0.0892	0.0892
上海市	0.0000	0.0203	0.0595	0.0786
江苏省	0.0000	0.0000	0.0000	0.0000
浙江省	0.0000	0.0004	0.0018	0.0022
安徽省	0.0000	0.0000	0.0000	0.0000
福建省	0.0000	0.0000	0.0378	0.0378

省份	2018 年	2019 年	2020 年	2018～2020 年 3 年累计违约率
江西省	0.0000	0.0000	0.0001	0.0001
山东省	0.0000	0.0000	0.0000	0.0000
河南省	0.0000	0.0000	0.0000	0.0000
湖北省	0.0000	0.0000	0.0000	0.0000
湖南省	0.0000	0.1611	0.0007	0.1617
广东省	0.0000	0.0000	0.0000	0.0000
广西壮族自治区	0.0000	0.0000	0.0000	0.0000
海南省	0.0000	0.0001	0.0005	0.0006
重庆市	0.0000	0.0000	0.0000	0.0000
四川省	0.0000	0.0010	0.0200	0.0210
贵州省	0.0003	0.0018	0.2318	0.2334
云南省	0.0648	0.1068	0.4148	0.5112
西藏自治区	0.0000	0.0292	0.0000	0.0292
陕西省	0.0000	0.0079	0.0048	0.0127
甘肃省	0.0000	0.0000	0.0514	0.0514
青海省	0.0000	0.0313	0.0530	0.0826
宁夏回族自治区	0.0019	0.0165	0.0140	0.0321
新疆维吾尔自治区	0.0000	0.0000	0.0029	0.0029

注：假定可偿债政府性基金刚性支出占政府性基金综合收入的 40%。

资料来源：笔者计算。

第五节　基于内部评级法的测度与分析

（一）相关参数计算

在违约概率的 Logistic 模型中，影响违约率的一般债务率和专项债务率的数值是可以直接计算得到的，而要将债务率折算为违约概率，则要确定或估算模型中的两个待估参数，本书的主要考虑和依据如下。

其一，财政部和省级财政部门一般将 100% 作为债务风险的警戒线，超过这个警戒线的地区将被归类为高风险预警地区，不会分配新增债券额度。这个标准实际上从一个方面反映了对债务违约概率的估测或判断，而具体数值的大小可以从债券评级和违约概率的对应关系中得到。一般而言，依据违约概率大小，债券风险可以分为十级：AAA、AA、A、BBB、BB、B、CCC、CC、C和D。其中BBB级及以上为投资级，BB级和B级为投机级，CCC级及以下为非投资级。本书认为100%的债务风险警戒线应该也是地方政府债券由投资级变为投机级的分界线，其对应的违约概率可以参照BB$^+$级的违约概率，依据标准普尔的标准，BB$^+$级债券的一年期违约概率为0.62%，而依据穆迪的标准，BB$^+$级债券的一年期违约概率为0.59%（武剑，2005），取其平均值为0.605%。

其二，国务院办公厅印发的《地方政府性债务风险应急处置预案》明确要求，"市县政府年度一般债务利息支出超过当年一般公共预算支出10%的，或者专项债务利息支出超过当年政府性基金预算支出10%的"，必须启动财政重整计划。启动财政重整计划实际上也从一个侧面表明了对债务违约概率的估测或判断，认为违约概率已经非常大了，因此必须进行财政重整以避免债务违约，这实际上在很大程度上意味着地方政府债券已经成为非投资级，其对应的违约概率可以参照B$^-$级债券的违约概率，其对应的一年期违约概率，标准普尔为9.84%，穆迪为12.41%（武剑，2005），取其平均值为11.125%。

需要说明的是，上文对于违约概率的取值判断所对应的期限为一年，但是用于估算违约概率的核心指标是债务率，债务率反映的是地方债务存量总体风险，而并不反映当年需要偿还的短期债务风险，因此年期要依据整个债务存量的期限确定，本书根据2015～2017年3年的地方债券发行数据，以发行规模为权重计算得到各个省份历年的地方债券平均期限（见表3-45），可以看出，各个省份基本在6年左右，本书统一取整为6年。

表3-45　31个省份地方政府债券平均期限

省份	2015年		2016年		2017年		三年平均期限(年)
	发行规模(亿元)	平均期限(年)	发行规模(亿元)	平均期限(年)	发行规模(亿元)	平均期限(年)	
北京市	1177.99	6.46	1166.4	5.89	1070.02	6.01	6.12
天津市	565	6.8	1667.33	6.51	848.7	5.55	6.29
河北省	1420	5.76	2320.76	5.57	1527.69	6.14	5.82
山西省	609.9	6.98	787.6	6.87	780.62	6.47	6.77

续表

省份	2015 年		2016 年		2017 年		三年平均期限(年)
	发行规模（亿元）	平均期限（年）	发行规模（亿元）	平均期限（年）	发行规模（亿元）	平均期限（年）	
内蒙古自治区	1476.5	6.76	2502.27	6.71	1310.07	6.57	6.68
辽宁省	1879.51	5.77	2817.12	5.69	2305.12	5.75	5.74
吉林省	765	7.04	910.18	7.03	1146.4	5.91	6.66
黑龙江省	792	5.85	1104.85	6.18	965.29	6.38	6.13
上海市	1212	6.79	2200	6.59	783.1	6.51	6.63
江苏省	3194.01	6.22	4511.74	6.2	2878.44	5.95	6.12
浙江省	2796.6	6.7	4095.02	6.72	1991.38	6.83	6.75
安徽省	1294.1	6.15	1687.3	5.97	1462.09	5.78	5.97
福建省	1349.01	7.22	2137.2	7.14	1539.49	6.87	7.08
江西省	977.99	6.88	1054.37	6.65	1215.64	6.4	6.64
山东省	1994	5.94	4279.21	6.27	2519.2	6.44	6.22
河南省	1424.9	6.4	1903.89	6.19	1978.37	6.13	6.24
湖北省	1483	6.86	2643.99	5.89	1223	5.97	6.24
湖南省	1395	6.88	3488	5.94	1965	5.54	6.12
广东省	1587.99	6.9	3499.71	6.9	1865.83	6.51	6.77
广西壮族自治区	922	6.18	1439.56	6.5	1716.57	6.37	6.35
海南省	223	6.89	551.25	6.38	536.18	6.34	6.54
重庆市	824	6.5	1570.35	6.45	1309.98	6.38	6.44
四川省	1790	5.54	2890.63	5.51	2808.95	5.51	5.52
贵州省	2350	6.22	2589.68	6.23	2098.98	6.09	6.18
云南省	1567.4	6.46	2065.7	6.56	1929.9	6.64	6.55
西藏自治区	NA	NA	15.76	5.51	56.05	6.65	6.08
陕西省	1260	5.98	2031.03	5.51	1300.41	6.14	5.88
甘肃省	482.7	6.93	666.65	6.45	587.68	5.79	6.39
青海省	328	6.58	469	6.55	462.87	6.53	6.56
宁夏回族自治区	289	6.41	366.66	5.89	318.21	6.61	6.3
新疆维吾尔自治区	692.4	6.21	1055.2	6.21	1079.36	6.56	6.33

注：五个计划单列市合并到所属省份计算。
资料来源：WIND 数据库。

上文已经确定为 6 年，因此需要进一步将一年期的债务违约率估算为六年期的违约率。虽然从理论上而言，不同期限违约概率的转换可以通过评级迁移矩阵来实现，但是考虑到基础数据不足，这一思路无法实现，因此本书采用期限函数法进行近似计算，其公式为：

$$PD(t) \approx 1 - (1 - PD)^t \qquad \text{（公式 3 - 3）}$$

其中：$PD(t)$ 为 t 年期的违约概率，PD 为一年期的违约概率，t 表示期限。

基于公式 3-3，最终可以计算得到，100% 债务率对应的地方债务违约率为 3.58%，财政重整线对应的违约率为 50.72%。

在进行 Logistic 模型相应参数的估算之前，还需要将债务利息支出占财政支出的财政重整线换算为债务率指标，利息支出等于债务余额乘以平均利率水平，因此需要计算地方债务的利率水平，本书基于 2015~2017 年 3 年的地方债券发行数据，以发行规模为权重计算得到各个省份历年的地方债券平均利率（一般债券和专项债券的发行利率差别很小，因此不进行区分）如表 3-46 所示。

表 3-46　31 个省份地方政府债券平均利率

单位：%

省份	2015 年	2016 年	2017 年	3 年平均利率
北京市	3.40	2.82	3.67	3.30
天津市	3.51	3.00	4.05	3.52
河北省	3.42	2.91	3.81	3.38
山西省	3.20	2.81	3.84	3.28
内蒙古自治区	3.44	3.06	4.13	3.54
辽宁省	3.35	2.94	4.02	3.44
吉林省	3.47	3.05	3.94	3.49
黑龙江省	3.34	2.95	3.95	3.41
上海市	3.25	2.79	3.85	3.30
江苏省	3.36	2.83	3.85	3.35
浙江省	3.43	2.93	3.75	3.37
安徽省	3.40	2.89	3.91	3.40
福建省	3.36	2.95	4.09	3.47
江西省	3.36	2.90	3.92	3.39
山东省	3.42	2.97	3.92	3.44
河南省	3.33	2.93	3.93	3.40
湖北省	3.56	2.96	4.04	3.52
湖南省	3.40	2.79	4.11	3.43
广东省	3.41	3.03	3.96	3.47
广西壮族自治区	3.40	2.89	4.04	3.44
海南省	3.48	2.94	4.10	3.51
重庆市	3.39	2.95	3.92	3.42
四川省	3.29	2.88	3.97	3.38
贵州省	3.35	2.92	3.92	3.40

省份	2015 年	2016 年	2017 年	3 年平均利率
云南省	3.34	2.96	3.94	3.41
西藏自治区	NA	2.66	3.78	3.22
陕西省	3.46	2.95	4.03	3.48
甘肃省	3.37	2.98	3.98	3.44
青海省	3.38	2.94	3.94	3.42
宁夏回族自治区	3.32	2.95	4.14	3.47
新疆维吾尔自治区	3.37	2.81	3.89	3.36

注：五个计划单列市合并到所属省份计算。

资料来源：WIND 数据库。

确定各个省份的地方债券平均利率之后，可以计算 10% 的债务利息支出占财政支出的财政重整线对应的债务率水平，然后进一步基于对应的违约概率并结合 100% 警戒线对应的相应参数，计算各个省份 Logistic 模型中参数的取值，如表 3 - 47 所示（一般债务 Logistic 模型与专项债务 Logistic 模型相同）。

表 3 - 47　31 个省份 Logistic 模型的参数取值

省份	alpha	beta	省份	alpha	beta
北京市	-4.93	1.636	湖北省	-5.098	1.805
天津市	-5.098	1.805	湖南省	-5.028	1.734
河北省	-4.99	1.696	广东省	-5.059	1.765
山西省	-4.915	1.622	广西壮族自治区	-5.035	1.742
内蒙古自治区	-5.114	1.82	海南省	-5.09	1.797
辽宁省	-5.035	1.742	重庆市	-5.02	1.727
吉林省	-5.074	1.781	四川省	-4.99	1.696
黑龙江省	-5.012	1.719	贵州省	-5.005	1.711
上海市	-4.93	1.636	云南省	-5.012	1.719
江苏省	-4.967	1.674	西藏自治区	-4.871	1.578
浙江省	-4.982	1.689	陕西省	-5.067	1.773
安徽省	-5.005	1.711	甘肃省	-5.035	1.742
福建省	-5.059	1.765	青海省	-5.02	1.727
江西省	-4.997	1.704	宁夏回族自治区	-5.059	1.765
山东省	-5.035	1.742	新疆维吾尔自治区	-4.974	1.681
河南省	-5.005	1.711			

资料来源：笔者计算。

（二）地方债务期望损失：2014～2017年

基于上文计算得到的内部评价法的相关参数：违约概率、违约损失率、年期和违约风险暴露，可以计算得到我国31个省份2014～2017年的一般债务和专项债务期望损失，然后将一般债务期望损失与专项债务期望损失相加得到地方债务期望损失。

1. 2014年

表3-48列示了2014年31个省份地方债务期望损失情况，可以看出，在自有财力口径下，一般债务期望损失最高的5个省份是贵州省、辽宁省、云南省、内蒙古自治区和青海省，分别为5410.72亿元、3020.99亿元、1907.56亿元、1852.52亿元和1107.39亿元；专项债务期望损失最高的5个省份是贵州省、云南省、陕西省、北京市和湖南省，分别为4205.67亿元、1160.72亿元、708.67亿元、603.54亿元和444.04亿元；综合而言，地方债务期望损失总和最高的5个省份是贵州省、辽宁省、云南省、内蒙古自治区和青海省，分别为9616.39亿元、3387.7亿元、3068.28亿元、2052.03亿元和1117.6亿元。

表3-48 2014年31个省份地方债务期望损失

单位：亿元

省份	自有财力口径			综合财力口径		
	一般债务	专项债务	总和	一般债务	专项债务	总和
北京市	20.05	603.54	623.59	18.82	600.15	618.97
天津市	9.06	247.72	256.79	8.33	238.34	246.68
河北省	611.84	44.65	656.48	158.62	42.31	200.93
山西省	44.70	10.47	55.17	26.46	10.15	36.61
内蒙古自治区	1852.52	199.51	2052.03	281.69	107.59	389.28
辽宁省	3020.99	366.71	3387.70	640.08	347.97	988.06
吉林省	215.92	100.91	316.84	46.94	89.58	136.51
黑龙江省	349.01	51.24	400.24	56.06	41.67	97.73
上海市	79.10	130.66	209.77	69.48	129.31	198.79
江苏省	216.86	138.03	354.89	173.92	136.07	309.99
浙江省	267.73	170.75	438.47	185.61	169.07	354.69
安徽省	280.88	66.46	347.33	84.19	64.32	148.51
福建省	66.96	287.63	354.59	43.59	277.26	320.84

续表

省份	自有财力口径			综合财力口径		
	一般债务	专项债务	总和	一般债务	专项债务	总和
江西省	191.92	38.91	230.83	64.88	37.18	102.06
山东省	350.10	106.94	457.04	198.04	103.73	301.77
河南省	422.99	47.76	470.75	110.43	45.48	155.91
湖北省	160.62	49.10	209.72	61.38	46.31	107.68
湖南省	572.98	444.04	1017.02	123.56	397.44	521.00
广东省	142.56	97.63	240.20	118.95	96.20	215.15
广西壮族自治区	316.95	319.33	636.28	63.73	286.63	350.37
海南省	143.33	24.68	168.01	36.48	23.39	59.87
重庆市	90.05	32.49	122.55	45.49	30.83	76.32
四川省	394.00	207.81	601.81	111.89	196.31	308.19
贵州省	5410.72	4205.67	9616.39	532.52	4072.80	4605.32
云南省	1907.56	1160.72	3068.28	206.19	978.69	1184.87
西藏自治区	2.54	0.00	2.54	0.93	0.00	0.93
陕西省	201.48	708.67	910.15	63.49	636.83	700.31
甘肃省	75.22	87.91	163.13	13.81	68.43	82.24
青海省	1107.39	10.20	1117.60	36.22	8.68	44.90
宁夏回族自治区	301.76	14.43	316.19	27.31	12.48	39.79
新疆维吾尔自治区	198.41	78.39	276.81	43.97	64.77	108.74
基尼系数	0.6728	0.7159	0.6388	0.5306	0.7220	0.6253

在综合财力口径下，一般债务期望损失最高的 5 个省份是辽宁省、贵州省、内蒙古自治区、云南省和山东省，分别为 640.08 亿元、532.52 亿元、281.69 亿元、206.19 亿元和 198.04 亿元；专项债务期望损失最高的 5 个省份是贵州省、云南省、陕西省、北京市和湖南省，分别为 4072.8 亿元、978.69 亿元、636.83 亿元、600.15 亿元和 397.44 亿元；综合而言，地方债务期望损失总和最高的 5 个省份是贵州省、云南省、辽宁省、陕西省和北京市，地方债务期望损失分别为 4605.32 亿元、1184.87 亿元、988.06 亿元、700.31 亿元和 618.97 亿元。

从反映债务期望损失在省份之间分布不均衡状况的基尼系数来看，在自有财力口径下，一般债务期望损失的基尼系数为 0.6728，而专项债务期望损失的基尼系数为 0.7159，二者基本相当，但是地方债务期望损失总和的基尼系数较低，为 0.6388；在综合财力口径下，一般债务期望损失的基尼系数为

0.5306，而专项债务期望损失的基尼系数为 0.7220，后者明显较高，而地方债务期望损失总和的基尼系数则介于二者之间，为 0.6253。综合而言，如果以 0.4 作为债务风险分布不均衡的警戒线，那么无论是一般债务风险还是专项债务风险，都远高于警戒线，尤其是专项债务风险。

表 3 - 49 列示了 2014 年我国 31 个省份及东中西三大区域地方债务期望损失的平均值，在自有财力口径下，全国平均的一般债务期望损失为 613.75 亿元，专项债务期望损失为 324.29 亿元，专项债务期望损失明显低于一般债务。分区域来看，东部地区和中部地区的一般债务期望损失基本相当，而西部地区则明显较高，为 909.65 亿元，约为中部和东部地区平均值的 2 倍，而西部地区的专项债务期望损失与中部和东部差距更为悬殊，西部地区为 620.51 亿元，是东部地区的 3 倍多、中部地区的 5 倍多。从地方债务期望损失总和来看，全国平均水平为 938.04 亿元，其中，西部地区最高，为 1530.16 亿元，东部次之，为 649.78 亿元，中部最低，为 566.66 亿元。

表 3 - 49　2014 年全国东中西三大区域地方债务期望损失平均值

单位：亿元

地区	自有财力口径			综合财力口径		
	一般债务	专项债务	总和	一般债务	专项债务	总和
东部地区	448.05	201.72	649.78	150.17	196.71	346.88
中部地区	454.62	112.04	566.66	95.07	93.3	188.37
西部地区	909.65	620.51	1530.16	104.14	577.86	682
全国平均	613.75	324.29	938.04	117.84	301.93	419.77

综合财力口径下的一般债务期望损失明显较低，全国平均水平为 117.84 亿元，并且东中西三大区域的排序也发生了变化，东部最高，为 150.17 亿元；西部次之，为 104.14 亿元；中部最低，为 95.07 亿元。从专项债务期望损失来看，其全国平均水平要明显高于一般债务期望损失，为 301.93 亿元，其中，西部最高，为 577.86 亿元；东部次之，为 196.71 亿元；中部最低，为 93.3 亿元。从地方债务期望损失总和来看，全国平均水平为 419.77 亿元，其中，西部最高，为 682 亿元；东部次之，为 346.88 亿元；中部最低，为 188.37 亿元。

2. 2015年

表3-50列示了2015年31个省份地方债务期望损失情况，可以看出，在自有财力口径下，一般债务期望损失最高的5个省份是贵州省、辽宁省、内蒙古自治区、云南省和青海省，分别为4334.28亿元、3692.25亿元、1577.3亿元、1396.49亿元和1150.09亿元；专项债务期望损失最高的5个省份是贵州省、云南省、辽宁省、北京市和内蒙古自治区，分别为4293.07亿元、2320.19亿元、1229.99亿元、1062.77亿元和925.99亿元；综合而言，地方债务期望损失总和最高的5个省份是贵州省、辽宁省、云南省、内蒙古自治区和青海省，分别为8627.35亿元、4922.24亿元、3716.68亿元、2503.29亿元和1177.45亿元。

表3-50　2015年31个省份地方债务期望损失

单位：亿元

省份	自有财力口径			综合财力口径		
	一般债务	专项债务	总和	一般债务	专项债务	总和
北京市	17.94	1062.77	1080.71	17.23	1054.54	1071.77
天津市	9.37	490.78	500.15	8.73	464.96	473.69
河北省	409.04	46.29	455.33	125.92	44.43	170.35
山西省	56.69	21.92	78.61	28.53	20.22	48.75
内蒙古自治区	1577.30	925.99	2503.29	240.08	489.00	729.08
辽宁省	3692.25	1229.99	4922.24	654.42	1115.40	1769.82
吉林省	208.44	278.78	487.22	44.91	221.49	266.40
黑龙江省	451.34	148.66	600.00	53.51	104.99	158.50
上海市	51.96	83.24	135.21	49.02	82.26	131.27
江苏省	187.55	166.13	353.68	158.67	163.27	321.94
浙江省	166.97	270.21	437.19	131.22	262.57	393.79
安徽省	242.13	88.00	330.13	81.23	84.34	165.57
福建省	56.10	595.51	651.61	38.18	556.08	594.26
江西省	165.73	43.12	208.85	64.14	41.01	105.15
山东省	287.24	148.96	436.21	174.25	143.21	317.46
河南省	298.93	61.38	360.31	93.14	57.56	150.71
湖北省	132.07	60.41	192.48	58.08	55.75	113.83
湖南省	379.16	493.87	873.02	100.12	434.31	534.43
广东省	106.84	93.82	200.67	94.59	92.47	187.06

省份	自有财力口径			综合财力口径		
	一般债务	专项债务	总和	一般债务	专项债务	总和
广西壮族自治区	226.65	739.97	966.62	51.79	608.64	660.43
海南省	109.53	30.29	139.82	32.59	26.74	59.33
重庆市	86.17	37.91	124.08	46.30	34.77	81.07
四川省	345.42	361.70	707.12	108.47	322.46	430.92
贵州省	4334.28	4293.07	8627.35	388.95	4241.57	4630.53
云南省	1396.49	2320.19	3716.68	177.81	2208.66	2386.48
西藏自治区	1.73	0.00	1.73	0.77	0.00	0.77
陕西省	180.36	924.83	1105.19	60.57	792.46	853.02
甘肃省	93.06	50.87	143.93	16.43	42.39	58.82
青海省	1150.09	27.36	1177.45	38.70	13.29	51.99
宁夏回族自治区	229.94	29.60	259.54	24.12	22.67	46.79
新疆维吾尔自治区	175.72	151.37	327.08	38.09	118.27	156.36
基尼系数	0.6838	0.6869	0.6395	0.5227	0.7008	0.6392

在综合财力口径下，一般债务期望损失最高的 5 个省份是辽宁省、贵州省、内蒙古自治区、云南省和山东省，分别为 654.42 亿元、388.95 亿元、240.08 亿元、177.81 亿元和 174.25 亿元；专项债务期望损失最高的 5 个省份是贵州省、云南省、辽宁省、北京市和陕西省，分别为 4241.57 亿元、2208.66 亿元、1115.4 亿元、1054.54 亿元和 792.46 亿元；综合而言，地方债务期望损失总和最高的 5 个省份是贵州省、云南省、辽宁省、北京市和陕西省，地方债务期望损失分别为 4630.53 亿元、2386.48 亿元、1769.82 亿元、1071.77 亿元和 853.02 亿元。

从反映债务期望损失在省份之间分布不均衡状况的基尼系数来看，在自有财力口径下，一般债务期望损失的基尼系数为 0.6838，而专项债务期望损失的基尼系数为 0.6869，二者基本相当，但是地方债务期望损失总和的基尼系数较低，为 0.6395；在综合财力口径下，一般债务期望损失的基尼系数为 0.5227，专项债务期望损失的基尼系数为 0.7008，后者明显较高，而地方债务期望损失总和的基尼系数则介于二者之间，为 0.6392。综合而言，如果以 0.4

作为债务风险分布不均衡的警戒线，那么无论是一般债务风险还是专项债务风险都远远高于警戒线，尤其是专项债务风险。

表3-51列示了2015年我国31个省份及东中西三大区域地方债务期望损失的平均值。在自有财力口径下，全国平均的一般债务期望损失为542.79亿元，专项债务期望损失为492.81亿元，专项债务期望损失与一般债务基本相当。分区域来看，西部地区的一般债务期望损失最高，为747.26亿元；东部地区次之，为463.16亿元；中部地区最低，为390.2亿元。专项债务期望损失仍然是西部地区最高，为812.44亿元；东部地区次之，为383.46亿元；中部地区最低，为235.79亿元。从地方债务期望损失总和来看，全国平均水平为1035.6亿元，其中，西部地区最高，为1559.71亿元；东部次之，为846.62亿元；中部最低，为625.99亿元。

表3-51　2015年全国东中西三大区域地方债务期望损失平均值

单位：亿元

地区	自有财力口径			综合财力口径		
	一般债务	专项债务	总和	一般债务	专项债务	总和
东部地区	463.16	383.46	846.62	134.98	364.17	499.16
中部地区	390.2	235.79	625.99	84.86	167.63	252.49
西部地区	747.26	812.44	1559.71	86.55	764.11	850.65
全国平均	542.79	492.81	1035.6	103.24	449.02	552.27

综合财力口径下的一般债务期望损失明显较低，全国平均水平为103.24亿元，并且东中西三大区域的排序也发生了变化，东部最高，为134.98亿元；西部次之，为86.55亿元；中部最低，为84.86亿元。从专项债务期望损失来看，相对于自有财力口径变化不大，同时其全国平均水平明显高于一般债务，为449.02亿元，其中，西部最高，为764.11亿元；东部次之，为364.17亿元；中部最低，为167.63亿元。从地方债务期望损失总和来看，全国平均水平为552.27亿元，其中，西部最高，为850.65亿元；东部次之，为499.16亿元；中部最低，为252.49亿元。

3. 2016年

表3-52列示了2016年31个省份地方债务期望损失情况，可以看出，在

自有财力口径下，一般债务期望损失最高的 5 个省份是贵州省、辽宁省、内蒙古自治区、云南省和青海省，分别为 4189.1 亿元、3399.99 亿元、1689.15 亿元、1568.32 亿元和 1369.84 亿元；专项债务期望损失最高的 5 个省份是贵州省、云南省、辽宁省、陕西省和内蒙古自治区，分别为 4078.23 亿元、2249.71 亿元、1917.51 亿元、1243.39 亿元和 978.73 亿元；综合而言，地方债务期望损失总和最高的 5 个省份是贵州省、辽宁省、云南省、内蒙古自治区和陕西省，分别为 8267.33 亿元、5317.5 亿元、3818.03 亿元、2667.88 亿元和 1537.71 亿元。

表 3－52　2016 年 31 个省份地方债务期望损失

单位：亿元

省份	自有财力口径			综合财力口径		
	一般债务	专项债务	总和	一般债务	专项债务	总和
北京市	25.76	196.33	222.09	24.12	194.75	218.87
天津市	17.13	373.89	391.02	15.34	363.52	378.86
河北省	382.37	59.85	442.22	122.59	58.17	180.76
山西省	88.23	25.89	114.12	37.54	23.63	61.17
内蒙古自治区	1689.15	978.73	2667.88	234.48	493.88	728.37
辽宁省	3399.99	1917.51	5317.50	561.33	1779.85	2341.19
吉林省	266.67	194.29	460.96	50.36	163.37	213.73
黑龙江省	584.28	185.59	769.88	55.12	144.82	199.93
上海市	38.11	76.44	114.55	36.52	75.17	111.69
江苏省	196.11	127.78	323.90	162.36	126.83	289.18
浙江省	178.31	132.92	311.24	144.73	131.08	275.81
安徽省	212.56	63.43	275.99	78.07	62.43	140.49
福建省	81.52	319.44	400.96	52.05	308.66	360.71
江西省	193.06	51.87	244.93	67.61	49.69	117.30
山东省	274.85	188.59	463.44	167.78	181.33	349.11
河南省	249.39	56.42	305.80	82.62	54.58	137.21
湖北省	160.03	71.13	231.16	66.29	67.82	134.11
湖南省	555.56	717.23	1272.78	131.59	610.22	741.82
广东省	101.00	99.88	200.88	91.06	98.53	189.60
广西壮族自治区	370.19	643.29	1013.48	66.93	558.21	625.14
海南省	159.17	29.02	188.19	37.48	27.22	64.71
重庆市	93.09	69.23	162.33	47.59	62.49	110.08
四川省	364.59	524.35	888.93	108.76	478.34	587.10

省份	自有财力口径			综合财力口径		
	一般债务	专项债务	总和	一般债务	专项债务	总和
贵州省	4189.10	4078.23	8267.33	346.26	4008.78	4355.04
云南省	1568.32	2249.71	3818.03	181.86	2122.51	2304.37
西藏自治区	0.86	0.03	0.89	0.53	0.03	0.56
陕西省	294.33	1243.39	1537.71	74.36	1065.90	1140.26
甘肃省	144.75	35.45	180.20	21.30	30.32	51.62
青海省	1369.84	59.07	1428.91	42.85	39.44	82.29
宁夏回族自治区	323.69	52.88	376.57	29.21	41.99	71.20
新疆维吾尔自治区	272.45	125.32	397.77	47.83	97.42	145.25
基尼系数	0.6517	0.7017	0.6458	0.4778	0.7094	0.6451

在综合财力口径下，一般债务期望损失最高的5个省份是辽宁省、贵州省、内蒙古自治区、云南省和山东省，分别为561.33亿元、346.26亿元、234.48亿元、181.86亿元和167.78亿元；专项债务期望损失最高的5个省份是贵州省、云南省、辽宁省、陕西省和湖南省，分别为4008.78亿元、2122.51亿元、1779.85亿元、1065.9亿元和610.22亿元；综合而言，债务期望损失总和最高的5个省份是贵州省、辽宁省、云南省、陕西省和湖南省，地方债务期望损失分别为4355.04亿元、2341.19亿元、2304.37亿元、1140.26亿元和741.82亿元。

从反映债务期望损失在省份之间分布不均衡状况的基尼系数来看，在自有财力口径下，一般债务期望损失的基尼系数为0.6517，而专项债务期望损失的基尼系数为0.7017，二者基本相当，但是地方债务期望损失总和的基尼系数较低，为0.6458；在综合财力口径下，一般债务期望损失的基尼系数为0.4778，而专项债务期望损失的基尼系数为0.7094，后者明显较高，地方债务期望损失总和的基尼系数则介于二者之间，为0.6451。综合而言，如果以0.4作为债务风险分布不均衡的警戒线，那么无论是一般债务风险还是专项债务风险，都远远高于警戒线，尤其是专项债务风险。

表3-53列示了2016年我国31个省份及东中西三大区域地方债务期望损失的平均值，在自有财力口径下，全国平均的一般债务期望损失为575.63亿元，专项债务期望损失为482.17亿元，专项债务期望损失与一般债务期望损失相差90多亿元。分区域来看，西部地区的一般债务期望损失最高，为

817.38 亿元；中部地区和东部地区基本相当，分别为 444.33 和 441.3 亿元；专项债务期望损失仍然是西部地区最高，为 825.54 亿元；东部地区次之，为 320.15 亿元；中部地区最低，为 260.51 亿元。从地方债务期望损失总和来看，全国平均水平为 1057.8 亿元，其中，西部地区最高，为 1642.92 亿元；东部次之，为 761.45 亿元；中部最低，为 704.83 亿元。

表 3 – 53　2016 年全国东中西三大区域地方债务期望损失平均值

单位：亿元

地区	自有财力口径			综合财力口径		
	一般债务	专项债务	总和	一般债务	专项债务	总和
东部地区	441.3	320.15	761.45	128.67	304.1	432.77
中部地区	444.33	260.51	704.83	89.3	185.61	274.9
西部地区	817.38	825.54	1642.92	87.95	773.22	861.17
全国平均	575.63	482.17	1057.8	102.79	436.16	538.95

综合财力口径下的一般债务期望损失明显较低，全国平均水平为 102.79 亿元，并且东中西三大区域的排序也发生了变化，东部最高，为 128.67 亿元；中部地区和西部地区基本相当，分别为 89.3 亿元和 87.95 亿元。从专项债务期望损失来看，相对于自有财力口径变化不大，同时其全国平均水平明显高于一般债务，为 436.16 亿元，其中，西部最高，为 773.22 亿元；东部次之，为 304.1 亿元；中部最低，为 185.61 亿元。从地方债务期望损失总和来看，全国平均水平为 538.95 亿元，其中，西部最高，为 861.17 亿元；东部次之，为 432.77 亿元；中部最低，为 274.9 亿元。

4. 2017年

表 3 – 54 列示了 2017 年 31 个省份地方债务期望损失情况，可以看出，在自有财力口径下，一般债务期望损失最高的 5 个省份是内蒙古自治区、贵州省、辽宁省、云南省和青海省，分别为 3883.52 亿元、3711.46 亿元、2645.22 亿元、1937.4 亿元和 1476.48 亿元；专项债务期望损失最高的 5 个省份是贵州省、辽宁省、云南省、内蒙古自治区和陕西省，分别为 3242.87 亿元、1890.89 亿元、949.18 亿元、660.73 亿元和 642.99 亿元；综合而言，地方债务期望损失总和最高的 5 个省份是贵州省、内蒙古自治区、辽宁省、云南省和

青海省，分别为 6954.33 亿元、4544.25 亿元、4536.1 亿元、2886.58 亿元和 1659.41 亿元。

表 3－54　2017 年 31 个省份地方债务期望损失

单位：亿元

省份	自有财力口径			综合财力口径		
	一般债务	专项债务	总和	一般债务	专项债务	总和
北京市	27.86	49.02	76.88	25.89	48.96	74.85
天津市	27.49	294.28	321.77	22.57	291.48	314.05
河北省	283.40	64.56	347.96	105.59	63.30	168.89
山西省	74.13	33.35	107.47	35.93	31.73	67.66
内蒙古自治区	3883.52	660.73	4544.25	340.02	394.37	734.39
辽宁省	2645.22	1890.89	4536.10	446.32	1759.19	2205.52
吉林省	473.00	105.04	578.03	62.53	98.32	160.85
黑龙江省	722.32	150.69	873.02	63.98	130.46	194.44
上海市	40.13	110.11	150.25	38.21	108.38	146.59
江苏省	212.82	157.27	370.09	172.21	156.60	328.81
浙江省	185.31	93.96	279.27	150.62	93.63	244.25
安徽省	208.98	69.00	277.98	75.53	68.25	143.78
福建省	118.08	207.38	325.46	70.44	203.73	274.16
江西省	185.57	48.87	234.43	64.90	48.32	113.22
山东省	274.22	192.45	466.67	165.58	187.55	353.13
河南省	177.55	54.37	231.93	67.65	53.39	121.04
湖北省	160.28	91.97	252.25	66.93	88.60	155.52
湖南省	852.47	545.63	1398.10	169.67	482.65	652.32
广东省	91.56	90.26	181.82	83.35	89.44	172.79
广西壮族自治区	546.80	302.00	848.80	81.87	268.37	350.24
海南省	169.02	47.82	216.84	38.56	43.30	81.87
重庆市	95.32	54.30	149.63	46.29	51.14	97.43
四川省	455.29	214.66	669.95	126.14	201.48	327.63
贵州省	3711.46	3242.87	6954.33	291.44	3034.73	3326.16
云南省	1937.40	949.18	2886.58	194.97	836.77	1031.75
西藏自治区	1.35	0.30	1.65	0.76	0.29	1.04
陕西省	354.27	642.99	997.26	87.98	584.65	672.64
甘肃省	192.16	80.48	272.64	24.34	67.31	91.66
青海省	1476.48	182.93	1659.41	47.06	123.85	170.91
宁夏回族自治区	344.90	71.05	415.95	30.15	57.51	87.66
新疆维吾尔自治区	434.56	66.17	500.73	66.68	61.41	128.10
基尼系数	0.6505	0.6739	0.6388	0.4498	0.6729	0.5991

在综合财力口径下，一般债务期望损失最高的 5 个省份是辽宁省、内蒙古自治区、贵州省、云南省和江苏省，分别为 446.32 亿元、340.02 亿元、291.44 亿元、194.97 亿元和 172.21 亿元；专项债务期望损失最高的 5 个省份是贵州省、辽宁省、云南省、陕西省和湖南省，分别为 3034.73 亿元、1759.19 亿元、836.77 亿元、584.65 亿元和 482.65 亿元；综合而言，地方债务期望损失总和最高的 5 个省份是贵州省、辽宁省、云南省、内蒙古自治区和陕西省，地方债务期望损失分别为 3326.16 亿元、2205.52 亿元、1031.75 亿元、734.39 亿元和 672.64 亿元。

从反映债务期望损失在省份之间分布不均衡状况的基尼系数来看，在自有财力口径下，一般债务期望损失的基尼系数为 0.6505，而专项债务期望损失的基尼系数为 0.6739，二者基本相当，但是地方债务期望损失总和的基尼系数较低，为 0.6388；在综合财力口径下，一般债务期望损失的基尼系数为 0.4498，而专项债务期望损失的基尼系数为 0.6729，后者明显较高，地方债务期望损失总和的基尼系数则介于二者之间，为 0.5991。综合而言，如果以 0.4 作为债务风险分布不均衡的警戒线，那么无论是一般债务风险还是专项债务风险，都远远高于警戒线，尤其是专项债务。

表 3-55 列示了 2017 年我国 31 个省份及东中西三大区域地方债务期望损失的平均值，在自有财力口径下，全国平均的一般债务期望损失为 656.87 亿元，专项债务期望损失为 347.24 亿元，专项债务期望损失低于一般债务。分区域来看，西部地区的一般债务期望损失最高，为 868.18 亿元；中部地区次之，为 748.65 亿元；东部地区最低，为 370.47 亿元。专项债务期望损失仍然是西部地区最高，为 527.9 亿元；东部地区次之，为 290.73 亿元；中部地区最低，为 195.52 亿元。从地方债务期望损失总和来看，全国平均水平为 1004.11 亿元，其中，西部地区最高，为 1396.08 亿元；中部地区次之，为 944.16 亿元；东部地区最低，为 661.19 亿元。

综合财力口径下的一般债务期望损失明显较低，全国平均水平为 105.3 亿元，并且东中西三大区域的排序也发生了变化，东部最高，为 119.94 亿元；中部地区其次，为 105.24 亿元；西部地区最低，为 90.7 亿元。从专项债务期望损失来看，相对于自有财力口径变化不大，同时其全国平均水平 313.84 亿元明显高于一般债务期望损失，其中，西部最高，为 480.68 亿元；东部次之，为 276.87 亿元；中部最低，为 155.12 亿元。从地方债务期望损失总和来看，全国平均水平为 419.14 亿元；其中，西部最高，为 571.38 亿元；东部次之，为 396.81 亿元；中部最低，为 260.36 亿元。

表 3-55　2017 年全国东中西三大区域地方债务期望损失平均值

单位：亿元

地区	自有财力口径			综合财力口径		
	一般债务	专项债务	总和	一般债务	专项债务	总和
东部地区	370.47	290.73	661.19	119.94	276.87	396.81
中部地区	748.65	195.52	944.16	105.24	155.12	260.36
西部地区	868.18	527.9	1396.08	90.7	480.68	571.38
全国平均	656.87	347.24	1004.11	105.3	313.84	419.14

5. 2014～2017年纵向分析

（1）债务期望损失规模变动：2014～2017 年

从图 3-19 可以看出，31 个省份不同口径的债务期望损失平均规模在 2014～2017 年的变动并不完全一致，对于一般债务而言，其自有财力口径的期望损失是先下降而后上升，而综合财力口径的期望损失则是稳步下降；对于专项债务而言，无论是自有财力口径还是综合财力口径，其期望损失都是先上升而后下降。合并一般债务和专项债务的期望损失，加总之后的地方债务期望损失总和是先上升而后下降。

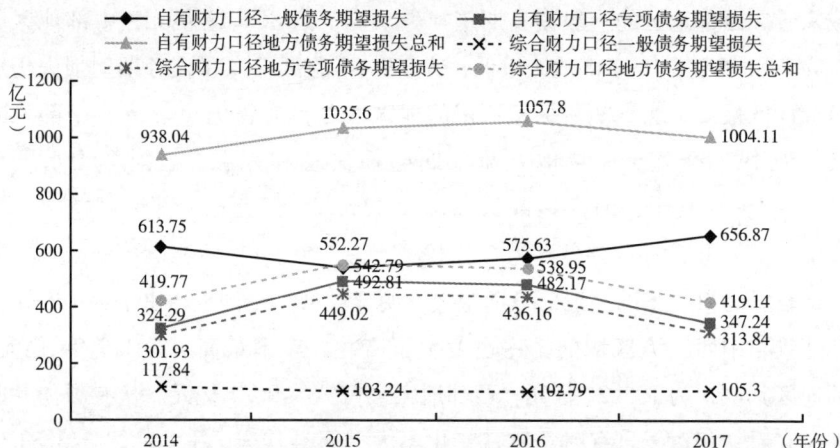

图 3-19　2014～2017 年 31 个省份债务期望损失平均规模

（2）债务预期损失基尼系数变动：2014～2017

从图 3 - 20 可以看出，2014～2017 年 31 个省份地方债务预期损失的分布不均衡状况基本是逐步减弱的，除了自有财力口径的地方债务期望损失总和的基尼系数基本保持不变之外，其他都有所下降，尤其是综合财力口径的一般债务期望损失，下降最为明显。

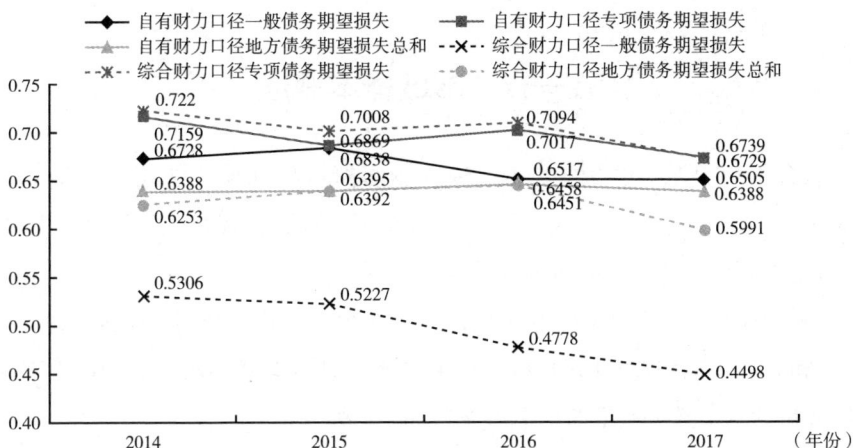

图 3 - 20　2014～2017 年 31 个省份债务预期损失基尼系数

第四章
市域层面的地方政府债务风险状况

第一节　市域样本概述

截至 2017 年底，我国一共有 334 个地级行政区划单位（地级市 294 个、地区 7 个、自治州 30 个、盟 3 个)①，为了行文的简洁明确，本书称之为 334 个市域，将全市/地区/州/盟简称为全市，将市/地区/州/盟本级简称为市本级②，并对全市层面和市本级层面的地方债务风险都进行分析。受限于地方债务数据的缺失，本书并没有将所有市域样本都纳入分析，2014 ~ 2017 年历年纳入分析的全市样本数量如表 4 - 1 和表 4 - 2 所示。

表 4 - 1　2014 ~ 2017 年纳入分析的全市样本在东中西三大区域的分布

地区	全样本个数	2014 年		2015 年		2016 年		2017 年	
		数量（个）	比例（%）	数量（个）	比例（%）	数量（个）	比例（%）	数量（个）	比例（%）
东部地区	100	76	76.00	80	80.00	80	80.00	60	60.00
中部地区	116	69	59.48	74	63.79	75	64.66	30	25.86
西部地区	118	88	74.58	90	76.27	90	76.27	69	58.47
全国	334	233	69.76	244	73.05	245	73.35	159	47.60

---

① 需要说明的是，本书的考察分析期为 2014 ~ 2017 年，其间我国的地级行政区划是有所变动的，主要包括撤销西藏自治区林芝地区设立地级林芝市；撤销新疆维吾尔自治区吐鲁番地区设立地级吐鲁番市；撤销海南省县级儋州市设立地级儋州市；将安徽省安庆市枞阳县划归铜陵市管辖；将安徽省六安市寿县划归淮南市管辖；撤销西藏自治区山南地区设立地级山南市；撤销新疆维吾尔自治区哈密地区设立地级哈密市，撤销西藏自治区那曲地区设立地级那曲市等。地级行政区划的名称以 2017 年为准。

② 海南省的儋州市和三沙市、广东省的东莞市和中山市、甘肃省的嘉峪关市是不设区的地级市，也不下辖县级行政区划，因此本书不对这 5 个地级市进行市本级债务状况的分析，只进行全市债务状况的分析。

表 4 - 2　2014～2017 年纳入分析的市域样本在七大区域的分布

地区	全样本数量（个）	2014 年		2015 年		2016 年		2017 年	
		数量（个）	比例（％）	数量（个）	比例（％）	数量（个）	比例（％）	数量（个）	比例（％）
东北地区	36	19	52.78	25	69.44	23	63.89	12	33.33
华北地区	51	40	78.43	38	74.51	39	76.47	30	58.82
华东地区	49	32	65.31	32	65.31	37	75.51	20	40.82
华中地区	55	34	61.82	37	67.27	35	63.64	11	20.00
华南地区	39	30	76.92	32	82.05	31	79.49	29	74.36
西南地区	53	39	73.58	42	79.25	41	77.36	38	71.70
西北地区	51	39	76.47	38	74.51	39	76.47	19	37.25
全国	334	233	69.76	244	73.05	245	73.35	159	47.60

从表 4 - 1 和表 4 - 2 可以看出，2014～2017 年纳入全市债务风险分析的样本平均数量约为 220 个，约占全样本的 66%，并且历年相差不大①，基本能够反映整体情况；同时，从东中西三大区域的分布和七大区域（东北地区、华北地区、华东地区、华中地区、华南地区、西南地区和西北地区）的分布来看，也比较合理，具有比较好的代表性，因此本书利用上述样本对我国地级政府的全市债务风险状况进行分析。

2014～2017 年历年纳入分析的市本级样本数量如表 4 - 3 和表 4 - 4 所示，需要说明的是，海南省的儋州市和三沙市、广东省的东莞市和中山市、甘肃省的嘉峪关市是不设区的地级市，也不下辖县级行政区划，本书不对这 5 个地级市进行市本级债务状况的分析，只进行全市债务状况的分析，因此本书中市本级的总体样本为 329 个。

表 4 - 3　2014～2017 年纳入分析的市本级样本在东中西三大区域的分布

地区	全样本数量（个）	2014 年		2015 年		2016 年		2017 年	
		数量（个）	比例（％）	数量（个）	比例（％）	数量（个）	比例（％）	数量（个）	比例（％）
东部地区	96	85	88.54	89	92.71	87	90.63	68	70.83
中部地区	116	81	69.83	88	75.86	95	81.90	44	37.93
西部地区	117	87	74.36	90	76.92	90	76.92	49	41.88
全国	329	253	76.90	267	81.16	272	82.67	161	48.94

---

①　2017 年地级政府的样本数量相对较少，主要是因为本书的数据查找工作是截至 2018 年 7 月 25 日，部分地级政府的决算报告尚未公开，也没有进行政府债务和财政收支的申请公开工作。

表4－4　2014～2017年纳入分析的市本级样本在七大区域的分布

地区	全样本数量（个）	2014 年		2015 年		2016 年		2017 年	
		数量（个）	比例（％）	数量（个）	比例（％）	数量（个）	比例（％）	数量（个）	比例（％）
东北地区	36	24	66.67	28	77.78	28	77.78	13	36.11
华北地区	51	42	82.35	43	84.31	42	82.35	34	66.67
华东地区	49	46	93.88	46	93.88	48	97.96	26	53.06
华中地区	55	37	67.27	41	74.55	46	83.64	24	43.64
华南地区	35	27	77.14	30	85.71	30	85.71	27	77.14
西南地区	53	42	79.25	40	75.47	39	73.58	22	41.51
西北地区	50	35	70.00	39	78.00	39	78.00	15	30.00
全国	329	253	76.90	267	81.16	272	82.67	161	48.94

从表4－3和表4－4可以看出，2014～2017年纳入市本级债务风险分析的样本平均数量约为238个，约占全样本的72%，并且历年相差不大，基本能够反映整体情况；同时，从东中西三大区域的分布和七大区域的分布来看，也比较合理，具有比较好的代表性，因此本书利用上述样本对我国地级政府的市本级债务风险状况进行分析。

需要说明的是，与利用多种思路方法和指标体系衡量分析省级地方政府债务风险不同的是，本书主要利用债务率指标来衡量地级政府债务风险，关于负债率指标，考虑到GDP数据的地域属性与省市县三级政府的财政特点无法对应，利用负债率来衡量地级政府的债务风险可能存在较严重的失真或偏离，因此将其舍弃；对于CCA方法和内部评级法，地级政府和地级区域相关数据和参数缺失较多，也不能利用。

因此，本书主要利用一般债务率、专项债务率和债务率这三个指标来衡量地级政府债务风险，同时由于市级政府从上级政府获得的税收返还和转移支付数据缺失，因此不采纳自有财力和综合财力的区分，而采纳收入口径和支出口径的区分。限于篇幅，本书不再逐个列示地级行政区划的债务风险状况，而根据分析解读的需要，进行排序性、分类汇总性或平均化的分析和结果展示。

第二节　全市层面：2014~2017年

（一）2014年

1. 前15名和末15名债务率分析

表4-5列示了2014年我国纳入分析的233个地级政府收入口径下全市债务率的前15名，排序标准以债务率为依据。需要说明的是，由于纳入分析的并不是所有地级政府，因此其高低排序反映的只是样本内的情况。从表中可以看出，债务率最高为622.79%，最低为315.73%，平均为415.85%；进一步看排名前15的一般债务率情况，平均值为469.56%，最高的3个分别是1053.22%、819.59%和680.23%；专项债务率的平均值为456.53%，最高的3个分别为1816.28%、1001.57%和567.20①。从地级政府所在的省份来看，收入口径下债务率较高的地级政府主要集中在贵州省、云南省和湖南省等中西部省份。

表4-5　2014年收入口径下全市债务率前15名地级政府情况

排名	地级政府	所在省份	一般债务率（%）	专项债务率（%）	债务率（%）
1	铜仁市	贵州省	1053.22	249.26	622.79
2	遵义市	贵州省	680.23	354.91	550.67
3	德宏傣族景颇族自治州	云南省	303.41	1816.28	498.62
4	黔南布依族苗族自治州	贵州省	515.56	396.64	456.96
5	兴安盟	内蒙古自治区	578.88	208.55	455.72
6	迪庆藏族自治州	云南省	442.88	360.77	432.08
7	海东市	青海省	439.85	396.04	422.04
8	贵阳市	贵州省	114.36	1001.57	417.56
9	巴中市	四川省	819.59	120.36	374.93

---

① 需要说明的是，这里的最高的一般债务率和专项债务率，并不一定是233个样本中最高的一般债务率和专项债务率，而是在债务率最高的15个样本中的最高值。有的地方政府一般债务率或专项债务率非常高，但是由于其专项债务率或一般债务率较低，整体的债务率并不高。

续表

排名	地级政府	所在省份	一般债务率 （％）	专项债务率 （％）	债务率 （％）
10	营口市	辽宁省	452.70	140.73	354.31
11	保山市	云南省	257.59	544.11	341.98
12	张家界市	湖南省	324.96	414.97	341.57
13	郴州市	湖南省	291.03	567.20	334.64
14	普洱市	云南省	374.40	159.21	318.09
15	昭通市	云南省	394.81	117.24	315.73
前15名平均值	—	—	469.56	456.52	415.85

注：①需要特别说明的是，排名高低是基于得到相关数据的样本进行的，并不代表其在全国对应层级的所有地方政府的排名，下文的表都是如此。

②排序标准以综合的债务率为依据，当然，也可以分别以一般债务率和专项债务率为依据进行排序，但是最终没有这样做，主要是出于如下几点考虑：一是单独考虑一般债务率或专项债务率，可能会受到债务甄别分类误差的影响；二是单独的一般债务率或专项债务率不能综合反映地方政府的债务风险水平；三是一般债务率的排序选中样本与专项债务率的排序选中样本有所重合。同时，本章表中的排序都以债务率为标准。

表4-6列示了支出口径下全市债务率的前15名，可以看出，债务率最高为336.62％，最低为162.34％，平均为208.01％；进一步看排名前15的一般债务率情况，平均值为161.95％，最高的3个分别是330.49％、274.02％和256.67％；专项债务率的平均值为363.34％，最高的3个分别为978.27％、514.17％和492.64％。从分布的省份来看，支出口径下债务率较高的地级政府主要集中在贵州省、辽宁省和内蒙古自治区等。

表4-6 2014年支出口径下全市债务率前15名地级政府情况

排名	地级政府	所在省份	一般债务率 （％）	专项债务率 （％）	债务率 （％）
1	贵阳市	贵州省	84.53	978.27	336.62
2	遵义市	贵州省	274.02	302.98	280.91
3	营口市	辽宁省	330.49	135.50	280.02
4	黔南布依族苗族自治州	贵州省	165.94	362.56	216.05
5	呼和浩特市	内蒙古自治区	147.60	492.64	213.41
6	铜仁市	贵州省	205.86	237.82	211.97
7	昆明市	云南省	84.48	514.17	206.48
8	乌鲁木齐市	新疆维吾尔自治区	113.76	433.42	182.72
9	鞍山市	辽宁省	128.20	412.28	182.30

续表

排名	地级政府	所在省份	一般债务率 （%）	专项债务率 （%）	债务率 （%）
10	六盘水市	贵州省	196.79	117.18	176.31
11	郴州市	湖南省	142.12	483.17	175.23
12	湖州市	浙江省	256.67	80.33	168.91
13	龙岩市	福建省	69.28	425.22	164.15
14	秦皇岛市	河北省	175.86	98.66	162.70
15	莆田市	福建省	53.72	375.91	162.34
前15名平均值	—	—	161.95	363.34	208.01

表4-7列示了2014年我国233个地级政府样本收入口径下的全市债务率末15名，从表中可以看出，这15个地级政府的债务率平均值为42.03%，一般债务率平均值为42.44%，专项债务率平均值为41.74%，均处于较低水平。从分布的省份来看，收入口径下债务率较低的地级政府主要集中在广东省、江苏省和福建省等东部省份。

表4-7　2014年收入口径下全市债务率末15名地级政府情况

排名	地级政府	所在省份	一般债务率 （%）	专项债务率 （%）	债务率 （%）
1	深圳市	广东省	13.53	4.59	11.31
2	昌都市	西藏自治区	22.22	0.00	14.90
3	晋城市	山西省	38.56	10.82	29.79
4	中山市	广东省	21.05	57.11	30.31
5	汕头市	广东省	40.91	19.59	30.95
6	厦门市	福建省	22.87	55.06	35.98
7	常州市	江苏省	62.60	36.15	47.55
8	廊坊市	河北省	59.16	37.55	48.00
9	苏州市	江苏省	46.68	52.92	49.79
10	玉树藏族自治州	青海省	55.90	0.00	53.42
11	潮州市	广东省	67.68	34.85	54.57
12	福州市	福建省	39.59	69.38	54.69
13	平顶山市	河南省	50.73	64.03	55.83
14	连云港市	江苏省	54.67	57.84	56.10
15	汕尾市	广东省	40.39	126.17	57.31
末15名平均值	—	—	42.44	41.74	42.03

表4-8列示了支出收入口径下全市债务率的末15名，从表中可以看出，这15个地级政府的债务率平均值为11.12%，一般债务率平均值为10.13%，专项债务率平均值为28.03%，均比较低。从分布的省份来看，主要集中在青海省、甘肃省和新疆维吾尔自治区等西部省份。

表4-8　2014年支出口径下全市债务率末15名地级政府情况

排名	地级政府	所在省份	一般债务率（%）	专项债务率（%）	债务率（%）
1	昌都市	西藏自治区	2.00	0.00	1.89
2	玉树藏族自治州	青海省	2.51	0.00	2.50
3	果洛藏族自治州	青海省	3.01	0.00	2.99
4	黄南藏族自治州	青海省	5.21	0.00	5.01
5	甘孜藏族自治州	四川省	8.27	43.20	9.17
6	海北藏族自治州	青海省	11.78	0.00	11.47
7	深圳市	广东省	13.02	6.82	11.93
8	海南藏族自治州	青海省	9.75	49.80	12.12
9	定西市	甘肃省	10.56	29.56	13.40
10	和田地区	新疆维吾尔自治区	11.16	53.68	13.66
11	甘南藏族自治州	甘肃省	13.79	34.41	14.63
12	雅安市	四川省	14.20	34.34	15.63
13	陇南市	甘肃省	16.23	7.83	15.65
14	喀什地区	新疆维吾尔自治区	12.53	119.77	16.92
15	齐齐哈尔市	黑龙江省	17.96	40.98	19.77
末15名平均值	—	—	10.13	28.03	11.12

2. 所有样本的债务率统计分析

表4-9列示了2014年我国东中西三大区域的全市债务率平均值，包括收入和支出两种口径的债务率，并且债务率也明确区分为一般债务率和专项债务率。在收入口径下，全国平均的债务率为154.80%，其中，一般债务率为167.34%，专项债务率为151.19%，一般债务率和专项债务率基本相当。分区域来看，东部地区的一般债务率最低，为129.42%，中部地区居中，为149.42%，西部地区最高，为214.14%；专项债务率的东中西高低分布基本一致，东部地区也是最低，为111.76%，中部地区居中，为137.44%，西部地区最高，为196.01%；从综合的债务率来看，西部地区最高，为193.06%，中部次之，为141.05%，东部最低，为122.97%。

表4-9　2014年东中西三大区域全市债务率平均值

单位:%

地区	收入口径			支出口径		
	一般债务率	专项债务率	债务率	一般债务率	专项债务率	债务率
东部地区	129.42	111.76	122.97	83.69	106.64	89.77
中部地区	149.42	137.44	141.05	59.90	122.57	70.78
西部地区	214.14	196.01	193.06	62.15	164.51	77.80
全国平均	167.34	151.19	154.80	68.51	133.21	79.63

支出口径下的一般债务率明显较低,全国平均水平为68.51%,其中,东部地区最高,为83.69%,西部次之,为62.15%,中部最低,为59.90%,三大区域之间的差距也明显较收入口径下小;从专项债务率来看,相对于收入口径的变动并不大,全国平均水平为133.21%,其中,西部最高,为164.51%,中部次之,为122.57%,东部最低,为106.64%,可以看出,无论是收入口径还是支出口径,各地区专项债务率都超过100%;从综合的债务率来看,全国平均水平为79.63%,其中,东部最高,为89.77%,西部次之,为77.80%,中部最低,为70.78%。

表4-10列示了2014年我国东中西三大区域全市债务率的基尼系数。可以看出,在收入口径下,全国范围内一般债务率的基尼系数为0.3487,专项债务率为0.4709,专项债务率的分布不均衡状况要明显高于一般债务率,但是综合的债务率基尼系数为0.3031,相对较低。具体分区域来看,一般债务率基尼系数最高的是西部地区,其后是东部地区,最低是中部地区,专项债务率基尼系数最高的也是西部地区,其后是中部地区,最低是东部地区。综合的债务率基尼系数,西部最高,而中部和东部基本相当。

表4-10　2014年东中西三大区域全市债务率基尼系数

地区	收入口径			支出口径		
	一般债务率	专项债务率	债务率	一般债务率	专项债务率	债务率
东部地区	0.3129	0.3710	0.2707	0.3313	0.3631	0.2787
中部地区	0.2837	0.3945	0.2773	0.2607	0.3836	0.2568
西部地区	0.3694	0.5348	0.2960	0.4011	0.5394	0.3940
全国	0.3487	0.4709	0.3031	0.3512	0.4622	0.3245

在支出口径下，全国范围内一般债务率的基尼系数为 0.3512，专项债务率的基尼系数为 0.4622，专项债务率的分布不均衡状况要明显高于一般债务率，但是综合的债务率基尼系数为 0.3245，相对较低。具体分区域来看，一般债务率基尼系数最高的是西部地区，其后是东部地区，最低是中部地区；专项债务率基尼系数最高的也是西部地区，其后是中部地区，最低是东部地区；最后看综合的债务率基尼系数，西部最高，东部次之，中部最低。

表 4－11 列示了 2014 年我国七大区域的全市债务率平均值，可以看出，在收入口径下，西南地区的一般债务率最高，为 296.65%，并远远超过其他地区；专项债务率也是西南地区最高，为 232.21%，也远远超过其他地区；从综合的债务率来看，西南地区高达 246.47%，东北地区为 160.98%，其他地区都在 160% 以下，最低的华南地区为 116.31%。支出口径下的一般债务率明显较低，七大区域均低于 100%，其中，东北地区最高，为 93.28%，而西北地区最低，为 43.97%；从专项债务率来看，西南地区最高，为 193.02%，华北地区最低，为 85.38%；从综合的债务率来看，西南地区最高，为 102.66%，东北地区紧随其后，为 100.19%，西北地区最低，为 55.18%。

表 4－11 2014 年七大区域全市债务率平均值

单位：%

地区	收入口径			支出口径		
	一般债务率	专项债务率	债务率	一般债务率	专项债务率	债务率
东北地区	168.56	142.74	160.98	93.28	131.40	100.19
华北地区	153.82	93.69	132.90	78.04	85.38	78.94
华东地区	120.16	121.21	117.01	74.06	117.59	87.37
华中地区	143.90	167.92	145.55	60.04	151.37	74.20
华南地区	116.21	118.85	116.31	55.94	104.66	67.23
西南地区	296.65	232.21	246.47	83.71	193.02	102.66
西北地区	149.77	168.12	151.24	43.97	142.29	55.18

表 4－12 列示了 2014 年我国七大区域全市债务率的基尼系数，可以看出，在收入口径下，西南地区的一般债务率基尼系数最高，为 0.3672，西北地区

的专项债务率基尼系数最高，为 0.5842，西南地区紧随其后，为 0.5232。从综合的债务率来看，华北地区的债务率基尼系数最高，为 0.2995，西南地区紧随其后，为 0.2954。在支出口径下，西北地区的一般债务率基尼系数最高，为 0.4063，东北地区紧随其后，为 0.3774；关于专项债务率，西北地区的基尼系数最高，为 0.5984，西南地区紧随其后，为 0.5153；从综合的债务率来看，西北地区的基尼系数最高，为 0.4031，西南地区和东北地区紧随其后，基尼系数分别为 0.3443 和 0.3378。

表4－12　2014年七大区域全市债务率基尼系数

地区	收入口径			支出口径		
	一般债务率	专项债务率	债务率	一般债务率	专项债务率	债务率
东北地区	0.2734	0.3218	0.2248	0.3774	0.3233	0.3378
华北地区	0.3192	0.3694	0.2995	0.2971	0.3604	0.2507
华东地区	0.2653	0.3274	0.2256	0.2526	0.3198	0.2260
华中地区	0.2709	0.4157	0.2730	0.2578	0.4018	0.2531
华南地区	0.3137	0.3586	0.2688	0.3571	0.3401	0.3103
西南地区	0.3672	0.5232	0.2954	0.3389	0.5153	0.3443
西北地区	0.2403	0.5842	0.2278	0.4063	0.5984	0.4031

（二）2015年

1. 前15名和末15名债务率分析

表4－13 列示了 2015 年我国 244 个地级政府样本收入口径下全市债务率的前 15 名，排序仍以债务率为依据。从表中可以看出，在收入口径下，债务率最高为 668.12%，最低为 379.99%，平均为 464.20%；进一步看排名前 15 的一般债务率情况，平均值为 474.56%，最高的 3 个分别是 952.18%、729.78% 和 691.68%；专项债务率的平均值为 674.72%，最高的 3 个分别为 2732.24%、1356.20% 和 903.41%。从地级政府所在的省份来看，收入口径下债务率较高的地级政府主要集中在辽宁省、贵州省和云南省等。

表 4 - 13　2015 年收入口径下全市债务率前 15 名地级政府情况

排名	地级政府	所在省份	一般债务率（%）	专项债务率（%）	债务率（%）
1	营口市	辽宁省	691.68	539.07	668.12
2	遵义市	贵州省	607.51	521.23	583.02
3	铜仁市	贵州省	952.18	210.00	545.63
4	德宏傣族景颇族自治州	云南省	290.70	2732.24	502.66
5	兴安盟	内蒙古自治区	518.53	318.25	478.31
6	商洛市	陕西省	417.74	860.31	462.46
7	海东市	青海省	349.51	903.41	450.62
8	黔南布依族苗族自治州	贵州省	431.87	469.56	447.28
9	鞍山市	辽宁省	335.93	753.56	438.15
10	贵阳市	贵州省	106.91	1356.20	414.26
11	本溪市	辽宁省	351.76	666.73	404.56
12	抚顺市	辽宁省	471.36	184.16	399.00
13	迪庆藏族自治州	云南省	404.39	299.52	396.87
14	葫芦岛市	辽宁省	458.55	179.89	392.08
15	巴中市	四川省	729.78	126.69	379.99
前 15 名平均值	—	—	474.56	674.72	464.20

　　表 4 - 14 列示了 2015 年我国 244 个地级政府样本支出口径下全市债务率的前 15 名。债务率最高为 429.82%，最低为 167.10%，平均为 227.63%；进一步看排名前 15 的一般债务率情况，平均值为 169.91%，最高的 3 个分别是 418.50%、227.92% 和 207.28%；专项债务率的平均值为 531.59%，最高的 3 个分别为 1539.71%、858.56% 和 741.25%。从地级政府所在的省份来看，支出口径下债务率较高的地级政府主要集中在辽宁省、贵州省和云南省。

表 4 - 14　2015 年支出口径下全市债务率前 15 名地级政府情况

排名	地级政府	所在省份	一般债务率（%）	专项债务率（%）	债务率（%）
1	营口市	辽宁省	418.50	530.69	429.82
2	贵阳市	贵州省	79.44	1539.71	336.41
3	昆明市	云南省	125.73	858.56	269.49
4	遵义市	贵州省	227.92	478.05	262.82
5	鞍山市	辽宁省	177.36	741.25	260.91
6	唐山市	河北省	186.21	337.46	211.49
7	抚顺市	辽宁省	207.28	164.16	201.13

续表

排名	地级政府	所在省份	一般债务率（%）	专项债务率（%）	债务率（%）
8	黔南布依族苗族自治州	贵州省	140.40	441.88	198.50
9	呼和浩特市	内蒙古自治区	130.22	650.19	190.81
10	铜仁市	贵州省	178.89	219.21	186.11
11	本溪市	辽宁省	142.98	591.07	180.86
12	大连市	辽宁省	138.88	412.41	180.37
13	湖州市	浙江省	186.07	134.88	170.42
14	乌鲁木齐市	新疆维吾尔自治区	101.65	472.69	168.18
15	沈阳市	辽宁省	107.10	401.59	167.10
前15名平均值	—	—	169.91	531.59	227.63

表4-15列示了2015年我国244个地级政府样本收入口径下全市债务率的末15名，从表中可以看出，这15个地级政府的债务率平均值为43.78%，一般债务率平均值为40.21%，专项债务率平均值为51.67%，均处于较低水平。从分布的省份来看，收入口径下债务率较低的地级政府主要集中在广东省、江苏省和福建省等东部省份。

表4-15　2015年收入口径下全市债务率末15名地级政府情况

排名	地级政府	所在省份	一般债务率（%）	专项债务率（%）	债务率（%）
1	深圳市	广东省	5.35	0.52	4.09
2	昌都市	西藏自治区	19.52	0.00	14.98
3	阿里地区	西藏自治区	23.73	0.00	17.68
4	中山市	广东省	16.22	103.26	29.23
5	厦门市	福建省	28.66	56.39	38.99
6	晋城市	山西省	43.38	31.65	41.86
7	廊坊市	河北省	48.18	34.49	42.70
8	汕头市	广东省	50.28	35.65	45.31
9	常州市	江苏省	64.73	35.46	48.61
10	潮州市	广东省	69.23	36.45	59.40
11	苏州市	江苏省	45.25	88.25	60.14
12	太原市	山西省	15.97	133.19	62.69
13	青岛市	山东省	63.53	60.98	62.72
14	漯河市	河南省	60.12	71.58	63.35
15	福州市	福建省	48.94	87.25	64.94
末15名平均值	—	—	40.21	51.67	43.78

表4-16列示了2015年我国244个地级政府样本支出口径下全市债务率的末15名。从表中可以看出，这15个地级政府的债务率平均值为10.61%，一般债务率平均值为9.69%，专项债务率平均值为25.07%，均处于较低水平。从分布的省份来看，收入口径下债务率较低的地级政府主要集中在西藏自治区、青海省、甘肃省和新疆维吾尔自治区等西部省份。

表4-16　2015年支出口径下全市债务率末15名地级政府情况

排名	地级政府	所在省份	一般债务率（%）	专项债务率（%）	债务率（%）
1	阿里地区	西藏自治区	1.07	0.00	1.05
2	昌都市	西藏自治区	1.24	0.00	1.20
3	深圳市	广东省	4.14	1.48	3.91
4	玉树藏族自治州	青海省	4.45	0.00	4.45
5	果洛藏族自治州	青海省	5.22	0.00	5.21
6	甘孜藏族自治州	四川省	8.50	62.98	9.36
7	甘南藏族自治州	甘肃省	10.07	34.26	10.73
8	海北藏族自治州	青海省	12.53	0.00	12.41
9	海南藏族自治州	青海省	10.98	49.35	12.48
10	喀什地区	新疆维吾尔自治区	9.74	71.10	12.49
11	陇南市	甘肃省	16.07	9.62	15.78
12	汕尾市	广东省	12.17	40.34	16.28
13	定西市	甘肃省	14.50	65.08	16.91
14	克孜勒苏柯尔克孜自治州	新疆维吾尔自治区	18.10	0.00	17.83
15	临夏回族自治州	甘肃省	16.50	41.84	19.10
末15名平均值	—	—	9.69	25.07	10.61

2. 所有样本的债务率统计分析

表4-17列示了2015年我国东中西三大区域的全市债务率平均值。在收入口径下，全国平均的债务率为175.16%，其中，一般债务率为172.99%，专项债务率为213.56%。分区域来看，中部地区和东部地区的一般债务率基本相当，分别为149.75%和151.37%，西部地区最高，为211.32%；专项债务率则是东部地区最低，为173.35%，中部地区居中，为190.21%，西部地区最高，为268.51%；从综合的债务率来看，西部地区最高，为210.70%，东部地区和中部地区基本相当，分别为154.87%和153.87%。

表 4 – 17　2015 年东中西三大区域全市债务率平均值

单位：%

地区	收入口径			支出口径		
	一般债务率	专项债务率	债务率	一般债务率	专项债务率	债务率
东部地区	151.37	173.35	154.87	79.63	150.60	93.00
中部地区	149.75	190.21	153.87	53.69	154.70	65.30
西部地区	211.32	268.51	210.70	57.51	204.85	75.55
全国	172.99	213.56	175.16	63.60	171.85	78.16

支出口径下的一般债务率明显较收入口径下低，全国平均水平为 63.60%，其中，东部地区最高，为 79.63%，西部次之，为 57.51%，中部最低，为 53.69%，三大区域之间的差距也明显缩小；从专项债务率来看，相对于收入口径的变动并不大，全国平均水平为 171.85%，其中，西部最高，为 204.85%，中部和东部地区基本相当，分别为 154.70% 和 150.60%，可以看出，无论是收入口径还是支出口径，专项债务率都超过 100%；从综合的债务率来看，全国平均水平为 78.16%，其中，东部最高，为 93.00%，西部次之，为 75.55%，中部最低，为 65.30%。

表 4 – 18 列示了 2015 年我国东中西三大区域全市债务率的基尼系数。可以看出，在收入口径下，全国范围内一般债务率的基尼系数为 0.3407，专项债务率的基尼系数为 0.4920，专项债务率的分布不均衡状况要明显高于一般债务率，但是综合的债务率基尼系数为 0.3131，相对较低。具体分区域来看，一般债务率基尼系数最高的是东部地区，其后是西部地区，中部地区最低；专项债务率基尼系数最高的是西部地区，其后是东部地区，最低是中部地区；最后看综合的债务率基尼系数，东部最高，西部次之，中部最低。

表 4 – 18　2015 年东中西三大区域全市债务率基尼系数

地区	收入口径			支出口径		
	一般债务率	专项债务率	债务率	一般债务率	专项债务率	债务率
东部地区	0.3788	0.4517	0.3493	0.3674	0.4394	0.3323
中部地区	0.2531	0.4203	0.2473	0.2441	0.4185	0.2430
西部地区	0.3365	0.5371	0.2969	0.3755	0.5300	0.3932
全国	0.3407	0.4920	0.3131	0.3526	0.4800	0.3428

在支出口径下，全国范围内一般债务率的基尼系数为 0.3526，专项债务率的基层系数为 0.4800，专项债务率的分布不均衡状况要明显高于一般债务率，但是综合的债务率基尼系数为 0.3428，相对较低。具体分区域来看，一般债务率基尼系数最高的是西部地区，其后是东部地区，最低是中部地区；专项债务率基尼系数最高的也是西部地区，其后是东部地区，最低是中部地区；综合的债务率基尼系数则西部最高，东部次之，中部最低。

表 4－19 列示了 2015 年我国七大区域的全市债务率平均值，可以看出，在收入口径下，西南地区的一般债务率最高，为 269.93%，东北地区紧随其后，为 258.23%，二者远远超过其他地区；专项债务率也是西南地区最高，并且超过了 300% 达到了为 331.66%，东北地区紧随其后，为 270.81%，二者远远超过了其他地区，其他都低于 200%。从综合的债务率来看，西南地区和东北地区最高，都超过了 200%，分别为 258.35% 和 254.36%，华东地区最低，为 127.97%。支出口径下的一般债务率明显较低，七大区域均低于 100%，其中，东北地区最高，为 98.86%，而西北地区最低，为 38.02%；从专项债务率来看，西南地区和东北地区最高，均超过了 200%，分别为 267.81% 和 227.25%；从综合的债务率来看，东北地区最高，并且在七大区域中是唯一超过了 100% 的，为 113.24%，西南地区紧随其后，为 99.80%，西北地区最低，为 49.48%。

表 4－19　2015 年七大区域全市债务率平均值

单位：%

地区	收入口径			支出口径		
	一般债务率	专项债务率	债务率	一般债务率	专项债务率	债务率
东北地区	258.23	270.81	254.36	98.86	227.25	113.24
华北地区	155.12	156.66	153.76	72.98	129.30	81.16
华东地区	118.26	161.65	127.97	67.75	142.37	85.79
华中地区	132.73	198.02	142.61	52.36	166.62	64.81
华南地区	122.02	175.42	130.19	47.30	134.66	60.66
西南地区	269.93	331.66	258.35	76.44	267.81	99.80
西北地区	155.83	193.24	161.81	38.02	133.15	49.48

表 4 - 20 列示了 2015 年我国七大区域全市债务率的基尼系数，可以看出，在收入口径下，西南地区的一般债务率基尼系数最高，为 0.3515；西北地区的专项债务率基尼系数最高，为 0.564；从综合的债务率来看，华北地区的基尼系数最高，为 0.2976，华南地区紧随其后，为 0.294。在支出口径下，东北地区的一般债务率基尼系数最高，为 0.416；关于专项债务率，西南地区的基尼系数最高，为 0.536，西北地区紧随其后，为 0.5279；从综合的债务率来看，东北地区的基尼系数最高，为 0.4014，西北地区和西南地区紧随其后，基尼系数分别为 0.3709 和 0.3543，华东地区最低，为 0.205。

表 4 - 20　2015 年七大区域全市债务率基尼系数

地区	收入口径			支出口径		
	一般债务率	专项债务率	债务率	一般债务率	专项债务率	债务率
东北地区	0.2961	0.4487	0.2722	0.4160	0.4553	0.4014
华北地区	0.3190	0.4078	0.2976	0.3130	0.4049	0.2708
华东地区	0.2376	0.3649	0.2264	0.2015	0.3308	0.2050
华中地区	0.2403	0.4261	0.2367	0.2373	0.4302	0.2319
华南地区	0.2983	0.4490	0.2940	0.3363	0.4076	0.3186
西南地区	0.3515	0.5298	0.2854	0.3361	0.5360	0.3543
西北地区	0.2217	0.5640	0.2361	0.3384	0.5279	0.3709

（三）2016 年

1. 前 15 名和末 15 名债务率分析

表 4 - 21 列示了 2016 年我国 245 个地级政府样本收入口径下全市债务率的前 15 名。从表中可以看出，债务率最高为 604.50%，最低为 385.34%，平均为 446.35%；进一步看排名前 15 的一般债务率情况，平均值为 473.68%，最高的 3 个分别是 858.49%、693.53% 和 678.26%；专项债务率的平均值为 483.24%，最高的 3 个分别为 1281.81%、1030.45% 和 715.78%。从地级政府所在的省份来看，收入口径下债务率较高的地级政府主要集中在辽宁省、贵州省和四川省等。

表4-21　2016年收入口径下全市债务率前15名地级政府情况

排名	地级政府	所在省份	一般债务率（%）	专项债务率（%）	债务率（%）
1	营口市	辽宁省	678.26	343.23	604.50
2	遵义市	贵州省	568.00	359.65	495.66
3	海东市	青海省	422.29	625.39	479.24
4	兴安盟	内蒙古自治区	484.28	326.77	454.11
5	巴中市	四川省	693.53	195.89	454.06
6	铜仁市	贵州省	858.49	163.60	453.08
7	来宾市	广西壮族自治区	400.20	629.30	443.67
8	铁岭市	辽宁省	307.20	1030.45	436.95
9	抚顺市	辽宁省	450.22	313.61	428.68
10	黔南布依族苗族自治州	贵州省	429.11	418.96	424.70
11	南充市	四川省	321.05	589.60	415.93
12	鞍山市	辽宁省	321.71	715.78	415.71
13	贵阳市	贵州省	108.52	1281.81	407.35
14	内江市	四川省	532.43	147.86	396.28
15	葫芦岛市	辽宁省	529.84	106.75	385.34
前15名平均值	—	—	473.68	483.24	446.35

表4-22列示了2016年我国245个地级政府样本支出口径下的全市债务率前15名。可以看出，债务率最高为363.40%，最低为165.11%，平均为212.11%；进一步看排名前15的一般债务率情况，平均值为163.82%，最高的3个分别是360.55%、233.67%和203.41%；专项债务率的平均值为454.26%，最高的3个分别为965.33%、923.65%和705.43%。从地级政府所在的省份来看，支出口径下债务率较高的地级政府主要集中在辽宁省、贵州省和云南省等。

表4-22　2016年支出口径下全市债务率前15名地级政府情况

排名	地级政府	所在省份	一般债务率（%）	专项债务率（%）	债务率（%）
1	营口市	辽宁省	360.55	384.67	363.40
2	贵阳市	贵州省	75.68	965.33	289.54
3	鞍山市	辽宁省	171.15	705.43	248.43
4	昆明市	云南省	112.75	644.52	233.25
5	遵义市	贵州省	203.41	328.52	225.00
6	抚顺市	辽宁省	198.74	271.64	205.09

排名	地级政府	所在省份	一般债务率（%）	专项债务率（%）	债务率（%）
7	唐山市	河北省	172.48	307.84	196.06
8	大连市	辽宁省	147.64	397.35	188.16
9	海口市	海南省	233.67	108.60	187.46
10	呼和浩特市	内蒙古自治区	128.15	923.65	187.43
11	黔南布依族苗族自治州	贵州省	130.83	392.87	183.16
12	本溪市	辽宁省	145.64	371.65	174.07
13	沈阳市	辽宁省	108.58	437.55	169.79
14	乌鲁木齐市	新疆维吾尔自治区	99.81	432.26	165.69
15	辽阳市	辽宁省	168.22	142.05	165.11
前15名平均值	—	—	163.82	454.26	212.11

表4-23列示了2016年我国245个地级政府样本收入口径下的全市债务率末15名。从表中可以看出，债务率平均值为41.33%，一般债务率平均值为36.45%，专项债务率平均值为48.54%，均处于较低水平。从地级政府所在的省份来看，收入口径下债务率较低的地级政府主要集中在广东省、江苏省、福建省和山东省等。

表4-23　2016年收入口径下全市债务率末15名地级政府情况

排名	地级政府	所在省份	一般债务率（%）	专项债务率（%）	债务率（%）
1	深圳市	广东省	4.08	0.00	3.12
2	拉萨市	西藏自治区	10.58	8.26	9.80
3	南通市	江苏省	18.81	30.82	23.85
4	苏州市	江苏省	40.59	32.05	36.01
5	那曲市	西藏自治区	38.78	0.00	37.19
6	中山市	广东省	28.85	100.47	42.39
7	厦门市	福建省	38.20	49.86	43.07
8	廊坊市	河北省	41.53	45.91	43.16
9	温州市	浙江省	19.35	73.85	47.60
10	汕头市	广东省	56.22	43.11	51.04
11	晋城市	山西省	48.22	83.85	52.75
12	常州市	江苏省	67.57	44.24	55.21
13	福州市	福建省	54.03	57.38	55.73
14	济南市	山东省	22.35	86.89	57.50
15	青岛市	山东省	57.52	71.40	61.52
前15名平均值	—	—	36.45	48.54	41.33

表4-24列示了2016年我国245个地级政府样本支出口径下的全市债务率末15名，从表中可以看出，债务率平均值为10.96%，一般债务率平均值为10.04%，专项债务率平均值为33.33%，均处于较低水平。从地级政府所在的省份来看，支出口径下债务率较低的地级政府主要集中在西藏自治区、青海省和甘肃省等西部省份。

表4-24　2016年支出口径下全市债务率末15名地方政府情况

排名	地级政府	所在省份	一般债务率（%）	专项债务率（%）	债务率（%）
1	那曲市	西藏自治区	1.40	0.00	1.39
2	深圳市	广东省	3.06	0.00	2.79
3	阿里地区	西藏自治区	3.11	0.00	3.05
4	拉萨市	西藏自治区	3.03	7.24	3.63
5	玉树藏族自治州	青海省	3.78	0.00	3.75
6	果洛藏族自治州	青海省	4.58	0.00	4.53
7	海北藏族自治州	青海省	12.57	0.00	12.33
8	甘南藏族自治州	甘肃省	11.86	110.95	12.85
9	海南藏族自治州	青海省	13.27	22.81	13.67
10	喀什地区	新疆维吾尔自治区	11.31	69.73	13.76
11	甘孜藏族自治州	四川省	13.62	82.40	14.67
12	陇南市	甘肃省	18.46	33.07	19.24
13	阿坝藏族羌族自治州	四川省	18.60	80.67	19.33
14	固原市	宁夏回族自治区	17.16	64.65	19.43
15	南通市	江苏省	14.82	28.40	20.01
前15名平均值	—	—	10.04	33.33	10.96

2. 所有样本的债务率统计分析

表4-25列示了2016年我国东中西三大区域的全市债务率平均值。在收入口径下，全国平均的债务率为181.96%，其中，一般债务率为179.68%，专项债务率为214.85%。分区域来看，东部地区和中部地区的一般债务率基本相当，分别为158.78%和156.28%，西部地区最高，为217.75%；专项债务率，则是东部地区最低，为183.15%，中部地区居中，为211.11%，西部地区最高，为246.13%。从综合的债务率来看，西部地区最高，为216.17%，东部地区和中部地区基本相当，分别为163.18%和160.94%。

表 4 - 25 2016 年东中西三大区域全市债务率平均值

单位：%

地区	收入口径			支出口径		
	一般债务率	专项债务率	债务率	一般债务率	专项债务率	债务率
东部地区	158.78	183.15	163.18	81.47	158.74	94.34
中部地区	156.28	211.11	160.94	57.45	159.57	69.36
西部地区	217.75	246.13	216.17	56.25	201.54	73.77
全国	179.68	214.85	181.96	64.85	174.72	79.14

支出口径下的一般债务率明显较收入口径下低，全国平均水平为 64.85%，其中，东部地区最高，为 81.47%，中部地区和西部基本相当，分别为 57.45% 和 56.25%，三大区域之间的差距也明显缩小；从专项债务率来看，相对于收入口径的变动并不大，全国平均水平为 174.72%，其中，西部最高，为 201.54%，中部和东部地区基本相当，分别为 159.57% 和 158.74%。可以看出，无论是收入口径还是支出口径，专项债务率都超过 100%，西部地区超过了 200%。从综合的债务率来看，全国平均水平为 79.14%，其中，东部最高，为 94.34%，西部次之，为 73.77%，中部最低，为 69.36%。

表 4 - 26 列示了 2016 年我国东中西三大区域全市债务率的基尼系数。可以看出，在收入口径下，全国范围内一般债务率的基尼系数为 0.3376，专项债务率的基尼系数为 0.4408，专项债务率的分布不均衡状况要明显高于一般债务率，但是综合的债务率基尼系数为 0.3072，相对较低。具体分区域来看，一般债务率基尼系数最高的是东部地区，其后是西部地区，中部地区最低；专项债务率基尼系数最高的是西部地区，其后是东部地区，中部地区最低；最后看综合的债务率基尼系数，东部最高，西部次之，而中部最低。

表 4 - 26 2016 年东中西三大区域全市债务率基尼系数

地区	收入口径			支出口径		
	一般债务率	专项债务率	债务率	一般债务率	专项债务率	债务率
东部地区	0.3784	0.4387	0.3539	0.3579	0.4347	0.3194
中部地区	0.2688	0.3972	0.2564	0.2396	0.3694	0.2287
西部地区	0.3228	0.4588	0.2767	0.3454	0.4661	0.3701
全国	0.3376	0.4408	0.3072	0.3354	0.4372	0.3230

在支出口径下，全国范围内一般债务率的基尼系数为0.3354，专项债务率为0.4372，专项债务率的分布不均衡状况要明显高于一般债务率，但是综合的债务率基尼系数为0.3230，相对较低。具体分区域来看，一般债务率基尼系数，东部地区和西部地区基本相当，中部地区最低；专项债务率基尼系数最高的是西部地区，其后是东部地区，最低是中部地区；综合的债务率基尼系数，西部最高，东部次之，中部最低。

表4-27列示了2016年我国七大区域的全市债务率平均值。可以看出，在收入口径下，东北地区和西南地区的一般债务率最高，分别为281.31%和261.72%，远远超过其他地区；专项债务率也是东北地区和西南地区最高，分别为332.61%和284.86%，也远远超过其他地区，从综合的债务率来看，东北地区和西南地区分别达到286.22%和253.74%，其他地区都在200%以下，最低的华东地区为133.21%。支出口径下的一般债务率明显较低，七大区域除了东北地区为103.61%之外都低于100%；从专项债务率来看，东北地区和西南地区最高，分别为255.72%和234.79%；从综合的债务率来看，也是除了东北地区为119.42%之外，七大区域都低于100%，西南地区也较高，为94.04%，西北地区最低，为51.63%。

表4-27 2016年全市债务率的七大区域平均值

单位：%

地区	收入口径			支出口径		
	一般债务率	专项债务率	债务率	一般债务率	专项债务率	债务率
东北地区	281.31	332.61	286.22	103.61	255.72	119.42
华北地区	161.28	205.29	166.22	76.88	152.43	86.26
华东地区	125.21	164.22	133.21	66.03	148.95	82.77
华中地区	128.59	167.44	133.66	51.90	142.41	63.79
华南地区	145.64	163.78	143.35	56.32	145.13	68.18
西南地区	261.72	284.86	253.74	71.85	234.79	94.04
西北地区	176.47	212.51	181.06	39.90	163.03	51.63

表 4 - 28 列示了 2016 年我国七大区域全市债务率的基尼系数，可以看出，在收入口径下，西南地区的一般债务率基尼系数最高，为 0.3497，西北地区的专项债务率基尼系数最高，为 0.4867，从综合的债务率来看，华北地区的基尼系数最高，为 0.2892，华南地区紧随其后，为 0.2843。在支出口径下，东北地区的一般债务率基尼系数最高，为 0.3835；关于专项债务率，西北地区的基尼系数最高，为 0.4732；从综合的债务率来看，东北地区的基尼系数最高，为 0.3636，西南地区和西北地区紧随其后，其基尼系数分别为 0.3427 和 0.3413。

表 4 - 28　2016 年全市债务率七大区域基尼系数

地区	收入口径			支出口径		
	一般债务率	专项债务率	债务率	一般债务率	专项债务率	债务率
东北地区	0.2731	0.3999	0.2367	0.3835	0.4071	0.3636
华北地区	0.3085	0.4125	0.2892	0.2803	0.3982	0.2434
华东地区	0.2567	0.3819	0.2631	0.2040	0.3706	0.2173
华中地区	0.2467	0.3423	0.2237	0.2288	0.3351	0.2072
华南地区	0.3164	0.4185	0.2843	0.3449	0.4116	0.3159
西南地区	0.3497	0.4370	0.2695	0.3233	0.4720	0.3427
西北地区	0.2461	0.4867	0.2374	0.3166	0.4732	0.3413

（四）2017 年

1. 前15名和末15名债务率分析

表 4 - 29 列示了 2017 年我国 159 个地级政府样本收入口径下全市债务率前 15 名。从表中可以看出，债务率最高为 657.13%，最低为 331.72%，平均为 441.01%；进一步看排名前 15 的一般债务率情况，平均值为 504.86%，最高的 3 个分别是 761.15%、724.30% 和 678.30%；专项债务率的平均值为 365.04%，最高的 3 个分别为 946.61%、705.41% 和 623.30%。从地级政府所在的省份来看，收入口径下债务率较高的地级政府主要集中在辽宁省、贵州省、内蒙古自治区和四川省等。

表4-29　2017年收入口径下全市债务率前15名地区政府情况

排名	地级政府	所在省份	一般债务率（%）	专项债务率（%）	债务率（%）
1	迪庆藏族自治州	云南省	678.30	388.81	657.13
2	营口市	辽宁省	622.99	323.10	557.92
3	兴安盟	内蒙古自治区	607.27	268.73	525.40
4	铜仁市	贵州省	761.15	218.28	493.34
5	来宾市	广西壮族自治区	477.46	511.90	485.61
6	巴中市	四川省	724.30	165.17	421.21
7	资阳市	四川省	290.39	705.41	420.18
8	通辽市	内蒙古自治区	459.15	240.37	418.48
9	巴彦淖尔市	内蒙古自治区	394.06	623.30	414.00
10	铁岭市	辽宁省	283.02	946.61	404.54
11	广元市	四川省	460.78	274.14	400.35
12	鄂尔多斯市	内蒙古自治区	391.26	236.05	385.11
13	固原市	宁夏回族自治区	554.16	44.28	364.85
14	黔南布依族苗族自治州	贵州省	359.97	408.09	335.35
15	内江市	四川省	508.69	121.37	331.72
前15名平均值	—	—	504.86	365.04	441.01

　　表4-30列示了2017年我国159个地级政府样本支出口径下全市债务率前15名。从表中可以看出，最高债务率为349.36%，最低为131.46%，平均为184.90%；进一步看排名前15的一般债务率情况，平均值为160.81%，最高的3个分别是340.86%、292.66%和275.97%；专项债务率的平均值为320.29%，最高的3个分别为684.91%、537.10%和448.08%。从地级政府所在的省份来看，支出口径下债务率较高的地级政府主要集中在辽宁省、云南省、贵州省、内蒙古自治区和四川省等。

表 4 - 30　2017 年支出口径下全市债务率前 15 名地级政府情况

排名	地级政府	所在省份	一般债务率（%）	专项债务率（%）	债务率（%）
1	营口市	辽宁省	340.86	422.68	349.36
2	鄂尔多斯市	内蒙古自治区	292.66	178.87	288.22
3	恩施土家族苗族自治州	湖北省	275.97	181.08	241.65
4	昆明市	云南省	99.42	373.33	184.74
5	玉溪市	云南省	142.49	684.91	180.79
6	大连市	辽宁省	138.74	350.46	174.85
7	辽阳市	辽宁省	162.88	179.51	164.41
8	葫芦岛市	辽宁省	164.18	133.49	160.68
9	沈阳市	辽宁省	104.09	382.72	159.03
10	乌鲁木齐市	新疆维吾尔自治区	93.55	448.08	156.43
11	黔南布依族苗族自治州	贵州省	113.22	408.71	155.45
12	资阳市	四川省	80.15	537.10	144.58
13	铜仁市	贵州省	125.06	281.68	142.33
14	六盘水市	贵州省	147.74	108.89	139.47
15	内江市	四川省	131.19	132.84	131.46
前 15 名平均值	—	—	160.81	320.29	184.90

表 4 - 31 列示了 2017 年我国 159 个地级政府样本收入口径下全市债务率末 15 名。从表中可以看出，债务率平均值为 43.55%，一般债务率平均值为 43.36%，专项债务率平均值为 45.26%，均处于较低水平。从地级政府所在的省份来看，收入口径下债务率较低的地级政府主要集中在广东省、江苏省、浙江省和福建省等。

表 4 - 31　2017 年收入口径下全市债务率末 15 名地级政府情况

排名	地级政府	所在省份	一般债务率（%）	专项债务率（%）	债务率（%）
1	深圳市	广东省	2.92	1.94	2.69
2	拉萨市	西藏自治区	14.74	26.91	19.77
3	温州市	浙江省	22.18	40.75	34.60
4	中山市	广东省	27.05	43.44	34.98
5	廊坊市	河北省	39.91	31.08	35.76
6	林芝市	西藏自治区	46.43	0.00	40.18
7	山南市	西藏自治区	35.36	105.53	45.61

续表

排名	地级政府	所在省份	一般债务率 （%）	专项债务率 （%）	债务率 （%）
8	厦门市	福建省	36.50	67.50	48.72
9	珠海市	广东省	84.82	21.15	49.60
10	汕头市	广东省	51.35	53.02	52.17
11	常州市	江苏省	72.82	41.81	54.21
12	济南市	山东省	22.08	82.48	56.37
13	驻马店市	河南省	68.59	46.89	57.65
14	福州市	福建省	64.57	54.01	59.13
15	杭州市	浙江省	61.09	62.39	61.77
末15名平均值	—	—	43.36	45.26	43.55

表4-32列示了2017年我国159个地级政府样本支出口径下全市债务率的末15名。从表中可以看出，债务率平均值为18.99%，一般债务率平均值为15.24%，专项债务率平均值为47.65%，均处于较低水平。从地级政府所在的省份来看，支出口径下债务率较低的地级政府主要集中在广东省、西藏自治区和甘肃省等。

表4-32　2017年支出口径下全市债务率末15名地方政府情况

排名	地级政府	所在省份	一般债务率 （%）	专项债务率 （%）	债务率 （%）
1	深圳市	广东省	2.12	3.73	2.28
2	山南市	西藏自治区	4.08	63.75	5.96
3	林芝市	西藏自治区	6.08	0.00	5.97
4	拉萨市	西藏自治区	5.13	25.68	9.34
5	海北藏族自治州	青海省	10.83	67.50	11.79
6	阿坝藏族羌族自治州	四川省	18.98	36.86	19.29
7	和田地区	新疆维吾尔自治区	18.70	39.19	19.39
8	驻马店市	河南省	16.56	40.46	21.85
9	定西市	甘肃省	21.06	76.85	22.68
10	陇南市	甘肃省	19.12	116.77	25.30
11	临夏回族自治州	甘肃省	22.22	83.23	26.54
12	廊坊市	河北省	22.66	37.08	26.95
13	温州市	浙江省	13.55	40.58	28.51
14	佳木斯市	黑龙江省	28.98	33.79	29.24
15	中山市	广东省	18.58	49.26	29.70
末15名平均值	—	—	15.24	47.65	18.99

2. 所有样本的债务率统计分析

表4-33列示了2017年我国东中西三大区域的全市债务率平均值。在收入口径下，全国平均的债务率为179.74%，其中，一般债务率为190.29%，专项债务率为173.61%。分区域来看，西部地区的一般债务率最高，为243.67%，中部次之，为181.67%，东部最低，为133.22%；专项债务率的东中西三大区域排序基本一致，西部地区最高，为198.09%，中部地区次之，为180.29%，东部地区最低，为142.13%；从综合的债务率来看，西部地区最高，为219.06%，中部地区次之，为179.74%，东部地区最低，为134.51%。

表4-33　2017年东中西三大区域全市债务率的平均值

单位：%

地区	收入口径			支出口径		
	一般债务率	专项债务率	债务率	一般债务率	专项债务率	债务率
东部地区	133.22	142.13	134.51	71.31	135.13	82.77
中部地区	181.67	180.29	179.74	64.21	139.33	73.11
西部地区	243.67	198.09	219.06	60.14	197.71	76.19
全国	190.29	173.61	179.74	65.13	163.08	78.09

支出口径下的一般债务率明显较收入口径下低，全国平均水平为65.13%，其中，东部地区最高，为71.31%，中部地区次之，为64.21%，西部最低，为60.14%，三大区域之间的差距也明显缩小；从专项债务率来看，相对于收入口径的变动并不大，全国平均水平为163.08%，其中，西部最高，为197.71%，中部和东部地区基本相当，分别为139.33%和135.13%；从综合的债务率来看，全国平均水平为78.09%，其中东部最高，为82.77%，西部次之，为76.19%，中部最低，为73.11%。

表4-34列示了2017年我国东中西三大区域的全市债务率的基尼系数，可以看出，在收入口径下，全国范围内一般债务率的基尼系数为0.3622，专项债务率的基尼系数为0.3848，专项债务率的分布不均衡状况虽然有所降低，但是仍高于一般债务率，而综合的债务率基尼系数为0.3227，比一般债务率

和专项债务率都低。具体分区域来看，一般债务率基尼系数最高的是东部地区，其后是中部地区，最低是西部地区；专项债务率基尼系数最高的也是东部地区，其后是西部地区，中部地区最低；综合的债务率基尼系数，东部最高，中部次之，而西部最低。

表4-34　2017年东中西三大区域全市债务率基尼系数

地区	收入口径			支出口径		
	一般债务率	专项债务率	债务率	一般债务率	专项债务率	债务率
东部地区	0.3495	0.4015	0.3377	0.3152	0.4055	0.2802
中部地区	0.3441	0.3440	0.3213	0.3890	0.2975	0.3333
西部地区	0.3075	0.3637	0.2565	0.2813	0.4024	0.2953
全国	0.3622	0.3848	0.3227	0.3232	0.4034	0.3008

在支出口径下，全国范围内一般债务率的基尼系数为0.3232，专项债务率的基尼系数为0.4034，专项债务率的分布不均衡状况要明显高于一般债务率，综合的债务率基尼系数为0.3008，相对较低。具体分区域来看，一般债务率基尼系数最高的是中部地区，其后是东部地区，最低是西部地区；专项债务率的基尼系数，东部地区和西部地区基本相当，最低是中部地区；综合的债务率基尼系数，中部最高，西部次之，东部最低。

表4-35列示了2017年我国七大区域的全市债务率平均值。可以看出，在收入口径下，东北地区的一般债务率最高，为276.19%，西南地区紧随其后，为267.83%；专项债务率也是东北地区最高，为270.97%，远远超过其他地区；从综合的债务率来看，东北地区和西南地区超过200%，分别为273.25%和231.99%，最低的华东地区也超过了100%，为109.94%。支出口径下的一般债务率明显降低，七大区域除了东北地区都低于100%；从专项债务率来看，东北地区最高，并且高达272.11%，而其他地区均低于200%，但都高于100%；从综合的债务率来看，东北地区最高，并且超过100%为126.71%，其他地区都低于100%，其中，西北地区最低，为58.81%。

表 4 - 35 2017 年全市债务率的七大区域平均值

单位：%

地区	收入口径			支出口径		
	一般债务率	专项债务率	债务率	一般债务率	专项债务率	债务率
东北地区	276.19	270.97	273.25	111.24	272.11	126.71
华北地区	169.27	168.15	168.37	74.71	126.72	82.54
华东地区	104.78	120.86	109.94	63.06	111.27	76.40
华中地区	121.75	124.62	117.19	58.87	107.89	65.43
华南地区	151.23	145.03	146.41	49.40	158.62	63.94
西南地区	267.83	193.60	231.99	68.33	194.30	84.21
西北地区	203.48	208.30	194.66	44.23	182.48	58.81

表 4 - 36 列示了 2017 年我国七大区域全市债务率的基尼系数，可以看出，在收入口径下，华北地区的一般债务率基尼系数最高，为 0.3709，东北地区的专项债务率基尼系数最高，为 0.4083，从综合的债务率来看，华北地区和华南地区的基尼系数最高，分别为 0.3381 和 0.3234。在支出口径下，华中地区的一般债务率基尼系数最高，为 0.4374，东北地区紧随其后，为 0.3824；关于专项债务率，华南地区和西南地区的基尼系数最高，分别为 0.4312 和 0.4119；从综合的债务率来看，东北地区的基尼系数最高，为 0.3467，华东地区的基尼系数最低，为 0.1718。

表 4 - 36 2017 年全市债务率七大区域基尼系数

地区	收入口径			支出口径		
	一般债务率	专项债务率	债务率	一般债务率	专项债务率	债务率
东北地区	0.2642	0.4083	0.2330	0.3824	0.3916	0.3467
华北地区	0.3709	0.3386	0.3381	0.2967	0.2821	0.2370
华东地区	0.2186	0.3169	0.2446	0.1349	0.3147	0.1718
华中地区	0.2478	0.3045	0.2200	0.4374	0.2684	0.3427
华南地区	0.3469	0.4072	0.3234	0.2478	0.4312	0.2322
西南地区	0.3330	0.3931	0.2914	0.2783	0.4119	0.2849
西北地区	0.2280	0.2796	0.1592	0.2802	0.3737	0.3318

（五）2014～2017年纵向变动分析

1. 债务率平均值变动：2014～2017年

从收入口径下的全市债务率变动来看，一般债务率呈现明显的上升趋势，由2014年的平均值167.34%上升到2017年的190.29%；专项债务率呈现明显的先上升后下降的走势，而2017年的平均值173.61%相对于2014年的151.19%仍然明显有所上升；综合来看债务率，基本呈现出逐步上升的趋势，由2014年的平均值154.80%上升到2017年的179.74%（见图4-1）。

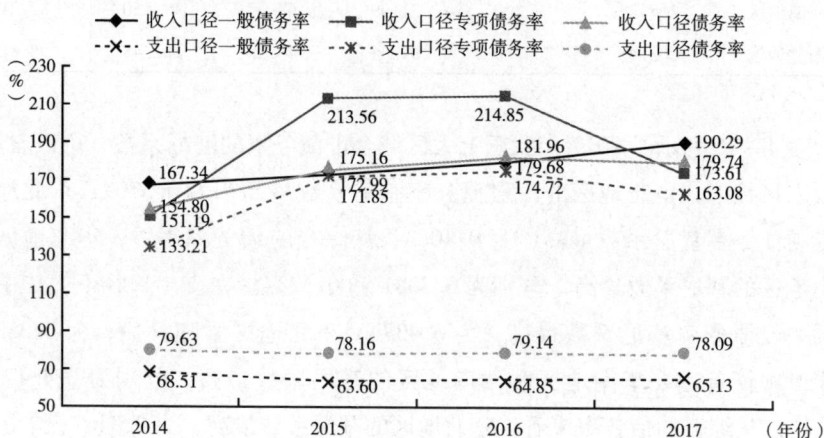

图4-1　2014～2017年地级行政区划全市债务率平均值及其变动

从支出口径下的全市债务率变动来看，一般债务率基本保持稳定，由2014年的平均值68.51%稳步下降到2017年的65.13%；专项债务率则呈现明显的先上升后下降的走势，但是整体上是上升的，由2014年的133.21%平均值上升到2017年的163.08%；综合来看债务率，基本保持稳定，从2014年到2017年的变化很小，稳定在78%～80%。

2. 债务率基尼系数变动：2014～2017年

从收入口径下债务率基尼系数的变动来看，一般债务率的基尼系数呈现先下降后上升的趋势，整体由2014年的0.3487上升到2017年的0.3622；专项债务率基尼系数呈现明显的先上升后下降的走势，并且下降幅度很大，由2014年的0.4709下降到2017年的0.3848；综合债务率的基尼系数，呈现在波动中上升的趋势，整体由 2014 年的 0.3031 上升到 2017 年的 0.3232（见图 4-2）。

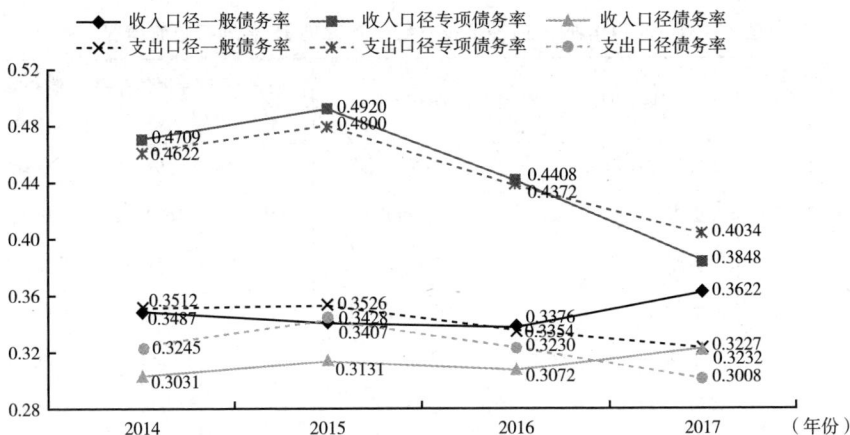

图 4-2　2014～2017 年地级行政区划全市债务率基尼系数及其变动

从支出口径下债务率基尼系数的变动来看，一般债务率的基尼系数有逐步下降的趋势，由 2014 年的 0.3512 下降到 2017 年的 0.3227；专项债务率基尼系数呈现明显的先上升后下降的走势，并且下降幅度很大，由 2014 年的 0.4622 下降到 2017 年的 0.4034；综合债务率的基尼系数先上升后迅速下降，由 2014 年的 0.3245 下降到 2017 年的 0.3308。

第三节　市本级层面：2014～2017 年

（一）2014 年

1. 前 15 名和末 15 名债务率分析

表 4-37 列示了 2014 年我国 253 个地级政府样本收入口径下市本级债务率的前 15 名，从表中可以看出，债务率最高为 834.42%，最低为 501.45%，平均为 623.51%；进一步看排名前 15 的一般债务率情况，平均值为 846.63%，最高的 3 个分别是 2487.25%、1800.97% 和 1174.17%；专项债务率的平均值为 580.78%，最高的 3 个分别为 1914.29%、1680.32% 和

1462.71%。从地级政府所在的省份来看，收入口径下市本级债务率较高的地级政府主要集中在辽宁省、贵州省、内蒙古自治区和四川省等。

表4-37 2014年收入口径下市本级债务率前15名地级政府情况

排名	地级政府	所在省份	一般债务率（%）	专项债务率（%）	债务率（%）
1	迪庆藏族自治州	云南省	903.17	551.01	834.42
2	保山市	云南省	310.87	1680.32	828.95
3	巴彦淖尔市	内蒙古自治区	935.46	141.68	741.77
4	河池市	广西壮族自治区	1174.17	210.01	697.87
5	哈尔滨市	黑龙江省	2487.25	229.25	628.54
6	普洱市	云南省	884.48	226.95	607.81
7	贵阳市	贵州省	150.24	1462.71	599.18
8	益阳市	湖南省	410.76	791.59	587.57
9	汉中市	陕西省	135.62	1914.29	581.71
10	铜仁市	贵州省	887.57	187.27	578.51
11	呼和浩特市	内蒙古自治区	472.83	660.71	566.85
12	锡林郭勒盟	内蒙古自治区	827.20	0.00	554.69
13	德州市	山东省	1800.97	314.35	525.20
14	怒江傈僳族自治州	云南省	556.22	0.00	518.09
15	百色市	广西壮族自治区	762.65	341.55	501.45
前15名平均值	—	—	846.63	580.78	623.51

表4-38列示了2014年我国253个地级政府样本支出口径下市本级债务率的前15名，债务率最高为623.34%，最低为317.08%，平均为373.64%；进一步看排名前15的一般债务率情况，平均值为247.65%，最高的3个分别是579.69%、385.93%和374.41%；专项债务率的平均值为1049.39%，最高的3个分别为3727.13%、2166.17%和2135.06%。从地级政府所在的省份来看，支出口径下市本级债务率较高的地级政府主要集中在贵州省、云南省和辽宁省等。

表 4 - 38　2014 年支出口径下市本级债务率前 15 名地级政府情况

排名	地级政府	所在省份	一般债务率（%）	专项债务率（%）	债务率（%）
1	贵阳市	贵州省	135.36	2166.17	623.34
2	德州市	山东省	579.69	340.68	426.13
3	鞍山市	辽宁省	240.84	2135.06	415.15
4	昆明市	云南省	161.09	649.74	396.44
5	铜仁市	贵州省	385.93	259.97	360.95
6	保山市	云南省	98.43	1774.44	358.77
7	六盘水市	贵州省	374.41	222.25	348.00
8	龙岩市	福建省	105.23	734.19	345.81
9	呼和浩特市	内蒙古自治区	206.52	659.56	344.57
10	哈尔滨市	黑龙江省	327.13	388.65	343.45
11	郑州市	河南省	333.42	389.54	343.40
12	延安市	陕西省	207.34	898.04	332.23
13	岳阳市	湖南省	129.50	3727.13	330.61
14	益阳市	湖南省	148.67	1011.39	318.71
15	百色市	广西壮族自治区	281.23	384.00	317.08
前 15 名平均值	—	—	247.65	1049.39	373.64

表 4 - 39 列示了 2014 年我国 253 个地级政府样本收入口径下市本级债务率的末 15 名，从表中可以看出，债务率平均值为 24.48%，一般债务率平均值为 34.67%，专项债务率平均值为 14.34%。从地级政府所在的省份来看，收入口径下市本级债务率较低的地级政府主要集中在新疆维吾尔自治区、甘肃省和广东省等。

表 4 - 39　2014 年收入口径下市本级债务率末 15 名地级政府情况

排名	地级政府	所在省份	一般债务率（%）	专项债务率（%）	债务率（%）
1	玉树藏族自治州	青海省	0.00	0.00	0.00
2	喀什地区	新疆维吾尔自治区	3.47	6.10	4.30
3	深圳市	广东省	9.30	3.29	6.71
4	宣城市	安徽省	50.37	0.00	13.99
5	庆阳市	甘肃省	16.21	0.00	15.10
6	晋城市	山西省	16.21	29.50	19.84
7	昌都市	西藏自治区	49.17	0.00	25.05
8	凉山彝族自治州	四川省	23.32	36.09	25.34

续表

排名	地级政府	所在省份	一般债务率（%）	专项债务率（%）	债务率（%）
9	吐鲁番市	新疆维吾尔自治区	29.28	0.00	28.85
10	塔城地区	新疆维吾尔自治区	18.90	61.01	32.86
11	商丘市	河南省	71.56	0.00	35.85
12	厦门市	福建省	25.71	56.29	37.43
13	汕头市	广东省	69.61	22.84	40.42
14	延边朝鲜族自治州	吉林省	49.94	0.00	40.45
15	陇南市	甘肃省	86.98	0.00	40.94
前15名平均值	—	—	34.67	14.34	24.48

表4－40列示了2014年我国253个地级政府样本支出口径下市本级债务率的末15名，从表中可以看出，债务率平均值为8.59%，一般债务率平均值为9.73%，专项债务率平均值为4.91%。从地级政府所在的省份来看，支出口径下市本级债务率较低的地级政府主要集中在新疆维吾尔自治区、甘肃省和青海省等。

表4－40　2014年支出口径下市本级债务率末15名地级政府情况

排名	地级政府	所在省份	一般债务率（%）	专项债务率（%）	债务率（%）
1	玉树藏族自治州	青海省	0.00	0.00	0.00
2	喀什地区	新疆维吾尔自治区	0.18	1.75	0.31
3	塔城地区	新疆维吾尔自治区	1.67	12.21	3.57
4	甘南藏族自治州	甘肃省	5.27	0.00	5.03
5	昌都市	西藏自治区	6.33	0.00	5.57
6	果洛藏族自治州	青海省	6.33	0.00	6.31
7	深圳市	广东省	9.03	10.46	8.60
8	甘孜藏族自治州	四川省	9.38	4.95	9.31
9	延边朝鲜族自治州	吉林省	10.74	0.00	10.03
10	宣城市	安徽省	23.99	0.00	10.39
11	凉山彝族自治州	四川省	8.82	44.33	10.75
12	吐鲁番市	新疆维吾尔自治区	14.13	0.00	13.24
13	海北藏族自治州	青海省	14.24	0.00	14.07
14	陇南市	甘肃省	19.31	0.00	15.63
15	阿克苏地区	新疆维吾尔自治区	16.48	0.00	15.97
前15名平均值	—	—	9.73	4.91	8.59

2. 所有样本的债务率统计分析

表4-41列示了2014年我国东中西三大区域的市本级债务率平均值。在收入口径下，全国平均的债务率为203.34%，其中，一般债务率为257.52%，专项债务率为217.86%，一般债务率要高于专项债务率。分区域来看，东部地区的一般债务率最高，为296.87%，西部地区次之，为252.22%，中部地区最低，为221.93%；专项债务率的东中西高低分布与一般债务率正好相反，东部地区最低，为165.97%，中部地区居中，为234.94%，西部地区最高，为252.65%；从综合的债务率来看，西部地区最高，为233.46%，中部和东部地区基本相当，分别为188.14%和187.01%。

表4-41　2014年东中西三大区域市本级债务率平均值

单位：%

地区	收入口径			支出口径		
	一般债务率	专项债务率	债务率	一般债务率	专项债务率	债务率
东部地区	296.87	165.97	187.01	118.66	204.64	136.11
中部地区	221.93	234.94	188.14	92.70	255.28	115.65
西部地区	252.22	252.65	233.46	101.49	314.67	128.58
全国	257.52	217.86	203.34	104.44	258.69	126.97

支出口径下的一般债务率明显较低，全国平均水平为104.44%，其中，东部地区最高，为118.66%，西部次之，为101.49%，中部最低，为92.70%，三大区域之间的差距也明显较收入口径下小；从专项债务率来看，相对于收入口径的变动并不大，全国平均水平为258.69%，其中，西部最高，为314.67%，中部次之，为255.28%，东部最低，为204.64%，可以看出，无论是收入口径还是支出口径，专项债务率大部分地区超过200%；从综合的债务率来看，全国平均水平为126.97%，其中，东部最高，为136.11%，西部次之，为128.58%，中部最低，为115.65%。

表4-42列示了2014年我国东中西三大区域的市本级债务率的基尼系数。可以看出，在收入口径下，全国范围内一般债务率的基尼系数为0.4966，专

项债务率的基尼系数为 0.5913，专项债务率的分布不均衡状况明显高于一般债务率，但是综合的债务率基尼系数为 0.3799，有所降低。具体分区域来看，一般债务率基尼系数最高的是东部地区，其后是中部地区，最低的是西部地区；专项债务率基尼系数的东中西三大区域分布正好相反，最高是西部地区，其次是中部地区，最低的是东部地区；最后看综合的债务率基尼系数，西部最高，中部地区次之，东部地区最低。

表4－42　2014年东中西三大区域市本级债务率基尼系数

地区	收入口径			支出口径		
	一般债务率	专项债务率	债务率	一般债务率	专项债务率	债务率
东部地区	0.5257	0.4584	0.3257	0.3784	0.5012	0.2881
中部地区	0.4750	0.5920	0.3894	0.3752	0.6005	0.3573
西部地区	0.4625	0.6558	0.4005	0.4909	0.6798	0.4494
全国	0.4966	0.5913	0.3799	0.4233	0.6159	0.3723

在支出口径下，全国范围内一般债务率的基尼系数为 0.4233，专项债务率的基尼系数为 0.6159，专项债务率的分布不均衡状况要明显高于一般债务率，但是综合的债务率基尼系数为 0.3723，相对较低。具体分区域来看，一般债务率基尼系数最高的是西部地区，东部地区和中部地区基本相当；专项债务率基尼系数最高的也是西部地区，其后是中部地区，最低是东部地区；最后看综合的债务率基尼系数，西部最高，中部次之，东部最低。

表4－43 列示了 2014 年我国七大区域的市本级债务率平均值，可以看出，在收入口径下，东北地区的一般债务率最高，为 452.36%，专项债务率是华中地区最高，为 335.65%，从综合的债务率来看，西南地区和东北地区最高，分别为 257.71% 和 248.76%。支出口径下的一般债务率明显较低，但是大部分地区还是超过 100%，其中，华南地区最高，为 133.79%，而西北地区最低，为 59.74%；从专项债务率来看，西南地区最高，为 391.31%，华东地区最低，为 147.52%；从综合的债务率来看，西南地区最高，为 152.81%，西北地区最低，为 85.82%。

表 4 - 43　2014 年七大区域市本级债务率平均值

单位：%

地区	收入口径			支出口径		
	一般债务率	专项债务率	债务率	一般债务率	专项债务率	债务率
东北地区	452.36	212.05	248.76	104.84	311.14	124.02
华北地区	380.07	153.43	225.02	128.82	168.19	132.43
华东地区	150.64	140.03	132.72	84.04	147.52	110.46
华中地区	180.68	335.65	189.81	102.16	371.29	138.81
华南地区	240.32	179.15	198.76	133.79	198.08	146.16
西南地区	279.68	278.36	257.71	122.60	391.31	152.81
西北地区	185.26	234.15	191.60	59.74	246.02	85.82

表 4 - 44 列示了 2014 年我国七大区域市本级债务率的基尼系数，可以看出，在收入口径下，华北地区的一般债务率基尼系数最高，为 0.5288，西北地区的专项债务率基尼系数最高，为 0.734，从综合的债务率来看，基尼系数有所降低，西北地区的债务率基尼系数最高，为 0.4226，西南地区紧随其后，为 0.3912，华东地区最低，为 0.2602。在支出口径下，西北地区的一般债务率基尼系数最高，为 0.5345，关于专项债务率，仍是西北地区的基尼系数最高，为 0.733；从综合的债务率来看，西北地区的基尼系数高达 0.5105，其后为西南地区，为 0.4168，最低为华东地区，基尼系数为 0.2480。

表 4 - 44　2014 年七大区域市本级债务率基尼系数

地区	收入口径			支出口径		
	一般债务率	专项债务率	债务率	一般债务率	专项债务率	债务率
东北地区	0.5231	0.5311	0.3349	0.3956	0.6081	0.3896
华北地区	0.5288	0.4647	0.3705	0.4048	0.4798	0.3002
华东地区	0.3460	0.3735	0.2602	0.2774	0.3599	0.2480
华中地区	0.3941	0.6222	0.3630	0.3940	0.6145	0.3651
华南地区	0.4529	0.4347	0.3354	0.3834	0.4472	0.2931
西南地区	0.4313	0.6324	0.3912	0.4395	0.6707	0.4168
西北地区	0.4725	0.7340	0.4226	0.5345	0.7330	0.5105

（二）2015年

1. 前15名和末15名债务率分析

表4-45列示了2015年我国267个地级政府样本收入口径下市本级债务率前15名。从表中可以看出，债务率最高为1291.88%，最低为589.56%，平均为811.59%；进一步看排名前15的一般债务率情况，平均值为1037.16%，最高的3个分别是2520.66%、2307.52%和1905.56%；专项债务率的平均值为953.36%，最高的3个分别为1914.29%、1680.32%和1462.71%。从地级政府所在的省份来看，收入口径下债务率较高的地级政府主要集中在辽宁省、贵州省、云南省和广西壮族自治区等。

表4-45　2015年收入口径下市本级债务率前15名地级政府情况

排名	地级政府	所在省份	一般债务率（%）	专项债务率（%）	债务率（%）
1	铁岭市	辽宁省	1078.84	1584.12	1291.88
2	德州市	山东省	1164.82	1435.43	1281.32
3	哈尔滨市	黑龙江省	2520.66	414.20	938.98
4	唐山市	河北省	1905.56	403.45	859.90
5	毕节市	贵州省	675.56	1830.96	847.35
6	鞍山市	辽宁省	573.05	1574.60	812.03
7	普洱市	云南省	832.67	679.75	802.79
8	迪庆藏族自治州	云南省	820.48	438.27	778.84
9	巴彦淖尔市	内蒙古自治区	986.36	118.71	742.17
10	河池市	广西壮族自治区	1104.47	209.92	686.07
11	抚顺市	辽宁省	2307.52	22.66	652.74
12	本溪市	辽宁省	527.83	1524.96	644.16
13	汉中市	陕西省	196.31	1927.29	634.82
14	来宾市	广西壮族自治区	711.42	433.47	611.25
15	贵阳市	贵州省	151.87	1702.64	589.56
前15名平均值	—	—	1037.16	953.36	811.59

　　表4-46列示了2015年我国267个地级政府样本支出口径下市本级债务率前15名。从表中可以看出，债务率最高为732.41%，最低为319.40%，平均为429.73%；进一步看排名前15的一般债务率情况，平均值为294.97%，最高的3个分别是531.18%、428.48%和364.28%；专项债务率的平均值为1528.42%，最高的3个分别为6618.39%、3763.86%和2909.78%。从地级政府所在的省份来看，支出口径下债务率较高的地级政府主要集中在贵州省、云南省和辽宁省等。

表4-46　2015年支出口径下市本级债务率前15名地级政府情况

排名	地级政府	所在省份	一般债务率（%）	专项债务率（%）	债务率（%）
1	贵阳市	贵州省	148.86	6618.39	732.41
2	鞍山市	辽宁省	321.18	3763.86	556.82
3	毕节市	贵州省	364.28	2909.78	506.68
4	昆明市	云南省	160.99	1192.37	494.59
5	德州市	山东省	290.39	1289.84	463.66
6	六盘水市	贵州省	428.48	459.69	431.73
7	乌鲁木齐市	新疆维吾尔自治区	219.73	1110.16	413.91
8	普洱市	云南省	362.68	982.24	404.93
9	海口市	海南省	531.18	202.54	390.87
10	龙岩市	福建省	110.56	1197.23	370.16
11	来宾市	广西壮族自治区	336.69	401.43	351.16
12	漳州市	福建省	324.27	382.26	346.57
13	哈尔滨市	黑龙江省	298.06	492.24	342.86
14	唐山市	河北省	273.92	491.01	320.15
15	遵义市	贵州省	253.29	1433.22	319.40
前15名平均值	—	—	294.97	1528.42	429.73

　　表4-47列示了2015年我国267个地级政府样本收入口径下市本级债务率末15名。从表中可以看出，债务率平均值为33.79%，一般债务率平均值为47.50%，专项债务率平均值为31.75%。从地级政府所在的省份来看，收入口径下本级债务率较低的地级政府主要集中在广东省、甘肃省和河南省等。

表 4-47　2015 年收入口径下市本级债务率末 15 名地级政府情况

排名	地级政府	所在省份	一般债务率 （%）	专项债务率 （%）	债务率 （%）
1	喀什地区	新疆维吾尔自治区	2.72	8.21	3.35
2	深圳市	广东省	6.33	0.00	4.16
3	晋城市	山西省	16.94	86.21	22.46
4	凉山彝族自治州	四川省	23.08	37.78	24.80
5	武威市	甘肃省	44.46	11.26	26.79
6	玉树藏族自治州	青海省	28.69	0.00	28.10
7	昌都市	西藏自治区	48.59	0.00	29.53
8	庆阳市	甘肃省	31.89	0.00	30.88
9	商丘市	河南省	56.41	0.00	31.21
10	厦门市	福建省	29.96	55.40	39.01
11	漯河市	河南省	49.72	22.89	40.50
12	日照市	山东省	207.00	29.13	53.08
13	平凉市	甘肃省	44.45	65.03	56.31
14	无锡市	江苏省	34.32	126.14	56.71
15	汕头市	广东省	87.91	34.22	59.95
末 15 名平均值	—	—	47.50	31.75	33.79

表 4-48 列示了 2015 年我国 267 个地级政府样本支出口径下市本级债务率的末 15 名。从表中可以看出，债务率平均值为 11.14%，一般债务率平均值为 11.42%，专项债务率平均值为 14.15%。从地级政府所在的省份来看，支出口径下本级债务率较低的地级政府主要集中在青海省、甘肃省和新疆维吾尔自治区等。

表 4-48　2015 年支出口径下市本级债务率末 15 名地级政府情况

排名	地级政府	所在省份	一般债务率 （%）	专项债务率 （%）	债务率 （%）
1	喀什地区	新疆维吾尔自治区	0.16	0.14	0.15
2	昌都市	西藏自治区	3.31	0.00	3.15
3	玉树藏族自治州	青海省	3.53	0.00	3.53
4	深圳市	广东省	4.95	0.00	4.47
5	甘南藏族自治州	甘肃省	9.77	0.00	9.28
6	凉山彝族自治州	四川省	8.15	95.27	9.74

排名	地级政府	所在省份	一般债务率 （%）	专项债务率 （%）	债务率 （%）
7	延边朝鲜族自治州	吉林省	9.42	55.15	12.07
8	果洛藏族自治州	青海省	12.15	0.00	12.13
9	阿克苏地区	新疆维吾尔自治区	13.16	0.00	12.54
10	海南藏族自治州	青海省	12.99	0.00	12.73
11	武威市	甘肃省	17.10	12.21	15.69
12	商丘市	河南省	25.27	0.00	16.89
13	晋城市	山西省	13.63	42.35	17.20
14	甘孜藏族自治州	四川省	18.27	7.06	18.17
15	海北藏族自治州	青海省	19.47	0.00	19.38
末15名平均值	—	—	11.42	14.15	11.14

2. 所有样本的债务率统计分析

表4-49列示了2015年我国东中西三大区域的市本级债务率平均值。在收入口径下，全国平均的债务率为246.35%，其中，一般债务率为268.49%，专项债务率为334.95%，一般债务率和专项债务率相差不大。分区域来看，东部地区的一般债务率最高，为312.29%，西部地区次之，为256.90%，中部地区最低，为236.03%；专项债务率有所不同，东部地区最低，为284.80%，中部地区居中，为335.26%；西部地区最高，为384.23%；从综合的债务率来看，西部地区和东部地区基本相当，分别为260.81%和254.03%，中部地区最低，为223.80%。

表4-49　2015年东中西三大区域市本级债务率平均值

单位：%

地区	收入口径			支出口径		
	一般债务率	专项债务率	债务率	一般债务率	专项债务率	债务率
东部地区	312.29	284.80	254.03	114.46	306.79	144.17
中部地区	236.03	335.26	223.80	89.90	346.05	116.33
西部地区	256.90	384.23	260.81	102.54	437.97	135.08
全国	268.49	334.95	246.35	102.35	363.95	131.93

支出口径下的一般债务率明显较收入口径下低，全国平均水平为102.35%，其中，东部地区最高，为114.46%，西部次之，为102.54%，中部最低，为89.90%，三大区域之间的差距也明显缩小；从专项债务率来看，相对于收入口径的变动并不大，全国平均水平为363.95%，其中，西部最高，为437.97%，中部次之，为346.05%，东部最低，为306.79%，可以看出，无论是收入口径还是支出口径，专项债务率几乎都超过300%，有的地区甚至超过400%；最后从综合的债务率来看，全国平均水平为131.93%，其中，东部最高，为144.17%，西部次之，为135.08%，中部最低，为116.33%。

表4-50列示了2015年我国东中西三大区域的市本级债务率的基尼系数。可以看出，在收入口径下，全国范围内一般债务率的基尼系数为0.4704，专项债务率的基尼系数为0.6037，专项债务率的分布不均衡状况要明显高于一般债务率，但是综合的债务率基尼系数为0.3761，相对较低。具体分区域来看，一般债务率基尼系数最高的是东部地区，其后是西部地区，最低是中部地区；专项债务率基尼系数则是西部地区最高，中部地区次之，最低的是东部地区；最后看综合的债务率基尼系数，东部地区最高，西部地区次之，中部地区最低。

表4-50　2015年东中西三大区域市本级债务率基尼系数

地区	收入口径			支出口径		
	一般债务率	专项债务率	债务率	一般债务率	专项债务率	债务率
东部地区	0.5177	0.5381	0.3959	0.3857	0.5515	0.3161
中部地区	0.4235	0.5802	0.3308	0.3248	0.6156	0.3097
西部地区	0.4391	0.6592	0.3863	0.4756	0.6992	0.4633
全国	0.4704	0.6037	0.3761	0.4050	0.6364	0.3718

在支出口径下，全国范围内一般债务率的基尼系数为0.4050，专项债务率的基尼系数为0.6364，专项债务率的分布不均衡状况要明显高于一般债务率，但是综合的债务率基尼系数为0.3718，相对较低。具体分区域来看，一般债务率基尼系数最高的是西部地区，其后为东部地区，中部地区最低；专项债务率基尼系数最高的也是西部地区，其后是中部地区，最低是东部地区；最后看综合的债务率基尼系数，西部最高，东部次之，中部地区最低。

表 4 - 51 列示了 2015 年我国七大区域的市本级债务率平均值，可以看出，在收入口径下，东北地区的一般债务率最高，为 502.55%，专项债务率是西南地区最高，为 512.72%，从综合的债务率来看，东北地区、西南地区和华北地区名列前三，分别为 381.92%、282.40% 和 273.44%；支出口径下的一般债务率明显较收入口径下低，其中，华南地区最高，为 132.37%，从专项债务率来看，西南地区最高，为 614.76%，从综合的债务率来看，西南地区最高，为 166.59%，华南地区紧随其后，为 153.85%，西北地区最低，为 85.05%。

表 4 - 51 2015 年七大区域市本级债务率平均值

单位：%

地区	收入口径			支出口径		
	一般债务率	专项债务率	债务率	一般债务率	专项债务率	债务率
东北地区	502.55	379.61	381.92	109.08	444.32	134.66
华北地区	366.09	282.60	273.44	115.12	241.98	136.10
华东地区	162.41	236.77	172.02	89.60	225.79	124.51
华中地区	190.35	424.65	206.35	93.35	493.53	128.77
华南地区	275.84	272.25	253.51	132.37	280.50	153.85
西南地区	264.86	512.72	282.40	126.13	614.76	166.59
西北地区	198.16	247.98	206.41	60.45	274.39	85.05

表 4 - 52 列示了 2015 年我国七大区域市本级债务率的基尼系数。可以看出，在收入口径下，华北地区的一般债务率基尼系数最高，为 0.4912；西北地区的专项债务率基尼系数最高，为 0.691，西南地区紧随其后，为 0.6627；从综合的债务率来看，基尼系数有所降低，同时西北地区的基尼系数最高，为 0.397，西南地区紧随其后，为 0.3745，华东地区最低，为 0.2936。在支出口径下，西北地区的一般债务率基尼系数最高，为 0.4831；关于专项债务率，仍是西北地区的基尼系数最高，为 0.7309；从综合的债务率来看，西北地区的基尼系数高达 0.4924，其后是西南地区，为 0.4427，最低的是华东地区，基尼系数为 0.2531。

表4-52　2015年七大区域市本级债务率基尼系数

地区	收入口径			支出口径		
	一般债务率	专项债务率	债务率	一般债务率	专项债务率	债务率
东北地区	0.4785	0.5536	0.3686	0.3700	0.6258	0.3873
华北地区	0.4912	0.5591	0.3689	0.3645	0.5240	0.2999
华东地区	0.3334	0.4616	0.2936	0.2673	0.4318	0.2531
华中地区	0.3697	0.6165	0.3030	0.3393	0.6505	0.3078
华南地区	0.4484	0.4537	0.3530	0.4335	0.4489	0.3331
西南地区	0.4218	0.6627	0.3745	0.4411	0.6978	0.4427
西北地区	0.4266	0.6910	0.3970	0.4831	0.7309	0.4924

（三）2016年

1. 前15名和末15名债务率分析

表4-53列示了2016年我国272个地级政府样本收入口径下市本级债务率前15名。从表中可以看出，债务率最高为1673.77%，最低为781.07%，平均为1027.87%；进一步看排名前15的一般债务率情况，平均值为1042.86%，最高的3个分别是2852.02%、1662.00%和1479.78%；专项债务率的平均值为1769.29%，最高的3个分别为7638.37%、3072.78%和2732.10%。从地级政府所在的省份来看，收入口径下本级债务率较高的地级政府主要集中在辽宁省、贵州省和青海省等。

表4-53　2016年收入口径下市本级债务率前15名地级政府情况

排名	地级政府	所在省份	一般债务率（%）	专项债务率（%）	债务率（%）
1	铁岭市	辽宁省	1128.78	3072.78	1673.77
2	潍坊市	山东省	1414.21	1833.39	1579.08
3	抚顺市	辽宁省	2852.02	48.75	1164.29
4	鹰潭市	江西省	1662.00	574.28	1151.01
5	德州市	山东省	1032.74	1114.87	1070.95
6	海东市	青海省	616.61	2017.54	1007.09
7	来宾市	广西壮族自治区	816.74	1479.43	941.74
8	海西蒙古族藏族自治州	青海省	937.22	0.00	914.52
9	唐山市	河北省	1479.78	525.79	911.64

排名	地级政府	所在省份	一般债务率 （%）	专项债务率 （%）	债务率 （%）
10	毕节市	贵州省	651.31	7638.37	907.77
11	保山市	云南省	418.03	2168.15	901.23
12	肇庆市	广东省	524.29	2732.10	820.84
13	巴彦淖尔市	内蒙古自治区	882.31	279.49	806.55
14	鞍山市	辽宁省	566.65	1487.92	786.45
15	本溪市	辽宁省	660.21	1566.42	781.07
前15名平均值	—	—	1042.86	1769.29	1027.87

表 4 - 54 列示了 2016 年我国 272 个地级政府样本支出口径下市本级债务率前 15 名，债务率最高为 591.45%，最低为 340.08%，平均为 425.88%；进一步看排名前 15 的一般债务率情况，平均值为 282.71%，最高的 3 个分别是549.54%、387.24% 和 345.97%；专项债务率的平均值为 2334.97%，最高的 3个分别为 12695.03%、6842.71% 和 3264.65%。从地级政府所在的省份来看，支出口径下本级债务率较高的地级政府主要集中在辽宁省、贵州省和江西省等。

表 4 - 54　2016 年支出口径下市本级债务率前 15 名地级政府情况

排名	地级政府	所在省份	一般债务率 （%）	专项债务率 （%）	债务率 （%）
1	贵阳市	贵州省	144.88	2279.78	591.45
2	鞍山市	辽宁省	333.10	3264.65	560.14
3	鹰潭市	江西省	549.54	461.04	525.88
4	德州市	山东省	345.97	901.07	493.07
5	昆明市	云南省	162.66	1193.73	492.31
6	毕节市	贵州省	332.28	6842.71	470.55
7	黔南布依族苗族自治州	贵州省	16.99	12695.03	444.71
8	红河哈尼族彝族自治州	云南省	309.70	2007.46	374.03
9	肇庆市	广东省	215.08	1724.71	353.35
10	六盘水市	贵州省	387.24	205.62	352.24
11	来宾市	广西壮族自治区	302.13	554.79	349.27
12	上饶市	江西省	331.28	418.97	348.15
13	漳州市	福建省	334.53	371.64	348.09
14	铁岭市	辽宁省	188.92	1555.48	344.85
15	哈尔滨市	黑龙江省	286.37	547.94	340.08
前15名平均值	—	—	282.71	2334.97	425.88

表4–55列示了2016年我国272个地级政府样本收入口径下市本级债务率末15名。从表中可以看出，债务率平均值为37.45%，一般债务率平均值为38.51%，专项债务率平均值为34.76%。从地级政府所在的省份来看，收入口径下本级债务率较低的地级政府主要集中在西藏自治区、浙江省和福建省等。

表4–55　2016年收入口径下市本级债务率末15名地级政府情况

排名	地级政府	所在省份	一般债务率（%）	专项债务率（%）	债务率（%）
1	喀什地区	新疆维吾尔自治区	1.47	25.50	1.92
2	深圳市	广东省	4.97	0.00	3.46
3	拉萨市	西藏自治区	1.50	9.77	5.09
4	山南市	西藏自治区	37.51	0.00	36.35
5	凉山彝族自治州	四川省	36.28	41.00	36.68
6	晋城市	山西省	39.60	65.63	41.64
7	漯河市	河南省	47.67	31.06	42.30
8	金华市	浙江省	26.45	70.79	43.10
9	庆阳市	甘肃省	45.00	0.00	44.08
10	合肥市	安徽省	65.85	35.94	45.13
11	苏州市	江苏省	50.49	41.04	45.26
12	厦门市	福建省	48.43	56.27	51.34
13	武威市	甘肃省	60.57	28.91	51.62
14	福州市	福建省	74.74	43.47	54.29
15	温州市	浙江省	37.10	72.07	59.44
末15名平均值	—	—	38.51	34.76	37.45

表4–56列示了2016年我国272个地级政府样本支出口径下市本级债务率的末15名。从表中可以看出，债务率平均值为13.12%，一般债务率平均值为12.56%，专项债务率平均值为26.66%。从地级政府所在的省份来看，支出口径下本级债务率较低的地级政府主要集中在新疆维吾尔自治区、青海省和甘肃省等。

表 4-56 2016 年支出口径下市本级债务率末 15 名地级政府情况

排名	地级政府	所在省份	一般债务率（%）	专项债务率（%）	债务率（%）
1	喀什地区	新疆维吾尔自治区	0.10	0.31	0.12
2	拉萨市	西藏自治区	0.43	8.64	2.05
3	那曲市	西藏自治区	3.86	0.00	3.83
4	深圳市	广东省	4.42	0.00	3.94
5	玉树藏族自治州	青海省	6.58	0.00	6.53
6	山南市	西藏自治区	7.28	0.00	7.15
7	阿克苏地区	新疆维吾尔自治区	13.40	0.00	12.25
8	塔城地区	新疆维吾尔自治区	11.62	83.41	12.68
9	延边朝鲜族自治州	吉林省	11.08	68.67	14.88
10	凉山彝族自治州	四川省	15.26	151.57	16.69
11	海南藏族自治州	青海省	17.53	0.00	17.40
12	甘南藏族自治州	甘肃省	20.38	0.00	20.33
13	武威市	甘肃省	22.60	33.42	23.82
14	晋城市	山西省	25.86	47.17	27.39
15	甘孜藏族自治州	四川省	27.97	6.68	27.69
末 15 名平均值	—	—	12.56	26.66	13.12

2. 所有样本的债务率统计分析

表 4-57 列示了 2016 年我国东中西三大区域的市本级债务率平均值。在收入口径下，全国平均的债务率为 282.04%，其中，一般债务率为 282.95%，专项债务率为 507.81%，专项债务率明显高于一般债务率。分区域来看，东部地区的一般债务率最高，为 320.18%，西部地区次之，为 274.24%，中部地区最低，为 257.10%；专项债务率有所不同，东部地区最低，为 374.26%，中部地区居中，为 395.73%，西部地区最高，为 755.21%；从综合的债务率来看，东部地区和西部地区基本相当，分别为 301.45% 和 299.67%，中部地区最低，为 247.57%。

表 4 - 57　2016 年东中西三大区域市本级债务率平均值

单位：%

地区	收入口径			支出口径		
	一般债务率	专项债务率	债务率	一般债务率	专项债务率	债务率
东部地区	320.18	374.26	301.45	117.02	335.16	151.01
中部地区	257.10	395.73	247.57	97.46	301.65	124.83
西部地区	274.24	755.21	299.67	97.65	596.65	138.62
全国	282.95	507.81	282.04	103.78	409.98	137.77

支出口径下的一般债务率明显较收入口径下低，全国平均水平为 103.78%，其中，东部地区最高，为 117.02%，西部地区和中部地区基本相当，分别为 97.65% 和 97.46%，三大区域之间的差距也明显缩小；从专项债务率来看，相对于收入口径的变动不大，全国平均水平为 409.98%，其中，西部地区最高，为 596.65%，东部地区次之，为 335.16%，中部地区最低，为 301.65%，可以看出，无论是收入口径还是支出口径，各地区专项债务率都超过 300%，有的地区甚至超过 700%；最后从综合的债务率来看，全国平均水平为 137.77%，其中，东部最高，为 151.01%，西部次之，为 138.62%，中部最低，为 124.83%。

表 4 - 58 列示了 2016 年我国东中西三大区域的市本级债务率的基尼系数。可以看出，在收入口径下，全国范围内一般债务率的基尼系数为 0.4639，专项债务率的基尼系数为 0.6812，专项债务率的分布不均衡状况要明显高于一般债务率，但是综合的债务率基尼系数为 0.4090，相对较低。具体分区域来看，一般债务率基尼系数最高的是东部地区，中部地区和西部地区基本相当；专项债务率基尼系数则是西部地区最高，东部地区次之，最低是中部地区；最后看综合的债务率基尼系数，东部地区最高，西部地区其次，中部地区最低。

表 4 - 58　2016 年东中西三大区域市本级债务率基尼系数

地区	收入口径			支出口径		
	一般债务率	专项债务率	债务率	一般债务率	专项债务率	债务率
东部地区	0.5073	0.5939	0.4534	0.3749	0.5746	0.3342
中部地区	0.4327	0.5542	0.3488	0.3093	0.4845	0.2880
西部地区	0.4318	0.7749	0.4025	0.4369	0.7290	0.4459
全国	0.4639	0.6812	0.4090	0.3796	0.6353	0.3636

在支出口径下，全国范围内一般债务率的基尼系数为 0.3796，专项债务率为 0.6353，专项债务率的分布不均衡状况要明显高于一般债务率，但是综合的债务率基尼系数稍有降低，为 0.3636。具体分区域来看，一般债务率基尼系数最高的是西部地区，其后为东部地区，中部地区最低；专项债务率基尼系数最高的也是西部地区，其后是东部地区，最低是中部地区；最后看综合的债务率基尼系数，西部最高，东部次之，中部地区最低。

表 4-59 列示了 2016 年我国七大区域的市本级债务率平均值。可以看出，在收入口径下，东北地区的一般债务率最高，为 531.25%，专项债务率是西南地区最高，高达 1256.41%，从综合的债务率来看，东北地区、华北地区和西南地区名列前三，分别为 445.59%、334.28% 和 300.16%；支出口径下的一般债务率明显较收入口径下低，其中，华南地区最高，为 137.21%；从专项债务率来看，西南地区最高，为 971.88%；从综合的债务率来看，华南地区最高，为 168.64%，西南地区紧随其后，为 163.67%，西北地区最低，为 92.56%。

表 4-59　2016 年七大区域市本级债务率平均值

单位：%

地区	收入口径			支出口径		
	一般债务率	专项债务率	债务率	一般债务率	专项债务率	债务率
东北地区	531.25	464.43	445.59	116.87	457.87	148.40
华北地区	363.12	468.14	334.28	116.64	309.63	146.81
华东地区	170.34	260.38	190.20	91.61	230.58	126.34
华中地区	219.05	389.32	218.10	102.34	328.33	131.19
华南地区	308.91	393.08	282.94	137.21	366.14	168.64
西南地区	239.20	1256.41	300.16	108.76	971.88	163.67
西北地区	256.11	365.62	278.03	66.50	272.58	92.56

表 4-60 列示了 2016 年我国七大区域市本级债务率的基尼系数。可以看出，在收入口径下，东北地区的一般债务率基尼系数最高，为 0.4657，西南地区的专项债务率基尼系数最高，高达 0.8082，西北地区紧随其后，也高达

0.6827，从综合的债务率来看，基尼系数有所降低，西北地区的基尼系数最高，为 0.4192，西南地区和华北地区紧随其后，分别为 0.4067 和 0.4056，华东地区最低，为 0.3346。在支出口径下，西南地区的一般债务率基尼系数最高，为 0.4416，西北地区紧随其后，为 0.4211；关于专项债务率，仍是西南地区最高，西北地区次之，二者分别为 0.7649 和 0.6316；从综合的债务率来看，西南地区最高，为 0.4583，西北地区次之，为 0.4393，华东地区最低，为 0.2735。

表 4-60　2016 年七大区域市本级债务率基尼系数

地区	收入口径			支出口径		
	一般债务率	专项债务率	债务率	一般债务率	专项债务率	债务率
东北地区	0.4657	0.5566	0.3828	0.3598	0.5852	0.3893
华北地区	0.4392	0.5855	0.4056	0.3285	0.5080	0.3060
华东地区	0.3455	0.4569	0.3346	0.2750	0.4356	0.2735
华中地区	0.4365	0.5740	0.3397	0.3591	0.4919	0.2862
华南地区	0.4219	0.5978	0.3762	0.3638	0.5342	0.3098
西南地区	0.4260	0.8082	0.4067	0.4416	0.7649	0.4583
西北地区	0.4308	0.6827	0.4192	0.4211	0.6316	0.4393

（四）2017 年

1. 前 15 名和末 15 名债务率分析

表 4-61 列示了 2017 年我国 161 个地级政府样本收入口径下市本级债务率前 15 名。从表中可以看出，债务率最高为 1437.79%，最低为 494.88%，平均为 800.44%；进一步看排名前 15 的一般债务率情况，平均值为 921.38%，最高的 3 个分别是 1894.12%、1219.67% 和 1182.17%；专项债务率的平均值为 726.62%，最高的 3 个分别为 2587.38%、1997.95% 和 1091.96%。从地级政府所在的省份来看，收入口径下本级债务率较高的地级政府主要集中在辽宁省、山东省和内蒙古自治区等。

表4-61　2017年收入口径下市本级债务率前15名地级政府情况

排名	地级政府	所在省份	一般债务率 （%）	专项债务率 （%）	债务率 （%）
1	铁岭市	辽宁省	962.63	2587.38	1437.79
2	潍坊市	山东省	1037.29	1997.95	1357.92
3	抚顺市	辽宁省	1894.12	76.24	1181.88
4	来宾市	广西壮族自治区	1013.43	946.39	993.27
5	德州市	山东省	1219.67	825.55	986.99
6	秦皇岛市	河北省	1182.17	282.66	736.75
7	包头市	内蒙古自治区	971.66	575.38	729.04
8	呼和浩特市	内蒙古自治区	918.73	581.26	705.19
9	大兴安岭地区	黑龙江省	684.16	461.39	671.10
10	河池市	广西壮族自治区	804.10	170.03	590.41
11	白城市	吉林省	499.06	1091.96	571.17
12	丹东市	辽宁省	664.13	190.04	530.90
13	普洱市	云南省	639.87	281.61	520.82
14	汉中市	陕西省	365.02	688.44	498.46
15	上饶市	江西省	964.64	142.95	494.88
前15名平均值	—	—	921.38	726.62	800.44

表4-62列示了2017年我国161个地级政府样本支出口径下市本级债务率前15名。债务率最高为415.47%，最低为247.97%，平均为305.78%；进一步看排名前15位的一般债务率情况，平均值为218.12%，最高的3个分别是330.51%、313.96%和313.88%；专项债务率的平均值为1142.09%，最高的3个分别为3461.65%、2920.66%和1853.88%。从地级政府所在的省份来看，支出口径下本级债务率较高的地级政府主要集中在云南省、山东省和广西壮族自治区等。

表4-62　2017年支出口径下市本级债务率前15名地级政府情况

排名	地级政府	所在省份	一般债务率 （%）	专项债务率 （%）	债务率 （%）
1	玉溪市	云南省	313.88	2920.66	415.47
2	德州市	山东省	283.89	741.00	408.26
3	来宾市	广西壮族自治区	286.43	1853.88	377.97
4	红河哈尼族彝族自治州	云南省	284.44	3461.65	340.47
5	铁岭市	辽宁省	163.05	1776.25	312.34
6	昆明市	云南省	147.42	450.48	309.00
7	六盘水市	贵州省	313.96	222.22	300.61

续表

排名	地级政府	所在省份	一般债务率（%）	专项债务率（%）	债务率（%）
8	普洱市	云南省	249.25	1421.23	292.60
9	潍坊市	山东省	189.89	557.57	280.83
10	龙岩市	福建省	140.91	441.30	276.68
11	上饶市	江西省	330.51	139.27	269.42
12	呼和浩特市	内蒙古自治区	157.58	584.09	254.52
13	钦州市	广西壮族自治区	136.53	721.72	250.90
14	包头市	内蒙古自治区	158.52	648.55	249.68
15	乌鲁木齐市	新疆维吾尔自治区	115.53	1191.50	247.97
前15名平均值	—	—	218.12	1142.09	305.78

表4-63列示了2017年我国161个地级政府样本收入口径下市本级债务率的末15名。从表中可以看出，债务率平均值为49.94%，一般债务率平均值为61.71%，专项债务率平均值为55.32%。从地级政府所在的省份来看，收入口径下本级债务率较低的地级政府主要集中在广东省和浙江省等。

表4-63　2017年收入口径下市本级债务率末15名地级政府情况

排名	地级政府	所在省份	一般债务率（%）	专项债务率（%）	债务率（%）
1	喀什地区	新疆维吾尔自治区	0.00	8.70	1.25
2	深圳市	广东省	4.00	1.91	3.30
3	嘉兴市	浙江省	29.01	40.48	35.79
4	杭州市	浙江省	116.54	29.99	43.54
5	凉山彝族自治州	四川省	40.32	99.00	46.70
6	庆阳市	甘肃省	51.60	122.28	55.39
7	衢州市	浙江省	102.89	36.91	55.51
8	漯河市	河南省	47.90	74.41	56.86
9	金华市	浙江省	64.10	59.04	61.31
10	汕头市	广东省	70.82	55.23	61.55
11	济南市	山东省	14.14	82.45	61.62
12	福州市	福建省	86.68	49.85	63.22
13	沧州市	河北省	111.69	45.32	65.31
14	绍兴市	浙江省	62.19	70.79	67.91
15	滁州市	安徽省	123.84	53.37	69.87
末15名平均值	—	—	61.71	55.32	49.94

表4-64列示了2017年我国161个地级政府样本支出口径下市本级债务率的末15名。从表中可以看出，债务率平均值为34.35%，一般债务率平均值为36.20%，专项债务率平均值为57.45%。从地级政府所在的省份来看，支出口径下本级债务率较低的地级政府主要集中在新疆维吾尔自治区、浙江省和甘肃省等。

表4-64 2017年支出口径下市本级债务率末15名地级政府情况

排名	地级政府	所在省份	一般债务率（%）	专项债务率（%）	债务率（%）
1	喀什地区	新疆维吾尔自治区	0.00	21.05	0.11
2	深圳市	广东省	3.53	6.25	3.86
3	凉山彝族自治州	四川省	14.85	73.28	18.20
4	塔城地区	新疆维吾尔自治区	27.02	143.52	27.72
5	临夏回族自治州	甘肃省	31.12	54.55	32.37
6	嘉兴市	浙江省	25.25	41.04	34.00
7	海北藏族自治州	青海省	34.43	0.00	34.15
8	庆阳市	甘肃省	35.10	160.33	38.68
9	杭州市	浙江省	83.49	30.87	41.94
10	漯河市	河南省	32.79	65.38	42.07
11	衢州市	浙江省	61.79	36.20	46.19
12	苏州市	江苏省	40.28	55.02	46.80
13	张掖市	甘肃省	43.47	102.54	48.04
14	文山壮族苗族自治州	云南省	50.54	23.57	50.30
15	阜阳市	安徽省	59.31	48.15	50.84
末15名平均值	—	—	36.20	57.45	34.35

2. 所有样本的债务率统计分析

表4-65列示了2017年我国东中西三大区域的市本级债务率平均值。在收入口径下，全国平均的债务率为263.54%，其中，一般债务率为312.62%，专项债务率为314.01%，一般债务率和专项债务率基本相当。分区域来看，东部地区的一般债务率最高，为328.41%，西部地区次之，为321.95%，中部地区最低，为277.84%；专项债务率有所不同，东部地区最低，为246.75%，中部地区居中，为310.83%，西部地区最高，为410.19%；从综合的债务率来看，西部地区最高，为284.32%，东部地区次之，为257.96%，中部地区最低，为249.02%。

表 4 – 65　　2017 年东中西三大区域市本级债务率平均值

单位：%

地区	收入口径			支出口径		
	一般债务率	专项债务率	债务率	一般债务率	专项债务率	债务率
东部地区	328.41	246.75	257.96	106.97	222.66	128.17
中部地区	277.84	310.83	249.02	98.48	242.60	121.51
西部地区	321.95	410.19	284.32	119.41	511.67	146.76
全国	312.62	314.01	263.54	108.43	316.07	132.01

支出口径下的一般债务率明显较收入口径下低，全国平均水平为108.43%，其中西部地区最高，为119.41%，东部地区次之，为106.97%，中部地区最低，为98.48%，三大区域之间的差距也明显缩小；从专项债务率来看，相对于收入口径的变动并不大，全国平均水平为316.07%，其中，西部地区最高，为511.67%，中部地区次之，为242.60%，东部地区最低，为222.66%，可以看出，无论是收入口径还是支出口径，各地区专项债务率都超过200%，有的地区甚至超过500%；最后从综合的债务率来看，全国平均水平为132.01%，其中，西部地区最高，为146.76%，东部地区次之，为128.17%，中部地区最低，为121.51%。

表 4 – 66 列示了 2017 年我国东中西三大区域的市本级债务率的基尼系数。可以看出，在收入口径下，全国范围内一般债务率的基尼系数为0.4377，专项债务率为0.5793，专项债务率的分布不均衡状况要明显高于一般债务率，但是综合的债务率基尼系数为0.3977，相对较低。具体分区域来看，一般债务率基尼系数最高的是东部地区，其后为中部地区，西部地区最低；专项债务率基尼系数则是西部地区最高，东部地区次之，最低是中部地区；最后看综合的债务率基尼系数，东部地区最高，中部地区次之，西部地区最低。

表 4 – 66　　2017 年东中西三大区域市本级债务率基尼系数

地区	收入口径			支出口径		
	一般债务率	专项债务率	债务率	一般债务率	专项债务率	债务率
东部地区	0.4950	0.5670	0.4654	0.3153	0.4834	0.2878
中部地区	0.4080	0.4922	0.3582	0.2646	0.4152	0.2568
西部地区	0.3601	0.6156	0.3126	0.3682	0.6423	0.3739
全国	0.4377	0.5793	0.3977	0.3268	0.5706	0.3161

在支出口径下，全国范围内一般债务率的基尼系数为 0. 3268，专项债务率的基尼系数为 0. 5706，专项债务率的分布不均衡状况要明显高于一般债务率，但是综合的债务率基尼系数相对较低，为 0. 3161。具体分区域来看，一般债务率基尼系数最高的是西部地区，其后为东部地区，中部地区最低；专项债务率基尼系数最高的也是西部地区，其后是东部地区，最低是中部地区；最后看综合的债务率基尼系数，西部最高，东部次之，中部地区最低。

表 4 - 67 列示了 2017 年我国七大区域的市本级债务率平均值。可以看出，在收入口径下，东北地区的一般债务率最高，为 580. 20%，专项债务率是西南地区最高，高达 475. 34%，从综合的债务率来看，东北地区最高，为 524. 40%，华东地区最低，为 133. 55%；支出口径下的一般债务率明显较收入口径下低，其中，西南地区最高，为 141. 65%，从专项债务率来看，也是西南地区最高，为 686. 50%，从综合的债务率来看，西南地区最高，为 166. 18%，而西北地区最低，为 83. 67%。

表 4 - 67　2017 年七大区域市本级债务率平均值

单位：%

地区	收入口径			支出口径		
	一般债务率	专项债务率	债务率	一般债务率	专项债务率	债务率
东北地区	580. 20	448. 31	524. 40	114. 26	359. 00	134. 40
华北地区	427. 99	325. 60	311. 42	121. 15	224. 65	142. 79
华东地区	161. 72	141. 84	133. 55	88. 44	143. 17	103. 84
华中地区	237. 25	277. 69	210. 16	101. 66	245. 61	124. 00
华南地区	296. 73	246. 14	249. 98	114. 75	347. 23	150. 52
西南地区	284. 07	475. 34	271. 04	141. 65	686. 50	166. 18
西北地区	271. 86	413. 42	253. 05	59. 99	299. 09	83. 67

表 4 - 68 列示了 2017 年我国七大区域市本级债务率的基尼系数。可以看出，在收入口径下，华北地区的一般债务率基尼系数最高，为 0. 4561，西北地区的专项债务率基尼系数最高，为 0. 6672，从综合的债务率来看，基尼系数相对较低，华北地区最高，为 0. 411。在支出口径下，西南地区的一般债务

率基尼系数最高，为 0.3447，西北地区紧随其后，为 0.3445；关于专项债务率，仍是西南地区的基尼系数最高，为 0.6698，西北地区次之，为 0.5998；从综合的债务率来看，西北地区的基尼系数最高，为 0.4393，其后为西南地区，基尼系数为 0.3517，最低为华中地区，基尼系数为 0.2535。

表4-68　2017年七大区域市本级债务率基尼系数

地区	收入口径			支出口径		
	一般债务率	专项债务率	债务率	一般债务率	专项债务率	债务率
东北地区	0.3282	0.6086	0.3365	0.2321	0.4819	0.2589
华北地区	0.4561	0.5276	0.4110	0.3008	0.4056	0.2662
华东地区	0.3236	0.4344	0.3174	0.2811	0.4328	0.2936
华中地区	0.3991	0.4762	0.3164	0.3139	0.4109	0.2535
华南地区	0.4306	0.4697	0.3737	0.2793	0.4760	0.2540
西南地区	0.3202	0.6202	0.2681	0.3447	0.6698	0.3517
西北地区	0.3304	0.6672	0.3474	0.3445	0.5998	0.4393

（五）2014～2017年纵向变动分析

1. 债务率平均值变动：2014～2017年

从收入口径下的市本级债务率变动来看，一般债务率平均值有逐步上升的趋势，由2014年的257.52%上升到2017年的312.62%；专项债务率呈现明显的先上升后下降的走势，2016年达到最高的507.81%，2017年又迅速下降到314.01%，但是仍比2014年的217.86%上升明显；综合来看市本级债务率，呈现先上升后下降的走势，但是整体而言有所上升，由2014年的203.34%上升到2017年的263.54%。

从支出口径下的市本级债务率变动来看，一般债务率基本保持稳定，由2014年的平均值104.44%略有降低后上升到2017年的108.43%；而专项债务率呈现明显的先上升后下降的走势，但整体是上升的，平均值由2014年的258.69%上升到2017年的316.07%；综合来看市本级债务率，基本保持稳定，从2014年的126.97%在波动中小幅上升到2017年的132.01%。

图例：
收入口径一般债务率　收入口径专项债务率　收入口径债务率
支出口径一般债务率　支出口径专项债务率　支出口径债务率

（%）

507.81

409.98

363.95
334.95

316.07
314.01
312.62

282.95
282.04
263.54

258.69
257.52

268.49
246.35

217.86
203.34

137.77
132.01

126.97
131.93

104.44
102.35
103.78
108.43

2014　2015　2016　2017　（年份）

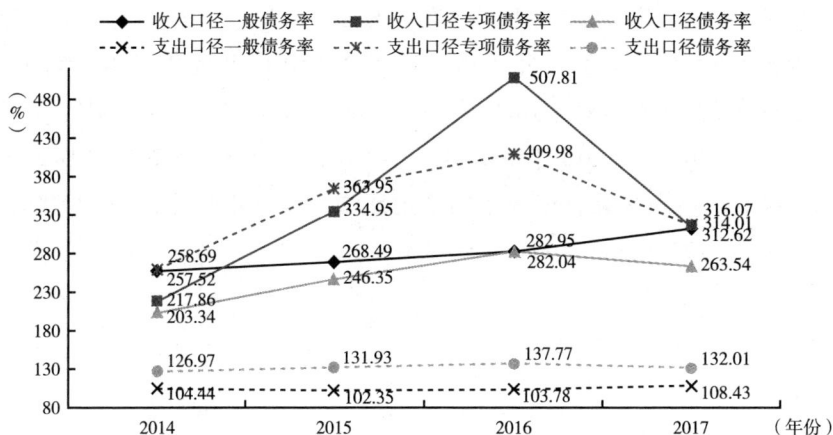

图4-3　2014~2017年地级行政区划市本级债务率平均值及其变动

2. 债务率基尼系数变动：2014~2017年

从收入口径下市本级债务率基尼系数的变动来看，一般债务率的基尼系数呈现稳步下降的趋势，由 2014 年的 0.4966 下降到 2017 年的 0.4377；专项债务率基尼系数呈现明显的先上升后下降的走势，并且波动幅度很大，由 2014 年的 0.5913 迅速上升到 2016 年的 0.6812，在 2017 年又迅速下降到 0.5793；最后来看综合债务率的基尼系数，呈现在波动中上升的趋势，由 2014 年的 0.3799 最终上升到 2017 年的 0.3977。

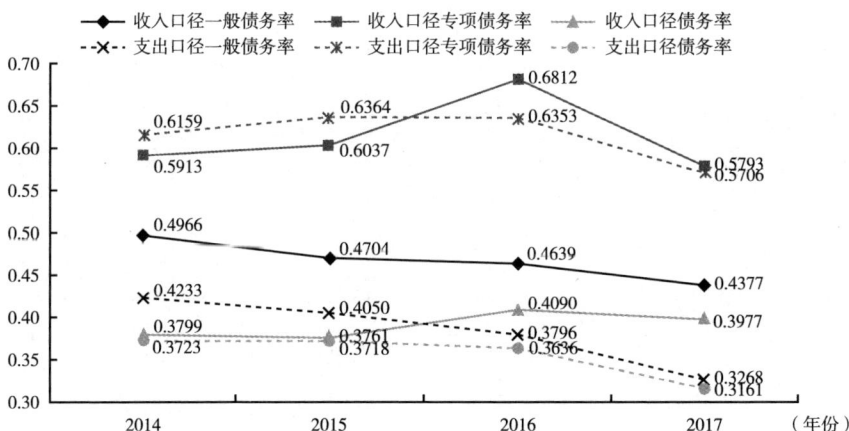

图例：
收入口径一般债务率　收入口径专项债务率　收入口径债务率
支出口径一般债务率　支出口径专项债务率　支出口径债务率

0.6812

0.6364

0.6159
0.5913

0.6037

0.6353

0.5793
0.5706

0.4966

0.4704

0.4639

0.4377

0.4233

0.4050

0.4090
0.3796
0.3636

0.3977

0.3799
0.3723

0.3761
0.3718

0.3268
0.3161

2014　2015　2016　2017　（年份）

图4-4　2014~2017年地级行政区划市本级债务率基尼系数及其变动

从支出口径下市本级债务率基尼系数的变动来看，一般债务率的基尼系数有逐步下降的趋势，由 2014 年的 0.4233 下降到 2017 年的 0.3268；专项债务率基尼系数则呈现在波动中逐步下降的走势，先由 2014 年的 0.6159 上升到 2015 年的 0.6364，在 2016 年基本不变，维持在 0.6353，在 2017 年明显下降到 0.5706；最后来看综合债务率的基尼系数，其基本趋势是稳步下降，由 2014 年的 0.3723 下降到 2017 年的 0.3161。

第五章
县域层面的地方政府债务风险状况

第一节　县域样本概述

截至 2017 年底，我国一共有 2850 个县级行政区划单位①，其中自治县 117 个、县级市 360 个、县 1365 个、市辖区 954 个以及旗、自治旗、林区和特区共 54 个②，为了行文的简洁明确，本书称之为 2850 个县域，考虑到县级政府下辖的乡镇和街道的财政职能较弱，因此不同于分析省域和市域时做全省/省本级和全市/市本级的区分，分析县级政府的债务风险只考虑全县层面。另外需要说明的是，我国的部分省份存在省直辖的县级行政区划，本书将其与其他县级行政区划一并考虑和分析。

需要说明的是，本书并没有考虑 2014～2015 年县级政府的债务状况，主要是因为这两年的县级政府债务数据缺失比较严重，因此只考虑2016～2017 年这两年，即使是这两年，也并不是所有县级政府都主动公开了债务数据，2016～2017 年纳入分析的县域样本数量如表 5－1 和表5－2 所示③。

---

① 金门县虽然从现行政区划上隶属于福建省泉州市，但实际上由中国台湾当局管辖，因此将其剔除。

② 需要说明的是，本书的考察分析期为 2016～2017 年，其间我国的县级行政区划变动较多，县级行政区划单位的名称以 2017 年为准。

③ 关于县级样本的选择，除了计算债务率所需的七个数据要齐备这一标准之外，还做了一些特殊处理或剔除，主要包括：剔除了一般公共预算收支或政府性基金收支为负值的样本，对于一般公共预算收入为零和政府性基金收入为零的县级样本，债务率指标计算无意义，进行了剔除，对于财力分母数值过小导致债务率数值过大的样本也进行了剔除，因为这种情况下债务率不能很实际地反映债务风险的大小及变化。

表 5-1   2016～2017 年纳入分析的县级样本在东中西三大区域的分布

地区	全样本数量（个）	2016 年样本		2017 年样本	
		数量（个）	比例（%）	数量（个）	比例（%）
东部地区	866	486	56. 12	451	52. 08
中部地区	998	336	33. 67	316	31. 66
西部地区	986	267	27. 08	415	42. 09
全国	2850	1089	38. 21	1182	41. 47

表 5-2   2016～2017 年纳入分析的县级样本在七大区域的分布

地区	全样本数量（个）	2016 年样本		2017 年样本	
		数量（个）	比例（%）	数量（个）	比例（%）
东北地区	288	77	26. 74	42	14. 58
华北地区	559	280	50. 09	271	48. 48
华东地区	390	241	61. 79	207	53. 08
华中地区	483	181	37. 47	164	33. 95
华南地区	255	103	40. 39	153	60. 00
西南地区	512	88	17. 19	241	47. 07
西北地区	363	119	32. 78	104	28. 65

从表 5-1 和表 5-2 可以看出，2016 年纳入县级政府债务风险分析的样本为 1089 个，占总样本数量的 38.21%，2017 年纳入县级政府债务风险分析的样本为 1182 个，占总样本数量的 41.47%，同时样本的选择也具有较好的随机性，因此能够基本反映县级政府债务风险的整体情况；同时，从东中西三大区域的分布和七大区域的分布来看，各地区占总样本的比例也基本在正常范围之内，因此本书利用上述样本对我国县级政府的债务风险状况进行分析。

同时需要说明的是，与利用多种思路方法和指标体系衡量和分析省级地方政府债务风险所不同的是，本书主要利用债务率指标来衡量县级政府债务风险，关于负债率指标，考虑到 GDP 数据的地域属性与省市县三级政府的财政特点无法对应，利用负债率来衡量地级政府的债务风险会产生较大失真或偏离，因此将其舍弃；对于 CCA 方法和内部评级法，相关数据和参数在县级政府和县级区域缺失较多，因此也不能利用。

因此，本书仍然主要利用一般债务率、专项债务率和债务率这三个指标来衡量县级政府债务风险，同时由于县级政府从上级政府获得的税收返还和转移支付数据缺失，因此不采纳自有财力和综合财力的区分，只采纳收入口径和支出口径的区分。需要说明的是，限于篇幅，本书不再逐个列示县级行政区划的债务风险状况，而根据分析解读的需要，进行排序性、分类汇总性或平均化的分析和结果展示。

第二节　县域债务风险横向分布分析

（一）2016年

1. 前30名和末30名债务率分析

表5-3列示了2016年我国1089个县级政府样本收入口径下债务率前30名。从表中可以看出，债务率最高为1297.23%，最低为602.36%，平均为881.32%；进一步看其中的一般债务率情况，平均值为910.95%，专项债务率的平均值为885.89%。在1089个县级政府样本中，一般债务率最高的5个分别是1741.95%、1663.93%、1342.68%、1287.85%和1286.38%；专项债务率最高的5个分别为4639.86%、3228.47%、2952.98%、2692.31%和1842.53%。

表5-3　2016年收入口径下债务率前30名县级政府情况

排名	县级政府	所在地市	所在省份	一般债务率（%）	专项债务率（%）	债务率（%）
1	阿尔山市	兴安盟	内蒙古自治区	1741.95	117.10	1297.23
2	玛曲县	甘南藏族自治州	甘肃省	1663.93	0.00	1194.94
3	清河门区	阜新市	辽宁省	1173.00	0.00	1167.13
4	永宁县	银川市	宁夏回族自治区	541.17	4639.86	1148.47
5	万源市	达州市	四川省	1262.86	0.00	1100.05
6	丹寨县	黔东南苗族侗族自治州	贵州省	1286.38	563.49	1088.28
7	兴和县	乌兰察布市	内蒙古自治区	1287.85	197.57	1051.60

续表

排名	县级政府	所在地市	所在省份	一般 债务率 （%）	专项 债务率 （%）	债务率 （%）
8	开江县	达州市	四川省	994.20	1134.71	1018.94
9	高坪区	南充市	四川省	210.12	2952.98	1016.39
10	黔西县	毕节市	贵州省	878.78	1296.88	989.08
11	固阳县	包头市	内蒙古 自治区	991.52	404.59	966.23
12	兴宾区	来宾市	广西壮族 自治区	1037.66	361.60	961.44
13	康巴什区	鄂尔多斯市	内蒙古 自治区	1052.46	0.00	943.28
14	华龙区	濮阳市	河南省	933.27	2692.31	937.34
15	安仁县	郴州市	湖南省	662.21	1606.21	923.79
16	织金县	毕节市	贵州省	1150.53	395.49	846.37
17	西吉县	固原市	宁夏回族 自治区	1134.66	0.00	839.08
18	麻江县	黔东南苗族 侗族自治州	贵州省	498.28	1646.24	794.63
19	平潭县	福州市	福建省	163.04	1842.53	794.55
20	盖州市	营口市	辽宁省	1342.68	76.56	740.62
21	白水县	渭南市	陕西省	1032.60	167.63	731.80
22	三都水族自治县	黔南布依族 苗族自治州	贵州省	1074.07	122.58	731.54
23	集宁区	乌兰 察布市	内蒙古 自治区	780.92	550.76	725.84
24	石阡县	铜仁市	贵州省	795.29	580.77	676.30
25	北票市	朝阳市	辽宁省	709.00	70.28	662.90
26	万山区	铜仁市	贵州省	457.92	747.20	631.95
27	屯昌县	—	海南省	786.41	359.06	625.18
28	突泉县	兴安盟	内蒙古 自治区	702.09	198.83	619.28
29	长顺县	黔南布依族 苗族自治州	贵州省	609.00	622.93	613.14
30	正安县	遵义市	贵州省	374.68	3228.47	602.36
前30名平均值	—	—	—	910.95	885.89	881.32

注：屯昌县为省直辖县级行政单位。

在上述 30 个县级政府中，隶属贵州省的最多，达到 9 个，其后是内蒙古自治区，达到 6 个，四川省和辽宁省排在第三位，均为 3 个，宁夏回族自治区有 2 个，陕西省、湖南省、河南省、海南省、广西壮族自治区、甘肃省和福建省各有 1 个。

表 5-4 列示了 2016 年我国 1089 个县级政府样本支出口径下债务率前 30 名。从表中可以看出，债务率最高为 1875.44%，最低为 214.73%，平均为 393.45%；进一步看其中的一般债务率情况，平均值为 404.81%，专项债务率的平均值为 764.58%。在 1089 个县级政府样本中，一般债务率最高的 5 个分别是 3889.88%、1036.97%、756.42%、709.86% 和 478.13%；专项债务率最高的 5 个分别为 4267.81%、2446.63%、1924.83%、1819.12% 和 1681.38%。

表 5-4　2016 年支出口径下债务率前 30 名县级政府情况

排名	县级政府	所在地市	所在省份	一般债务率（%）	专项债务率（%）	债务率（%）
1	集宁区	乌兰察布市	内蒙古自治区	3889.88	562.54	1875.44
2	康巴什区	鄂尔多斯市	内蒙古自治区	1036.97	0.00	925.69
3	清河门区	阜新市	辽宁省	756.42	0.00	686.43
4	永宁县	银川市	宁夏回族自治区	238.87	4267.81	549.25
5	双桥区	承德市	河北省	709.86	82.63	487.68
6	东洲区	抚顺市	辽宁省	478.13	465.46	476.84
7	东胜区	鄂尔多斯市	内蒙古自治区	449.72	8.76	444.21
8	观山湖区	贵阳市	贵州省	61.40	1331.84	412.46
9	沈北新区	沈阳市	辽宁省	307.96	630.63	385.03
10	独山县	黔南布依族苗族自治州	贵州省	360.95	285.22	344.19
11	涵江区	莆田市	福建省	118.46	1924.83	322.21
12	平潭县	福州市	福建省	46.94	1819.12	311.81
13	金州区	大连市	辽宁省	262.09	648.48	308.55
14	盖州市	营口市	辽宁省	350.18	72.24	294.49

续表

排名	县级政府	所在地市	所在省份	一般债务率（%）	专项债务率（%）	债务率（%）
15	曹妃甸区	唐山市	河北省	260.76	364.91	289.46
16	敦化市	延边朝鲜族自治州	吉林省	184.94	521.13	281.01
17	伊金霍洛旗	鄂尔多斯市	内蒙古自治区	271.73	170.16	269.74
18	和平区	沈阳市	辽宁省	143.23	1554.08	264.57
19	泉港区	泉州市	福建省	255.97	287.51	258.91
20	七星关区	毕节市	贵州省	334.34	32.41	256.89
21	庄河市	大连市	辽宁省	167.58	1045.10	250.12
22	黔西县	毕节市	贵州省	191.27	557.80	247.53
23	峨眉山市	乐山市	四川省	201.68	403.67	245.49
24	南湖区	嘉兴市	浙江省	127.11	465.51	243.16
25	苏家屯区	沈阳市	辽宁省	78.56	1681.38	242.96
26	锡林浩特市	锡林郭勒盟	内蒙古自治区	268.63	4.98	231.89
27	万源市	达州市	四川省	241.50	0.00	231.85
28	秀洲区	嘉兴市	浙江省	127.11	397.31	229.64
29	双台子区	盘锦市	辽宁省	188.12	905.29	221.17
30	高坪区	南充市	四川省	33.88	2446.63	214.73
前30名平均值	—	—	—	404.81	764.58	393.45

在上述30个县级政府中，隶属辽宁省的最多，达到9个，其后是内蒙古自治区，达到5个，贵州省排在第三位，有4个，四川省和福建省紧随其后，均为3个，浙江省和河北省各有2个，宁夏回族自治区和吉林省各有1个。

表5-5列示了2016年我国1089个县级政府样本收入口径下债务率末30名。从表中可以看出，债务率平均值为5.28%，一般债务率平均值为5.22%，专项债务率平均值为13.82%。在上述30个县级政府中，隶属河北省的最多，达到10个，其后是吉林省，为4个，广西壮族自治区排第三位，为3个，山东省、辽宁省和甘肃省各有2个，湖南省、湖北省、河南省、海南省、广东省、福建省和安徽省各有1个。

表 5－5 2016 年收入口径下债务率末 30 名县域政府情况

排名	县级政府	所在地市	所在省份	一般债务率（％）	专项债务率（％）	债务率（％）
1	中山区	大连市	辽宁省	0.00	0.00	0.00
2	盐田区	深圳市	广东省	0.00	0.00	0.00
3	桥西区	石家庄市	河北省	0.20	0.00	0.20
4	历下区	济南市	山东省	0.04	50.00	0.29
5	竞秀区	保定市	河北省	1.22	0.48	1.02
6	市中区	济南市	山东省	2.14	0.00	1.25
7	裕华区	石家庄市	河北省	2.31	0.00	1.88
8	港北区	贵港市	广西壮族自治区	2.06	1.06	2.06
9	雨湖区	湘潭市	湖南省	2.40	44.56	2.44
10	莲池区	保定市	河北省	2.69	0.00	2.67
11	固安县	廊坊市	河北省	8.07	0.00	3.17
12	安次区	廊坊市	河北省	5.17	0.00	3.21
13	东昌区	通化市	吉林省	2.52	58.36	3.86
14	泗县	宿州市	安徽省	0.00	6.25	4.44
15	藁城区	石家庄市	河北省	8.53	0.17	5.75
16	朝阳区	长春市	吉林省	5.89	0.00	5.82
17	绿园区	长春市	吉林省	5.83	87.32	6.10
18	渑池县	三门峡市	河南省	4.43	42.98	6.36
19	江岸区	武汉市	湖北省	7.39	0.00	7.18
20	钦北区	钦州市	广西壮族自治区	7.22	7.79	7.31
21	琼山区	海口市	海南省	7.33	0.00	7.32
22	七里河区	兰州市	甘肃省	1.84	10.74	7.99
23	桃城区	衡水市	河北省	0.00	24.06	8.16
24	皋兰县	兰州市	甘肃省	2.35	34.79	8.21
25	铁东区	四平市	吉林省	9.06	0.00	8.65
26	港南区	贵港市	广西壮族自治区	9.03	0.00	9.01
27	铁东区	鞍山市	辽宁省	9.50	0.00	9.06
28	翔安区	厦门市	福建省	16.02	9.21	10.87
29	丛台区	邯郸市	河北省	0.07	36.73	11.03
30	沧县	沧州市	河北省	33.35	0.00	13.22
末 30 名平均值	—	—	—	5.22	13.82	5.28

表5-6列示了2016年我国1089个县级政府样本支出口径下债务率末30名。从表中可以看出，债务率平均值为2.45%，一般债务率平均值为2.27%，专项债务率平均值为6.53%。在上述30个县级政府中，隶属河北省的最多，达到8个，青海省紧随其后，达到6个，山东省、广西壮族自治区和甘肃省排在第三位，均为2个，陕西省、辽宁省、吉林省、湖南省、黑龙江省、河南省、海南省、广东省、福建省和安徽省均为1个。

表5-6 2016年支出口径下债务率末30名县域政府情况

排名	县级政府	所在地市	所在省份	一般债务率（%）	专项债务率（%）	债务率（%）
1	中山区	大连市	辽宁省	0.00	0.00	0.00
2	盐田区	深圳市	广东省	0.00	0.00	0.00
3	桥西区	石家庄市	河北省	0.38	0.00	0.37
4	竞秀区	保定市	河北省	0.56	0.55	0.56
5	港北区	贵港市	广西壮族自治区	0.64	0.02	0.62
6	历下区	济南市	山东省	0.08	54.17	0.64
7	莲池区	保定市	河北省	1.07	0.00	0.80
8	玛多县	果洛藏族自治州	青海省	0.83	0.00	0.83
9	班玛县	果洛藏族自治州	青海省	0.97	0.00	0.97
10	港南区	贵港市	广西壮族自治区	1.22	0.00	1.19
11	琼山区	海口市	海南省	1.71	0.00	1.48
12	称多县	玉树藏族自治州	青海省	1.70	0.00	1.67
13	市中区	济南市	山东省	4.15	0.00	1.74
14	泗县	宿州市	安徽省	0.00	5.74	1.96
15	安次区	廊坊市	河北省	2.90	0.00	2.09
16	曲麻莱县	玉树藏族自治州	青海省	2.53	0.00	2.50
17	雨湖区	湘潭市	湖南省	2.71	0.54	2.53
18	裕华区	石家庄市	河北省	3.56	0.00	2.64
19	固安县	廊坊市	河北省	5.95	0.00	3.09
20	西乡县	汉中市	陕西省	1.34	24.65	3.15
21	朝阳区	长春市	吉林省	3.49	0.00	3.39
22	舟曲县	甘南藏族自治州	甘肃省	3.96	0.00	3.93

排名	县级政府	所在地市	所在省份	一般债务率（%）	专项债务率（%）	债务率（%）
23	清水县	天水市	甘肃省	3.99	5.67	4.13
24	共和县	海南藏族自治州	青海省	0.00	55.06	4.36
25	藁城区	石家庄市	河北省	5.64	0.19	4.39
26	台江区	福州市	福建省	5.09	2.31	4.72
27	渑池县	三门峡市	河南省	3.31	27.85	4.72
28	尖扎县	黄南藏族自治州	青海省	5.06	0.00	4.91
29	龙江县	齐齐哈尔市	黑龙江省	5.39	0.00	4.97
30	桃城区	衡水市	河北省	0.00	19.05	5.06
末30名平均值	—	—	—	2.27	6.53	2.45

2. 所有样本的债务率统计分析

表5-7列示了2016年我国东中西三大区域的县域债务率平均值。在收入口径下，全国平均的债务率为165.63%，其中，一般债务率为177.91%，专项债务率为382.38%，专项债务率明显高于一般债务率。分区域来看，西部地区的一般债务率最高，为264.05%，中部地区次之，为168.92%，东部地区最低，为136.81%；专项债务率在三大区域都超过300%，其中，西部地区最高，为533.90%，东部地区次之，为346.96%，中部地区最低，为313.22%；从综合的债务率来看，西部地区最高，为240.09%，中部地区次之，为158.13%，东部地区最低，为129.92%。

表5-7　2016年东中西三大区域县域债务率平均值

单位：%

地区	收入口径			支出口径		
	一般债务率	专项债务率	债务率	一般债务率	专项债务率	债务率
东部地区	136.81	346.96	129.92	61.22	155.54	68.58
中部地区	168.92	313.22	158.13	65.60	128.58	64.56
西部地区	264.05	533.90	240.09	49.70	174.26	60.42
全国	177.91	382.38	165.63	59.74	151.81	65.34

支出口径下的一般债务率明显较收入口径下低，全国平均水平为
59.74%，其中，中部地区最高，为65.60%，东部地区次之，为61.22%，西
部地区最低，为49.70%，并且三大区域之间的差距也明显缩小；从专项债务
率来看，虽然相对于收入口径的变动很大，下降明显，但是仍然大幅高于
100%，全国平均水平为151.81%，其中，西部地区最高，为174.26%，东部
地区次之，为155.54%，中部地区最低，为128.58%；最后从综合的债务率
来看，全国平均水平为65.34%，其中，东部地区最高，为68.58%，中部地
区次之，为64.56%，西部地区最低，为60.42%。

表5-8列示了2016年我国东中西三大区域的县域债务率的基尼系数。
可以看出，在收入口径下，全国范围内一般债务率的基尼系数为0.4860，专
项债务率的基尼系数为0.8016，专项债务率的分布不均衡状况要明显高于一
般债务率，但是综合的债务率基尼系数为0.4565，相对较低。具体分区域来
看，一般债务率基尼系数最高的是西部地区，其后为中部地区，东部地区最
低；专项债务率基尼系数则是西部地区最高，东部地区次之，最低是中部地
区；最后看综合的债务率基尼系数，西部地区最高，中部地区次之，东部地
区最低。

表5-8 2016年东中西三大区域县域债务率基尼系数

地区	收入口径			支出口径		
	一般债务率	专项债务率	债务率	一般债务率	专项债务率	债务率
东部地区	0.4586	0.7912	0.4190	0.4669	0.6728	0.4314
中部地区	0.4611	0.7487	0.4313	0.5221	0.6220	0.4388
西部地区	0.4766	0.8420	0.4630	0.5032	0.7340	0.5186
全国	0.4860	0.8016	0.4565	0.4973	0.6786	0.4591

在支出口径下，全国范围内一般债务率的基尼系数为0.4973，专项债务
率为0.6786，专项债务率的分布不均衡状况要明显高于一般债务率，但是综
合的债务率基尼系数相对较低，为0.4591。具体分区域来看，一般债务率基
尼系数最高的是中部地区，其后为西部地区，东部地区最低；专项债务率基尼
系数最高的是西部地区，其后是东部地区，最低是中部地区；最后看综合的债

务率基尼系数，西部地区最高，中部地区次之，东部地区最低。

表 5-9 列示了 2016 年我国七大区域的县域债务率平均值，可以看出，在收入口径下，西南地区的一般债务率最高，为 383.77%，专项债务率也是西南地区最高，高达 819.25%，从综合的债务率来看，西南地区最高，为 364.42%，华南地区最低，为 122.01%；支出口径下的一般债务率明显较收入口径下低，其中，西南地区最高，为 92.05%，从专项债务率来看，虽然相对于收入口径下降明显，但是除了华南地区为 65.08%，低于 100% 之外，其他地区都超过 100%，最高的西南地区高达 314.58%，从综合的债务率来看，最高的西南地区为 115.61%，华南地区最低，为 33.84%。

表 5-9　2016 年七大区域县域债务率平均值

单位：%

地区	收入口径			支出口径		
	一般债务率	专项债务率	债务率	一般债务率	专项债务率	债务率
东北地区	176.72	555.33	168.29	75.04	169.76	80.12
华北地区	163.84	354.31	148.01	75.59	107.18	70.49
华东地区	140.28	320.38	134.21	65.82	195.38	76.97
华中地区	134.04	244.56	133.74	40.81	138.89	48.36
华南地区	142.42	212.73	122.01	31.00	65.08	33.84
西南地区	383.77	819.25	364.42	92.05	314.58	115.61
西北地区	233.25	495.50	208.30	30.05	131.34	36.00

表 5-10 列示了 2016 年我国七大区域县域债务率的基尼系数，可以看出，在收入口径下，华北地区的一般债务率基尼系数最高，为 0.5170，西北地区的专项债务率基尼系数最高，为 0.8829，从综合的债务率来看，基尼系数相对较低，东北地区最高，为 0.4922。在支出口径下，华北地区的一般债务率基尼系数最高，为 0.6146，东北地区紧随其后，为 0.6129；关于专项债务率，仍是西北地区的基尼系数最高，为 0.7904，东北地区次之，为 0.7629；从综合的债务率来看，东北地区的基尼系数最高，为 0.603，最低的是华东地区，基尼系数为 0.2912。

表 5 - 10 2016 年七大区域县域债务率基尼系数

地区	收入口径			支出口径		
	一般债务率	专项债务率	债务率	一般债务率	专项债务率	债务率
东北地区	0.5015	0.8801	0.4922	0.6129	0.7629	0.6030
华北地区	0.5170	0.8229	0.4869	0.6146	0.6431	0.5259
华东地区	0.3622	0.7387	0.3239	0.2915	0.6482	0.2912
华中地区	0.4431	0.6265	0.4017	0.3313	0.5982	0.2957
华南地区	0.4618	0.7815	0.4122	0.4445	0.5755	0.3987
西南地区	0.4020	0.7466	0.3577	0.3380	0.6065	0.3297
西北地区	0.4782	0.8829	0.4656	0.4723	0.7904	0.4940

表 5 - 11 列示了 2016 年我国不同类别的县域（自治县、县级市、县和市辖区）债务率的平均值，可以看出，在收入口径下，自治县的一般债务率最高，为 277.34%，其后为县 199.42%、县级市 155.32%，最低为市辖区 130.07%；专项债务率的情况有所不同，市辖区最高，为 761.98%，其后为自治县 333.50%、县 220.12%，县级市最低，为 188.36%；从综合的债务率来看，自治县最高，其后为县、县级市，市辖区最低。支出口径下，市辖区的一般债务率最高，为 79.78%，其后为县级市 64.36%、县 48.75%，最低为自治县 40.31%；专项债务率基本类似，也是市辖区最高，为 202.43%，其后为县级市 142.84%、自治县 136.27%，县最低，为 126.48%；从综合的债务率来看，市辖区最高，其后为县级市、县，自治县最低。

表 5 - 11 2016 年不同县域类别的债务率平均值

单位：%

县域类别	收入口径			支出口径		
	一般债务率	专项债务率	债务率	一般债务率	专项债务率	债务率
自治县	277.34	333.50	234.51	40.31	136.27	45.18
县级市	155.32	188.36	147.20	64.36	142.84	71.56
县	199.42	220.12	177.52	48.75	126.48	54.34
市辖区	130.07	761.98	137.47	79.78	202.43	84.71

注：县级行政区划还包括旗、自治旗、特区、林区，其样本数量少，偶然性大，普遍意义不大，因此不纳入县域类别的分析。

（二）2017年

1. 前30名和末30名债务率分析

表5-12列示了2017年我国1182个县级政府样本收入口径下债务率前30名。从表中可以看出，债务率最高为1046.63%，最低为580.50%，平均值为752.50%；进一步看其中的一般债务率情况，平均值为746.74%，专项债务率的平均值为1566.36%。在1182个县级政府样本中，一般债务率最高的5个分别是15616.13%、6264.57%、4170.25%、2752.91%和2255.88%；专项债务率最高的5个分别为1046.63%、1013.00%、978.99%、967.81%和881.45%。

表5-12　2017年收入口径下债务率前30名县级政府情况

排名	县级政府	所在地市	所在省份	一般债务率（%）	专项债务率（%）	债务率（%）
1	商南县	商洛市	陕西省	877.23	2255.88	1046.63
2	凤山县	河池市	广西壮族自治区	33.56	2752.91	1013.00
3	白河县	安康市	陕西省	1025.58	816.73	978.99
4	阿尔山市	兴安盟	内蒙古自治区	1825.03	101.45	967.81
5	安仁县	郴州市	湖南省	717.62	1170.67	881.45
6	阿拉善左旗	阿拉善盟	内蒙古自治区	781.07	1213.81	853.55
7	岚皋县	安康市	陕西省	580.92	2027.21	849.75
8	朝天区	广元市	四川省	799.84	1548.68	848.02
9	麻江县	黔东南苗族侗族自治州	贵州省	752.90	951.10	840.46
10	石林彝族自治县	昆明市	云南省	113.15	4170.25	833.97
11	昭觉县	凉山彝族自治州	四川省	573.96	1506.37	831.32
12	青川县	广元市	四川省	888.37	509.11	820.85
13	三都水族自治县	黔南布依族苗族自治州	贵州省	983.03	228.96	820.10
14	织金县	毕节市	贵州省	1002.36	440.35	807.95

排名	县级政府	所在地市	所在省份	一般债务率（%）	专项债务率（%）	债务率（%）
15	丹寨县	黔东南苗族侗族自治州	贵州省	1420.00	205.77	777.40
16	独山县	黔南布依族苗族自治州	贵州省	1433.81	233.60	719.38
17	宁强县	汉中市	陕西省	730.04	466.64	703.82
18	南江县	巴中市	四川省	739.00	578.15	690.20
19	万山区	铜仁市	贵州省	425.84	875.44	662.84
20	紫阳县	安康市	陕西省	889.18	78.05	647.23
21	海原县	中卫市	宁夏回族自治区	745.91	294.12	639.24
22	红花岗区	遵义市	贵州省	694.55	512.40	611.64
23	奈曼旗	通辽市	内蒙古自治区	724.69	129.13	611.49
24	江源区	白山市	吉林省	658.04	278.50	602.17
25	满洲里市	呼伦贝尔市	内蒙古自治区	643.24	217.95	593.33
26	桐梓县	遵义市	贵州省	634.98	536.08	589.17
27	横山区	榆林市	陕西省	390.41	6264.57	586.98
28	循化撒拉族自治县	海东市	青海省	560.95	838.32	583.32
29	永寿县	咸阳市	陕西省	635.63	172.56	582.48
30	维西傈僳族自治县	迪庆藏族自治州	云南省	121.42	15616.13	580.50
前30名平均值	—	—	—	746.74	1566.36	752.50

在上述30个县级政府中，隶属贵州省的最多，达到8个，其后是陕西省，达到7个，四川省和内蒙古自治区均为4个，云南省为2个，青海省、宁夏回族自治区、吉林省、湖南省和广西壮族自治区各有1个。

表5-13列示了2017年我国1182个县级政府样本支出口径下债务率前30名。从表中可以看出，债务率最高为1080.99%，最低为176.07%，平均值为272.58%；进一步看其中的一般债务率情况，平均值为248.61%，专项债务率的平均值为764.51%。在1182个县级政府样本中，一般债务率最高的5个分别是1420.00%、1396.58%、345.37%、291.73%和283.29%；专项债务率最高的5个分别为2559.10%、1637.87%、1568.68%、1539.56%和1317.17%。

表 5-13 2017 年支出口径下债务率前 30 名县级政府情况

排名	县级政府	所在地市	所在省份	一般债务率（%）	专项债务率（%）	债务率（%）
1	丹寨县	黔东南苗族侗族自治州	贵州省	1420.00	438.43	1080.99
2	龙港区	葫芦岛市	辽宁省	275.25	1061.64	405.74
3	浑南区	沈阳市	辽宁省	291.73	507.31	394.13
4	阿拉善左旗	阿拉善盟	内蒙古自治区	279.24	893.76	333.92
5	安宁市	昆明市	云南省	345.37	224.31	325.89
6	红花岗区	遵义市	贵州省	260.90	493.62	318.08
7	平潭县	福州市	福建省	85.49	1183.18	316.15
8	石狮市	泉州市	福建省	1396.58	78.60	291.30
9	石林彝族自治县	昆明市	云南省	34.30	2559.10	277.79
10	都江堰市	成都市	四川省	132.98	674.35	268.41
11	曹妃甸区	唐山市	河北省	257.90	287.42	267.99
12	观山湖区	贵阳市	贵州省	45.75	598.01	259.34
13	大新县	崇左市	广西壮族自治区	283.29	93.42	248.54
14	独山县	黔南布依族苗族自治州	贵州省	237.33	233.68	236.61
15	和平区	沈阳市	辽宁省	133.85	1103.85	234.56
16	黔西县	毕节市	贵州省	181.42	369.82	220.73
17	庄河市	大连市	辽宁省	140.22	1637.87	218.90
18	金州区	大连市	辽宁省	184.67	367.53	211.24
19	永安市	三明市	福建省	150.15	695.28	208.49
20	桥西区	张家口市	河北省	242.03	36.24	207.99
21	迁西县	唐山市	河北省	95.21	1148.45	196.92
22	峨眉山市	乐山市	四川省	148.90	373.60	194.28
23	旌阳区	德阳市	四川省	56.14	1230.52	190.38
24	织金县	毕节市	贵州省	155.98	1539.56	187.80
25	秀屿区	莆田市	福建省	53.81	1568.68	186.20
26	永定区	龙岩市	福建省	181.87	182.79	182.06
27	万山区	铜仁市	贵州省	63.90	899.83	180.89
28	晋江市	泉州市	福建省	100.31	455.38	178.09
29	山海关区	秦皇岛市	河北省	149.32	681.94	177.90
30	雁江区	资阳市	四川省	74.41	1317.17	176.07
前 30 名平均值	—	—	—	248.61	764.51	272.58

在上述 30 个县级政府中，隶属贵州省的最多，达到 7 个，其后是福建省，达到 6 个，辽宁省为 5 个，四川省和河北省均为 4 个，云南省为 2 个，内蒙古自治区和广西壮族自治区各有 1 个。

表 5-14 列示了 2017 年我国 1182 个县级政府样本收入口径下债务率末 30 名。从表中可以看出，债务率平均值为 3.46%，一般债务率平均值为 3.76%，专项债务率的平均值为 112.10%。在上述 30 个县级政府中，隶属广东省的最多，达到 9 个，其后是河北省，达到 6 个，山东省和海南省均为 3 个，山西省和湖北省均为 2 个，陕西省、湖南省、广西壮族自治区、福建省和安徽省各有 1 个。

表 5-14 2017 年收入口径下县域债务率末 30 名县级政府情况

排名	县级政府	所在地市	所在省份	一般债务率（%）	专项债务率（%）	债务率（%）
1	禹会区	蚌埠市	安徽省	0.00	0.00	0.00
2	海棠区	三亚市	海南省	0.00	0.00	0.00
3	美兰区	海口市	海南省	0.00	0.00	0.00
4	蒸湘区	衡阳市	湖南省	0.00	0.00	0.00
5	越秀区	广州市	广东省	0.00	0.00	0.00
6	龙华区	海口市	海南省	0.00	0.00	0.00
7	盐田区	深圳市	广东省	0.00	0.00	0.00
8	南山区	深圳市	广东省	0.00	0.00	0.00
9	恩平市	江门市	广东省	22.53	0.00	0.01
10	长安区	石家庄市	河北省	0.02	0.00	0.02
11	桥西区	石家庄市	河北省	0.09	0.00	0.07
12	历下区	济南市	山东省	0.16	0.00	0.15
13	新华区	沧州市	河北省	0.08	6.46	0.97
14	尖草坪区	太原市	山西省	1.25	0.00	1.25
15	沙市区	荆州市	湖北省	1.41	0.00	1.39
16	赤坎区	湛江市	广东省	3.57	0.00	3.56
17	荔湾区	广州市	广东省	2.16	9.77	4.06
18	海珠区	广州市	广东省	0.00	16.75	4.42
19	吴起县	延安市	陕西省	4.79	0.00	4.54
20	江岸区	武汉市	湖北省	1.80	118.60	4.64

续表

排名	县级政府	所在地市	所在省份	一般债务率（%）	专项债务率（%）	债务率（%）
21	安次区	廊坊市	河北省	4.26	5.16	4.90
22	晋源区	太原市	山西省	5.14	0.00	5.13
23	龙湖区	汕头市	广东省	6.64	287.04	6.73
24	大厂回族自治县	廊坊市	河北省	13.14	0.00	7.13
25	永清县	廊坊市	河北省	7.35	8.52	7.90
26	港北区	贵港市	广西壮族自治区	8.19	0.00	8.18
27	崂山区	青岛市	山东省	1.46	20.43	8.21
28	香洲区	珠海市	广东省	13.26	2.31	9.21
29	市北区	青岛市	山东省	6.26	2874.90	9.63
30	翔安区	厦门市	福建省	9.35	13.19	11.71
末30名平均值	—	—	—	3.76	112.10	3.46

表5－15列示了2017年我国1182个县级政府样本支出口径下债务率末30名。从表中可以看出，债务率平均值为1.93%，一般债务率平均值为1.78%，专项债务率平均值为4.25%。在上述30个县级政府中，隶属广东省的最多，达到8个，其后是河北省，为4个，西藏自治区、山西省和海南省均为3个，新疆维吾尔自治区、陕西省、山东省、青海省、湖南省、湖北省、广西壮族自治区、甘肃省和安徽省各有1个。

表5－15　2017年支出口径下县域债务率末30名县级政府情况

排名	县级政府	所在地市	所在省份	一般债务率（%）	专项债务率（%）	债务率（%）
1	禹会区	蚌埠市	安徽省	0.00	0.00	0.00
2	海棠区	三亚市	海南省	0.00	0.00	0.00
3	美兰区	海口市	海南省	0.00	0.00	0.00
4	蒸湘区	衡阳市	湖南省	0.00	0.00	0.00
5	越秀区	广州市	广东省	0.00	0.00	0.00
6	龙华区	海口市	海南省	0.00	0.00	0.00
7	盐田区	深圳市	广东省	0.00	0.00	0.00

续表

排名	县级政府	所在地市	所在省份	一般债务率（%）	专项债务率（%）	债务率（%）
8	南山区	深圳市	广东省	0.00	0.00	0.00
9	金湾区	珠海市	广东省	0.00	47.75	0.01
10	长安区	石家庄市	河北省	0.04	0.00	0.03
11	桥西区	石家庄市	河北省	0.16	0.00	0.11
12	历下区	济南市	山东省	0.34	0.00	0.31
13	晋源区	太原市	山西省	2.94	0.00	0.75
14	尖草坪区	太原市	山西省	1.58	0.00	0.85
15	赤坎区	湛江市	广东省	1.36	0.00	1.29
16	新华区	沧州市	河北省	0.12	5.74	1.32
17	荔湾区	广州市	广东省	1.11	7.21	2.26
18	沙市区	荆州市	湖北省	2.36	0.00	2.26
19	海珠区	广州市	广东省	0.00	16.75	2.51
20	港北区	贵港市	广西壮族自治区	2.88	0.00	2.80
21	墨脱县	林芝市	西藏自治区	3.04	0.00	2.93
22	合作市	甘南藏族自治州	甘肃省	1.69	19.99	3.17
23	龙湖区	汕头市	广东省	3.96	0.25	3.27
24	安次区	廊坊市	河北省	2.52	5.48	4.23
25	米林县	林芝市	西藏自治区	4.55	0.00	4.42
26	波密县	林芝市	西藏自治区	4.84	0.00	4.76
27	柯坪县	阿克苏地区	新疆维吾尔自治区	5.04	0.00	4.82
28	尖扎县	黄南藏族自治州	青海省	5.17	0.00	5.00
29	阳高县	大同市	山西省	4.01	24.22	5.27
30	吴起县	延安市	陕西省	5.76	0.00	5.56
末30名平均值	—	—	—	1.78	4.25	1.93

2. 所有样本的债务率统计分析

表5-16列示了2017年我国东中西三大区域的县域债务率平均值。在收入口径下，全国平均的债务率为163.19%，其中，一般债务率为181.25%，专项债务率为399.57%，专项债务率明显高于一般债务率。分区域来看，西

部地区的一般债务率最高，为262.06%，中部地区次之，为166.63%，东部地区最低，为117.12%；专项债务率西部地区最高，为538.25%，东部地区次之，为351.54%，中部地区最低，为285.97%；从综合的债务率来看，西部地区最高，为232.59%，中部地区次之，为153.37%，东部地区最低，为106.22%。

表5-16　2017年东中西三大区域县域债务率的平均值

单位：%

地区	收入口径			支出口径		
	一般债务率	专项债务率	债务率	一般债务率	专项债务率	债务率
东部地区	117.12	351.54	106.22	53.65	151.14	59.09
中部地区	166.63	285.97	153.37	47.27	124.47	50.36
西部地区	262.06	538.25	232.59	53.81	195.67	63.85
全国	181.25	399.57	163.19	52.00	159.64	58.42

支出口径下的一般债务率明显较收入口径下低，全国平均水平为52.00%，其中，西部地区最高，为53.81%，东部地区紧随其后，为53.65%，中部地区最低，为47.27%，并且三大区域之间的差距也明显缩小，西部地区和东部地区几乎没有差别；从专项债务率来看，虽然相对于收入口径下降明显，但是仍然大幅高于100%，全国平均水平为159.64%，其中，西部地区最高，为195.67%，东部地区次之，为151.14%，中部地区最低，为124.47%；最后从综合的债务率来看，全国平均水平58.42%，其中，西部地区最高，为63.85%，东部地区次之，为59.09%，中部地区最低，为50.36%。

表5-17列示了2017年我国东中西三大区域的县域债务率的基尼系数。可以看出，在收入口径下，全国范围内一般债务率的基尼系数为0.4727，专项债务率的基尼系数为0.8077，专项债务率的分布不均衡状况要明显高于一般债务率，但是综合的债务率基尼系数为0.4364，相对较低。具体分区域来看，一般债务率基尼系数最高的是东部地区，其后为中部地区，西部地区最低；专项债务率基尼系数则是西部地区最高，东部地区次之，最低是中部地区；最后看综合的债务率基尼系数，东部地区最高，中部地区次之，西部地区最低。

表 5-17　2017 年东中西三大区域县域债务率基尼系数

地区	收入口径			支出口径		
	一般债务率	专项债务率	债务率	一般债务率	专项债务率	债务率
东部地区	0.4686	0.8196	0.4186	0.4797	0.6690	0.4124
中部地区	0.4444	0.7283	0.4031	0.4085	0.5685	0.3308
西部地区	0.4180	0.8231	0.3891	0.4349	0.6246	0.4246
全国	0.4727	0.8077	0.4364	0.4479	0.6382	0.4013

在支出口径下，全国范围内一般债务率的基尼系数为 0.4479，专项债务率的基尼系数为 0.6382，专项债务率的分布不均衡状况要明显高于一般债务率，但是综合的债务率基尼系数相对较低，为 0.4013。具体分区域来看，一般债务率基尼系数最高的是东部地区，其后为西部地区，中部地区最低；专项债务率基尼系数最高的是东部地区，其后是西部地区，最低是中部地区；最后看综合的债务率基尼系数，西部地区最高，东部地区次之，中部地区最低。

表 5-18 列示了 2017 年我国七大区域的县域债务率平均值，可以看出，在收入口径下，西北地区的一般债务率最高，为 288.09%，西南地区紧随其后，为 278.97%；专项债务率是西南地区最高，为 632.87；从综合的债务率来看，西南地区最高，为 251.15%，西北地区紧随其后，为 250.92%。支出口径下的一般债务率明显较收入口径下低，其中，华东地区最高，为 74.70%；从专项债务率来看，虽然相对于收入口径下降明显，但是除了华南地区为 82.64%，低于 100% 之外，其他地区都超过 100%，最高的东北地区为 266.49%；从综合的债务率来看，最高的是西南地区，为 82.57%，最低的是华南地区，为 34.74%。

表 5-18　2017 年县域债务率七大区域平均值

单位：%

地区	收入口径			支出口径		
	一般债务率	专项债务率	债务率	一般债务率	专项债务率	债务率
东北地区	197.02	280.40	197.15	62.49	266.49	76.23
华北地区	140.31	485.63	128.00	45.21	120.25	51.25
华东地区	135.96	218.99	117.71	74.70	186.63	73.49
华中地区	144.58	290.53	134.58	40.70	118.63	46.81
华南地区	123.45	309.82	110.24	30.09	82.64	34.74
西南地区	278.97	632.87	251.15	68.41	230.72	82.57
西北地区	288.09	346.15	250.92	32.27	178.66	37.17

表 5 – 19 列示了 2017 年我国七大区域县域债务率的基尼系数，可以看出，在收入口径下，华北地区的一般债务率基尼系数最高，为 0.5125，华南地区的专项债务率基尼系数最高，为 0.8757，从综合的债务率来看，基尼系数相对较低，华北地区最高，为 0.4697。在支出口径下，华北地区的一般债务率基尼系数最高，为 0.4834，华东地区的专项债务率基尼系数最高，为 0.6926，从综合的债务率来看，东北地区的基尼系数最高，为 0.5022，最低为华东地区，基尼系数为 0.2754。

表 5 – 19　2017 年七大区域县域债务率基尼系数

地区	收入口径			支出口径		
	一般债务率	专项债务率	债务率	一般债务率	专项债务率	债务率
东北地区	0.3785	0.6390	0.3815	0.4553	0.6871	0.5022
华北地区	0.5125	0.8340	0.4697	0.4834	0.5991	0.4267
华东地区	0.3758	0.7212	0.3249	0.3671	0.6926	0.2754
华中地区	0.4307	0.7304	0.3604	0.3830	0.5173	0.2930
华南地区	0.4879	0.8757	0.4571	0.4462	0.6311	0.3980
西南地区	0.3989	0.8021	0.3528	0.4089	0.5600	0.3803
西北地区	0.4431	0.7549	0.4257	0.3497	0.6877	0.3504

表 5 – 20 列示了 2017 年我国不同类别的县域（自治县、县级市、县和市辖区）债务率的平均值状况。可以看出，在收入口径下，自治县的一般债务率最高，为 261.77%，其后为县 217.12%、县级市 160.00%，最低为市辖区 109.77%；专项债务率的情况有所不同，市辖区最高，为 810.23%，其后为自治县 549.61%、县 202.52%，县级市最低，为 197.73%；从综合的债务率来看，自治县最高，其后为县和县级市，市辖区最低。支出口径下，县级市的一般债务率最高，为 73.70%，其后为市辖区 52.02%、县 47.24%，最低为自治县 38.05%；专项债务率则是市辖区最高，为 193.16%，其后为自治县 188.49%、县级市 157.43%，县最低，为 137.70%；从综合的债务率来看，县级市最高，其后为市辖区、县，自治县最低。

表5-20 2017年不同县域类别的债务率平均值

单位：%

县域类别	收入口径			支出口径		
	一般债务率	专项债务率	债务率	一般债务率	专项债务率	债务率
自治县	261.77	549.61	242.25	38.05	188.49	46.68
县级市	160.00	197.73	145.55	73.70	157.43	71.64
县	217.12	202.52	185.78	47.24	137.70	52.61
市辖区	109.77	810.23	113.73	52.02	193.16	63.56

第三节 县域债务风险纵向变动分析：2016～2017年

2016年纳入分析的县级政府样本数量是1089个，2017年是1182个，基于足够大样本数量，为实现充分利用，以上述样本分析2016～2017年的变动情况。但是，纵向变动反映的应该是样本自身特征的变动而不是纳入分析的样本数量的变动，在样本不一致的情况下，纵向变动无法区分其变动是样本自身的变动导致的还是纳入分析的样本发生变化导致的，因此本书进一步将2016～2017年的县级样本进行筛选，仅保留两年都纳入分析的样本。

（一）基于足够大样本数量的纵向变动分析

1. 债务率平均值变动：2016～2017年

从收入口径下的债务率变动来看，2017年的一般债务率平均值181.25%相对于2016年的177.91%有所上升，专项债务率也较2016年有所上升，由2016年的平均值382.38%上升到2017年的399.57%，综合来看债务率，较2016年有所下降，由2016年的平均值165.63%下降为2017年的163.19%；从支出口径下的债务率变动来看，一般债务率较2016年下降明显，由2016年的平均值59.74%下降到2017年的52.00%，而专项债务率则有所上升，由2016年的平均值151.81%上升到2017年的159.64%，综合来看债务率有所下降，由2016年的平均值65.34%下降到2017年的58.42%（见图5-1）。

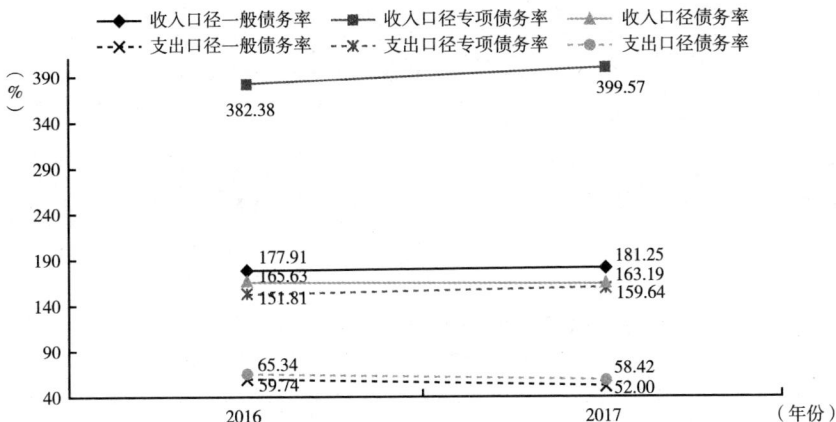

图 5 - 1　2016 ~ 2017 年县级政府债务率平均值
基于足够大样本数量

2. 债务率基尼系数变动：2016 ~ 2017 年

从收入口径下债务率基尼系数的变动来看，一般债务率的基尼系数有所下降，由 2016 年的 0.486 下降到 2017 年的 0.4727；专项债务率的基尼系数则有所上升，由 2016 年的 0.8016 上升到 2017 年的 0.8077；综合的债务率的基尼系数有所下降，由 2016 年的 0.4565 下降到 2017 年的 0.4364。从支出口径下债务率基尼系数的变动来看，一般债务率的基尼系数有所下降，由 2016 年的 0.4973 下降到 2017 年的 0.4479；专项债务率的基尼系数也有所下降，由 2016 年的 0.6786 下降到 2017 年的 0.6382；综合的债务率的基尼系数明显下降，由 2016 年的 0.4591 下降到 2017 年的 0.4013（见图 5 - 2）。

（二）基于一致样本的纵向变动分析

表 5 - 21 和表 5 - 22 列示了 2016 ~ 2017 年两年都纳入分析的县级样本在东中西三大区域和七大区域的分布情况，可以看出，样本具有较好的随机性，并且在各个区域中所占比例也基本在正常范围之内，因此可以利用表中的样本对我国县级政府 2016 ~ 2017 年的债务风险纵向变动状况进行分析。

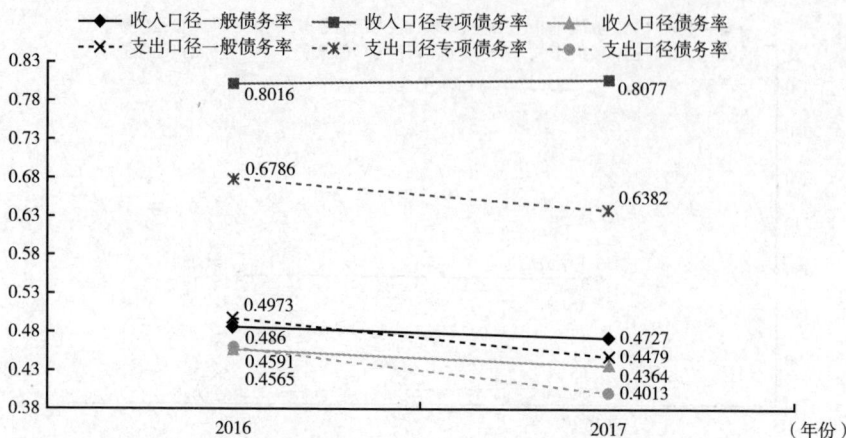

图 5－2　2016～2017 年县级政府债务率基尼系数基于足够大样本数量

表 5－21　2016～2017 年两年都纳入分析的县域样本在东中西三大区域的分布

地区	全样本数量（个）	2016～2017 年样本	
		数量（个）	比例（%）
东部地区	866	293	33.83
中部地区	998	146	14.63
西部地区	986	134	13.59
全国	2850	573	20.11

表 5－22　2016～2017 年两年都纳入分析的县域样本在七大区域的分布

地区	全样本数量（个）	2016～2017 年样本	
		数量（个）	比例（%）
东北地区	288	21	7.29
华北地区	559	162	28.98
华东地区	390	149	38.21
华中地区	483	82	16.98
华南地区	255	71	27.84
西南地区	512	50	9.77
西北地区	363	38	10.47

1. 债务率平均值变动：2016～2017年

从收入口径下的债务率变动来看，2017 年一般债务率的平均值有所上升，由 2016 年的 168.57% 上升到 173.24%，专项债务率上升明显，由 2016 年的平均值 367.66% 上升到 2017 年的 673.33%，综合的债务率平均值则有所下降，由 2016 年的平均值 157.14% 下降为 2017 年的 151.18%；从支出口径下的债务率变动来看，一般债务率有所上升，由 2016 年的平均值 51.94% 上升到 2017 年的 57.65%，而专项债务率则有所下降，由 2016 年的平均值 146.32% 下降到 2017 年的 143.51%，综合的债务率则有所上升，由 2016 年的平均值 60.71% 上升到 2017 年的 61.71%（见图 5－3）。

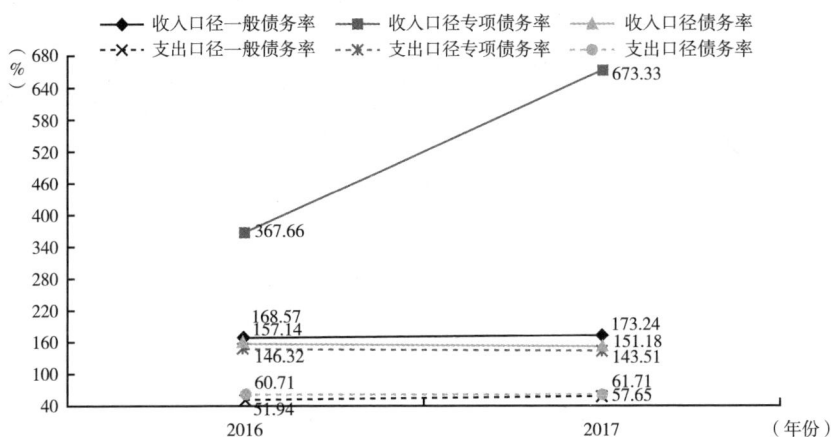

图 5－3　2016～2017 年县级政府债务率平均值基于一致样本

2. 债务率基尼系数变动：2016～2017年

从收入口径下债务率基尼系数的变动来看，一般债务率的基尼系数有所上升，由 2016 年的 0.4713 上升到 2017 年的 0.4838，专项债务率的基尼系数也有所上升，由 2016 年的 0.7904 上升到 2017 年的 0.8844，综合的债务率基尼系数则有所下降，由 2016 年的 0.4405 下降到 2017 年的 0.4384；从支出口径下债务率基尼系数的变动来看，一般债务率的基尼系数有所上升，由 2016 年的 0.4224 上升到 2017 年的 0.4725，专项债务率的基尼系数则有所下降，由 2016 年的 0.6518 下降到 2017 年的 0.6124，综合的债务率基尼系数有所下降，由 2016 年的 0.415 下降到 2017 年的 0.405。

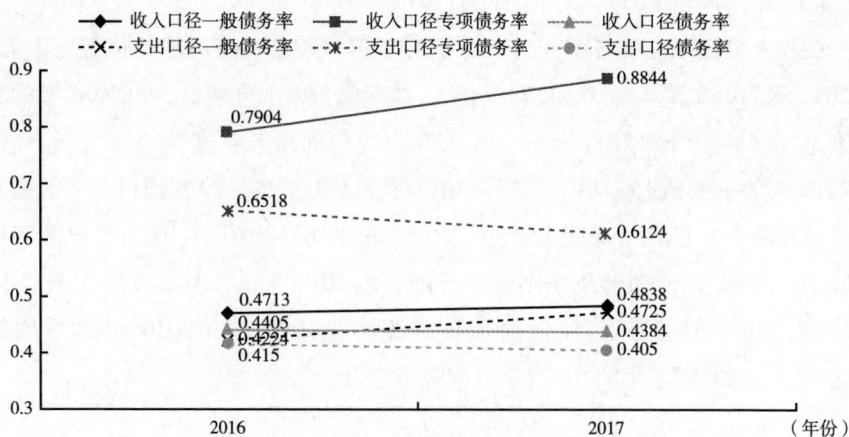

图5－4 2016～2017年县级政府债务率基尼系数基于一致样本

第六章
中国地方政府债务风险综合指数与省份排名

上文分别从省域层面（全省和省本级）、市域层面（全市和市本级）和县域层面分析了我国地方政府债务的风险状况，接下来本书基于上述数据给出综合性结论及分析，即以综合指数的形式对我国 31 个省份的地方政府债务风险状况进行量化评价和比较，并且这种比较不仅可以是横向的，也可以是纵向的，用以对 31 个省份地方政府债务风险的变化进行跟踪研究。需要说明的是，受限于县级政府 2014～2015 年债务数据的缺失，本书仅量化评价 2016～2017 年的省域地方政府债务风险。

第一节　省域地方政府债务风险指标构建思路和方法

总体来看，全省地方政府债务率是衡量一个省份债务风险最为重要的指标，但是这个指标也存在不足，即不能反映或度量一个省份之内不同层级地方政府债务风险的分布情况，而这一因素无疑也是反映地方政府债务风险的重要方面。基于这种考虑，本书将 31 个省份的省级政府及其下辖的所有县级及以上政府的债务风险分布状况纳入考虑，即包括省本级政府、市本级政府和县级政府共三级地方政府，并计算债务率的基尼系数来度量债务风险的分布状况。基于上述思路，衡量一个省份债务风险状况的指标有两个，一个是全省地方政府债务率，另一个是债务风险的基尼系数，本书认为这两个指标分别反映了债务风险相对独立的两个方面，因此综合考虑这两个因素，能够更加全面地衡量债务风险状况。

表 6-1 和表 6-2 分别列示了 2016 年和 2017 年纳入基尼系数计算的各个省份的样本数量，可以看出，除了四个直辖市和西藏自治区是个位数之外，其他省份都在十个以上，当然省份之间的数量差异较大，但是在一般情况下，基

尼系数的计算与样本数量之间并没有明确的直接联系，因此计算得到的各个省份的基尼系数基本是可信的。

表6-1　2016年全国31个省份纳入债务风险基尼系数计算的地方政府样本数量

单位：个

省份	省级政府	地级政府	县级政府	合计
安徽省	1	16	69	86
北京市	1	0	8	9
福建省	1	9	62	72
甘肃省	1	12	50	63
广东省	1	17	34	52
广西壮族自治区	1	12	60	73
贵州省	1	8	42	51
海南省	1	1	9	11
河北省	1	9	129	139
河南省	1	16	67	84
黑龙江省	1	10	16	27
湖北省	1	9	34	44
湖南省	1	12	37	50
吉林省	1	6	16	23
江苏省	1	13	44	58
江西省	1	9	43	53
辽宁省	1	12	45	58
内蒙古自治区	1	9	40	50
宁夏回族自治区	1	2	12	15
青海省	1	7	20	28
山东省	1	16	88	105
山西省	1	8	14	23
陕西省	1	10	23	34
上海市	1	0	6	7
四川省	1	17	38	56
天津市	1	0	1	2
西藏自治区	1	3	0	4
新疆维吾尔自治区	1	8	14	23
云南省	1	11	5	17
浙江省	1	10	60	71
重庆市	1	0	3	4
样本总数	31	272	1089	1392

表 6-2　2017 年全国 31 个省份纳入基尼系数计算的地方政府样本数量

单位：个

省份	省级政府	地级政府	县级政府	合计
安徽省	1	5	57	63
北京市	1	0	12	13
福建省	1	5	46	52
甘肃省	1	7	21	29
广东省	1	15	75	91
广西壮族自治区	1	12	70	83
贵州省	1	5	45	51
海南省	1	0	8	9
河北省	1	11	118	130
河南省	1	5	63	69
黑龙江省	1	3	9	13
湖北省	1	8	29	38
湖南省	1	4	43	48
吉林省	1	3	11	15
江苏省	1	9	36	46
江西省	1	7	29	37
辽宁省	1	7	22	30
内蒙古自治区	1	2	17	20
宁夏回族自治区	1	1	4	6
青海省	1	1	10	12
山东省	1	14	59	74
山西省	1	7	58	66
陕西省	1	3	58	62
上海市	1	0	9	10
四川省	1	7	111	119
天津市	1	0	7	8
西藏自治区	1	0	3	4
新疆维吾尔自治区	1	3	11	15
云南省	1	10	61	72
浙江省	1	7	59	67
重庆市	1	0	21	22
样本总数	31	161	1182	1374

计算得到每个省份债务风险的基尼系数之后，如何与全省的政府债务率进行综合，计算得到单一的综合指标，本书的主要考虑和基本原则是：首先基于该指标应能够进行纵向比较，有的指标处理方法为了消除不同指标度量单位和数值之间的差异，采取标准化的方法以便于加权平均和横向对比，但是这种标

准化的处理方法往往剔除了数值纵向变动的信息，因此处理得到的数值无法进行纵向比较和分析；其次，保持指标计算参数的稳定，多个指标综合成一个指标，往往涉及权重的计算或设定，如果采取相对固定的权重设定方法，往往侧重主观判断，如果基于数值本身计算得到权重，则权重在每一年又有变化，不利于指标的纵向分析。综合考虑，本书采取两个指标相乘的构造方法，避免了指标相加所必需的权重设定和数值标准化等步骤，计算方式固定，并且基于原始数据也能够进行纵向比较分析①。

第二节　全国31个省域地方政府风险得分及排行

（一）31个省份地方债务风险基尼系数：2016～2017年

基于表6-1和表6-2的样本，可以计算得到2016～2017年31个省份地方政府债务风险基尼系数，如表6-3和表6-4所示。

从表6-3可以看出，在2016年，我国31个省份之内省市县三级地方政府债务风险的分布均衡情况是有很大差异的。从收入口径下的债务风险来看，一般债务率基尼系数最高的6个省份及其数值分别是上海市0.5898、辽宁省0.5616、江西省0.5386、河北省0.5142、山东省0.5054、海南省0.4928；最低的6个省份及其数值分别是浙江省0.3409、湖南省0.3393、云南省0.3247、宁夏回族自治区0.3194、安徽省0.2898、天津市0.2476。专项债务率基尼系数最高的6个省份及其数值分别是黑龙江省0.9348、甘肃省0.8772、青海省0.8653、宁夏回族自治区0.858、山东省0.8357、广西壮族自治区0.7892；最低的6个省份及其数值分别是湖北省0.5375、海南省0.4982、江苏省0.4679、上海市0.4431、天津市0.4027、重庆市0.3503。综合来看，债务率基尼系数最高的6个省份及其数值分别是辽宁省0.5334、青海省0.5112、河北省0.4921、江西省0.4689、吉林省0.4534、广西壮族自治区0.451；最低的6个

---

① 需要说明的是，两个指标相乘的方法也存在不足之处，主要在于基尼系数为零或接近零会使最终得分为零或接近零，而无论债务率数值是多少，因此这一指标的构造只能在基尼系数明显大于零时才能较好反映真实债务风险，尤其是如果债务率较高而基尼系数较低，债务风险度量的偏离程度就会较大，但是这种情况很少。

省份及其数值分别是湖南省 0.3154、湖北省 0.3101、贵州省 0.2765、安徽省 0.2744、浙江省 0.2646、天津市 0.0396。

表 6 - 3　2016 年全国 31 个省份债务率基尼系数

省份	收入口径			支出口径		
	一般债务率	专项债务率	债务率	一般债务率	专项债务率	债务率
安徽省	0.2898	0.5886	0.2744	0.1842	0.5256	0.2521
北京市	0.4835	0.6736	0.3655	0.3784	0.6142	0.3522
福建省	0.3651	0.6964	0.3408	0.3815	0.6082	0.3814
甘肃省	0.4425	0.8772	0.4226	0.4047	0.7308	0.4159
广东省	0.4486	0.6985	0.4305	0.5087	0.6521	0.4904
广西壮族自治区	0.4738	0.7892	0.4510	0.5627	0.6966	0.5746
贵州省	0.3756	0.7630	0.2765	0.3316	0.7094	0.3147
海南省	0.4928	0.4982	0.4244	0.5258	0.3546	0.4020
河北省	0.5142	0.7316	0.4921	0.5614	0.6578	0.5249
河南省	0.4405	0.5793	0.3609	0.4077	0.5365	0.3562
黑龙江省	0.4855	0.9348	0.4111	0.4770	0.7391	0.5089
湖北省	0.3545	0.5375	0.3101	0.2333	0.5785	0.2481
湖南省	0.3393	0.6797	0.3154	0.3401	0.6284	0.3622
吉林省	0.4833	0.5405	0.4534	0.5067	0.5496	0.5213
江苏省	0.4138	0.4679	0.3701	0.3024	0.4174	0.2813
江西省	0.5386	0.5640	0.4689	0.4776	0.4644	0.4432
辽宁省	0.5616	0.7244	0.5334	0.5197	0.7311	0.5218
内蒙古自治区	0.4109	0.7034	0.3810	0.6236	0.6578	0.5183
宁夏回族自治区	0.3194	0.8580	0.4032	0.3468	0.8640	0.4874
青海省	0.4810	0.8653	0.5112	0.6097	0.8509	0.6229
山东省	0.5054	0.8357	0.4499	0.4088	0.5820	0.3796
山西省	0.3667	0.7060	0.3525	0.4532	0.5877	0.4763
陕西省	0.4684	0.7434	0.4149	0.4126	0.5905	0.4545
上海市	0.5898	0.4431	0.3333	0.5476	0.3786	0.2685
四川省	0.4202	0.6833	0.4055	0.3585	0.5700	0.3356
天津市	0.2476	0.4027	0.0396	0.2093	0.4317	0.1040
西藏自治区	0.3862	0.7500	0.3321	0.3204	0.7500	0.2302
新疆维吾尔自治区	0.4022	0.7824	0.3815	0.5753	0.7556	0.5726
云南省	0.3247	0.7443	0.3558	0.3463	0.6586	0.4297
浙江省	0.3409	0.7606	0.2646	0.2760	0.6657	0.2653
重庆市	0.4183	0.3503	0.3593	0.1340	0.2282	0.1422
全国	0.4903	0.7813	0.4604	0.4858	0.6923	0.4682

从支出口径下的债务风险来看，一般债务率基尼系数最高的 6 个省份及其数值分别是内蒙古自治区 0.6236、青海省 0.6097、新疆维吾尔自治区 0.5753、广西壮族自治区 0.5627、河北省 0.5614、上海市 0.5476；最低的 6 个省份及其数值分别是江苏省 0.3024、浙江省 0.276、湖北省 0.2333、天津市 0.2093、安徽省 0.1842、重庆市 0.134。专项债务率基尼系数最高的 6 个省份及其数值分别是宁夏回族自治区 0.864、青海省 0.8509、新疆维吾尔自治区 0.7556、西藏自治区 0.75、黑龙江省 0.7391、辽宁省 0.7311；最低的 6 个省份及其数值分别是江西省 0.4644、天津市 0.4317、江苏省 0.4174、上海市 0.3786、海南省 0.3546、重庆市 0.2282。综合来看，债务率基尼系数最高的 6 个省份及其数值分别是青海省 0.6229、广西壮族自治区 0.5746、新疆维吾尔自治区 0.5726、河北省 0.5249、辽宁省 0.5218、吉林省 0.5213；最低的 6 个省份及其数值分别是浙江省 0.2653、安徽省 0.2521、湖北省 0.2481、西藏自治区 0.2302、重庆市 0.1422、天津市 0.104。

从表 6-4 可以看出，在 2017 年，我国 31 个省份之内省市县三级地方政府债务风险的分布均衡情况是有很大差异的。从收入口径下的债务风险来看，一般债务率基尼系数最高的 6 个省份及其数值分别是海南省 0.6209、山东省 0.5654、北京市 0.5528、辽宁省 0.535、河北省 0.5308、广东省 0.5023；最低的 6 个省份及其数值分别是云南省 0.3126、安徽省 0.3049、黑龙江省 0.2866、天津市 0.2866、宁夏回族自治区 0.2843、重庆市 0.1767。专项债务率基尼系数最高的 6 个省份及其数值分别是广西壮族自治区 0.8927、山东省 0.8493、四川省 0.8405、江西省 0.829、福建省 0.8087、河北省 0.8035；最低的 6 个省份及其数值分别是安徽省 0.5194、宁夏回族自治区 0.4984、内蒙古自治区 0.4967、湖北省 0.4545、江苏省 0.4459、重庆市 0.3397。综合来看，债务率基尼系数最高的 6 个省份及其数值分别是海南省 0.5542、辽宁省 0.5166、河北省 0.4756、广东省 0.4731、山东省 0.4556、陕西省 0.4346；最低的 6 个省份及其数值分别是宁夏回族自治区 0.2737、天津市 0.272、浙江省 0.2702、湖北省 0.2687、贵州省 0.2602、重庆市 0.1674。

表 6-4　2017 年 31 个省份债务率基尼系数

省份	收入口径			支出口径		
	一般债务率	专项债务率	债务率	一般债务率	专项债务率	债务率
安徽省	0.3049	0.5194	0.2880	0.3171	0.5244	0.2451
北京市	0.5528	0.6185	0.4321	0.4588	0.5329	0.3430
福建省	0.3306	0.8087	0.3229	0.4681	0.7632	0.3532
甘肃省	0.3325	0.5896	0.3193	0.3528	0.4395	0.3246
广东省	0.5023	0.6845	0.4731	0.5081	0.5591	0.4781
广西壮族自治区	0.4126	0.8927	0.3890	0.4907	0.7106	0.5032
贵州省	0.3545	0.5787	0.2602	0.4569	0.4326	0.3430
海南省	0.6209	0.5921	0.5542	0.4966	0.4849	0.4742
河北省	0.5308	0.8035	0.4756	0.5387	0.5457	0.4733
河南省	0.3700	0.6099	0.2800	0.4143	0.3678	0.3070
黑龙江省	0.2866	0.5597	0.2748	0.2575	0.4703	0.2577
湖北省	0.3791	0.4545	0.2687	0.3423	0.3525	0.2444
湖南省	0.3467	0.6564	0.3308	0.3582	0.7067	0.3692
吉林省	0.3145	0.5994	0.3233	0.3038	0.6048	0.2448
江苏省	0.3928	0.4459	0.2911	0.3168	0.3622	0.2277
江西省	0.4302	0.8290	0.3719	0.4491	0.4381	0.3911
辽宁省	0.5350	0.6687	0.5166	0.4554	0.6293	0.4931
内蒙古自治区	0.3818	0.4967	0.3297	0.3240	0.5444	0.3582
宁夏回族自治区	0.2843	0.4984	0.2737	0.1975	0.3907	0.1841
青海省	0.4393	0.6665	0.3647	0.5904	0.4639	0.5679
山东省	0.5654	0.8493	0.4556	0.3946	0.5885	0.3678
山西省	0.3699	0.7348	0.3630	0.4476	0.6120	0.4328
陕西省	0.4556	0.7791	0.4346	0.3459	0.7193	0.3743
上海市	0.4571	0.6010	0.3512	0.4271	0.3886	0.3179
四川省	0.3742	0.8405	0.3556	0.3153	0.5812	0.3114
天津市	0.2866	0.6140	0.2720	0.2648	0.3708	0.2492
西藏自治区	0.3649	0.7500	0.3469	0.1208	0.7500	0.1222
新疆维吾尔自治区	0.3662	0.5392	0.3587	0.4687	0.6204	0.5354
云南省	0.3126	0.7834	0.3061	0.4622	0.6806	0.4690
浙江省	0.3684	0.7113	0.2702	0.2523	0.6688	0.2237
重庆市	0.1767	0.3397	0.1674	0.1586	0.3173	0.1364
全国	0.4775	0.7884	0.4385	0.4527	0.6374	0.4197

注：①在 2017 年西藏自治区辖区内的地方政府样本中，收入口径的专项债务率均为零，因此无法计算其基尼系数，以 2016 年的数值代替。

②在 2017 年西藏自治区辖区内的地方政府样本中，支出口径的专项债务率均为零，因此无法计算其基尼系数，以 2016 年的数值代替。

从支出口径下的债务风险来看，一般债务率基尼系数最高的6个省份及其数值分别是青海省0.5904、河北省0.5387、广东省0.5081、海南省0.4966、广西壮族自治区0.4907、新疆维吾尔自治区0.4687；最低的6个省份及其数值分别是天津市0.2648、黑龙江省0.2575、浙江省0.2523、宁夏回族自治区0.1975、重庆市0.1586、西藏自治区0.1208。专项债务率基尼系数最高的6个省份及其数值分别是福建省0.7632、西藏自治区0.75、陕西省0.7193、广西壮族自治区0.7106、湖南省0.7067、云南省0.6806；最低的6个省份及其数值分别是上海市0.3886、天津市0.3708、河南省0.3678、江苏省0.3622、湖北省0.3525、重庆市0.3173。综合来看，债务率基尼系数最高的6个省份及其数值分别是青海省0.5679、新疆维吾尔自治区0.5354、广西壮族自治区0.5032、辽宁省0.4931、广东省0.4781、海南省0.4742；最低的6个省份及其数值分别是湖北省0.2444、江苏省0.2277、浙江省0.2237、宁夏回族自治区0.1841、重庆市0.1364、西藏自治区0.1222。

（二）31个省份地方债务风险综合指数：2016～2017年

基于6-3和表6-4中的31个省份2016～2017年地方债务风险基尼系数，将其与前文计算得到的31个省份2016～2017年的相应债务率相乘，可以得到31个省份2016～2017年的地方债务风险综合指数，如表6-5和表6-6所示。

从表6-5可以看出，在2016年，我国31个省份收入口径下的一般债务风险综合指数，最高的6个省份及其数值分别是青海省2.3646、辽宁省1.5696、贵州省1.2525、黑龙江省1.0243、内蒙古自治区0.959、海南省0.8488；最低的6个省份及其数值分别是浙江省0.3095、广东省0.2318、上海市0.2219、北京市0.1644、西藏自治区0.1362、天津市0.1016。专项债务风险综合指数最高的6个省份及其数值分别是贵州省3.7358、云南省3.4045、内蒙古自治区2.593、辽宁省2.3845、陕西省2.1031、青海省2.0746；最低的6个省份及其数值分别是河南省0.506、安徽省0.4801、上海市0.4007、重庆市0.3594、江苏省0.3483、西藏自治区0.0443。综合来看，政府债务风险综合指数最高的6个省份及其数值分别是青海省2.2218、辽宁省1.5563、贵州省1.0577、云南省1.0073、内蒙古自治区0.9488、宁夏回族自治区0.9144；

最低的 6 个省份及其数值分别是广东省 0.2575、浙江省 0.2405、北京市 0.2139、上海市 0.1718、西藏自治区 0.0931、天津市 0.0317。[①]

表 6－5　2016 年 31 个省份地方债务风险综合指数

省份	收入口径			支出口径		
	一般债务率	专项债务率	债务率	一般债务率	专项债务率	债务率
北京市	0.1644	1.0314	0.2139	0.1132	0.9372	0.1859
天津市	0.1016	0.7867	0.0317	0.0729	0.8353	0.0733
河北省	0.7552	0.6965	0.6321	0.4300	0.6149	0.4222
山西省	0.4076	0.7398	0.3860	0.2579	0.5815	0.3025
内蒙古自治区	0.9590	2.5930	0.9488	0.6730	1.7310	0.6221
辽宁省	1.5696	2.3845	1.5563	0.7556	2.3186	0.8937
吉林省	0.7975	1.1157	0.7927	0.3359	1.0691	0.4238
黑龙江省	1.0243	2.0403	0.8739	0.2946	1.4805	0.3717
上海市	0.2219	0.4007	0.1718	0.1916	0.3383	0.1308
江苏省	0.3268	0.3483	0.2851	0.2039	0.3088	0.1969
浙江省	0.3095	0.6921	0.2405	0.2155	0.6001	0.2197
安徽省	0.3600	0.4801	0.2849	0.1172	0.4237	0.1742
福建省	0.3201	1.1300	0.3954	0.2352	0.9738	0.3492
江西省	0.6964	0.5723	0.5606	0.3125	0.4591	0.3224
山东省	0.5210	0.9601	0.4816	0.3020	0.6549	0.3201
河南省	0.5462	0.5060	0.3986	0.2335	0.4580	0.2257
湖北省	0.3772	0.5083	0.3160	0.1312	0.5313	0.1617
湖南省	0.5610	1.5429	0.5757	0.2633	1.3502	0.3603
广东省	0.2318	0.5705	0.2575	0.2326	0.5275	0.2673
广西壮族自治区	0.8139	1.8568	0.8723	0.3814	1.5620	0.5481
海南省	0.8488	0.6056	0.6507	0.4536	0.4178	0.3767
重庆市	0.4132	0.3594	0.3604	0.0790	0.2201	0.0997
四川省	0.5765	1.2718	0.6226	0.2261	1.0254	0.2871
贵州省	1.2525	3.7358	1.0577	0.4197	3.2991	0.5632
云南省	0.7843	3.4045	1.0073	0.3384	2.7288	0.5508
西藏自治区	0.1362	0.0443	0.0931	0.0114	0.0424	0.0083
陕西省	0.7168	2.1031	0.7908	0.2953	1.5769	0.4743
甘肃省	0.7075	1.1167	0.6286	0.1819	0.8612	0.2283
青海省	2.3646	2.0746	2.2218	0.5491	1.7774	0.6038
宁夏回族自治区	0.7554	1.6950	0.9144	0.2850	1.5734	0.4548
新疆维吾尔自治区	0.6749	1.5387	0.6627	0.3387	1.3543	0.3992

---

① 2016 年支出口径下地方政府债务风险综合指数的分析见下文。

从表6-6可以看出，在2017年，我国31个省份收入口径下的一般债务风险综合指数，最高的6个省份及其数值分别是青海省2.237、辽宁省1.368、内蒙古自治区1.1699、贵州省1.1234、海南省1.0706、云南省0.789；最低的6个省份及其数值分别是广东省0.2352、北京市0.1894、重庆市0.1754、上海市0.1737、天津市0.1654、西藏自治区0.1521。专项债务风险综合指数最高的6个省份及其数值分别是辽宁省2.2026、贵州省2.1034、云南省2.1018、青海省2.0702、陕西省1.7139、广西壮族自治区1.6503；最低的6个省份及其数值分别是湖北省0.4318、北京市0.3981、安徽省0.3919、江苏省0.341、重庆市0.269、西藏自治区0.2168。综合来看，政府债务风险综合指数最高的6个省份及其数值分别是青海省1.6736、辽宁省1.4083、内蒙古自治区1.0018、海南省0.8892、贵州省0.8698、云南省0.7862；最低的6个省份及其数值分别是江苏省0.2307、浙江省0.2015、北京市0.1956、上海市0.1916、重庆市0.1494、西藏自治区0.1321。①

表6-6　2017年31个省份地方债务风险综合指数

省份	收入口径			支出口径		
	一般债务率	专项债务率	债务率	一般债务率	专项债务率	债务率
北京市	0.1894	0.3981	0.1956	0.1363	0.3426	0.1415
天津市	0.1654	1.0440	0.2631	0.1235	0.6283	0.2084
河北省	0.6819	0.6636	0.5176	0.3667	0.4442	0.3403
山西省	0.3589	0.7415	0.3563	0.2295	0.5981	0.2585
内蒙古自治区	1.1699	1.4462	1.0018	0.3997	1.3124	0.4795
辽宁省	1.3680	2.2026	1.4083	0.5994	1.9992	0.7748
吉林省	0.6112	0.9806	0.5987	0.2180	0.9645	0.2054
黑龙江省	0.6256	1.1129	0.5875	0.1645	0.8883	0.1919
上海市	0.1737	0.6654	0.1916	0.1492	0.4263	0.1622
江苏省	0.3205	0.3410	0.2307	0.2175	0.2761	0.1635
浙江省	0.3275	0.4406	0.2015	0.1925	0.4129	0.1546

① 2017年支出口径下地方政府债务风险综合指数的分析见下文。

续表

省份	收入口径			支出口径		
	一般债务率	专项债务率	债务率	一般债务率	专项债务率	债务率
安徽省	0.3703	0.3919	0.2793	0.1902	0.3922	0.1601
福建省	0.3272	1.0886	0.3673	0.3224	1.0191	0.3192
江西省	0.5413	0.7083	0.4036	0.2785	0.3713	0.2667
山东省	0.5739	0.9029	0.4708	0.2828	0.6166	0.3010
河南省	0.3974	0.4597	0.2625	0.2051	0.2732	0.1716
湖北省	0.3971	0.4318	0.2702	0.1885	0.3274	0.1611
湖南省	0.6404	1.3182	0.6280	0.3031	1.3593	0.3848
广东省	0.2352	0.4536	0.2520	0.2104	0.3676	0.2337
广西壮族自治区	0.7791	1.6503	0.7288	0.3527	1.2582	0.4634
海南省	1.0706	0.8295	0.8892	0.4203	0.6506	0.4558
重庆市	0.1754	0.2690	0.1494	0.0894	0.2400	0.0867
四川省	0.5408	1.0510	0.4844	0.2067	0.7039	0.2488
贵州省	1.1234	2.1034	0.8698	0.5349	1.5061	0.5496
云南省	0.7890	2.1018	0.7862	0.4477	1.7458	0.5552
西藏自治区	0.1521	0.2168	0.1321	0.0056	0.1929	0.0069
陕西省	0.7165	1.7139	0.7752	0.2577	1.5324	0.3820
甘肃省	0.5696	0.9581	0.5376	0.1644	0.6646	0.1951
青海省	2.2370	2.0702	1.6736	0.5412	1.2353	0.5865
宁夏回族自治区	0.6706	1.1083	0.6380	0.1577	0.8088	0.1672
新疆维吾尔自治区	0.6763	0.8208	0.6356	0.3088	0.9146	0.3963

为了能够直观地反映地方政府债务风险的横向排名和纵向变动，本书将反映债务风险的6个指标分别进行横向排序和两年对比分析，考虑到支出口径的债务率更能准确地反映地方政府的实际债务风险，因此只列示支出口径下的债务风险综合指数，并以2017年的排名为基准，如图6-1、图6-2和图6-3所示。

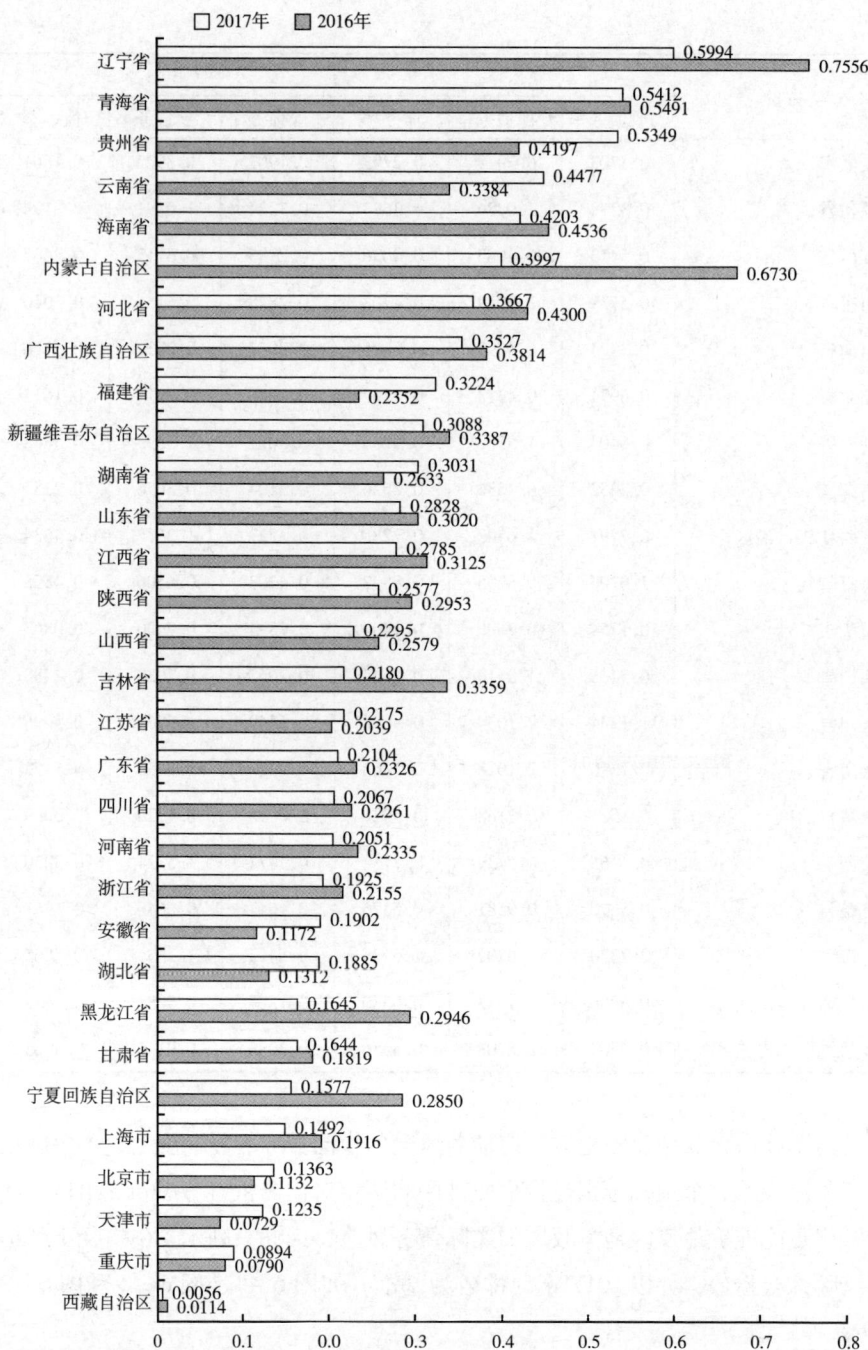

图 6-1　2016~2017 年 31 个省份一般债务风险综合指数排名及其变动

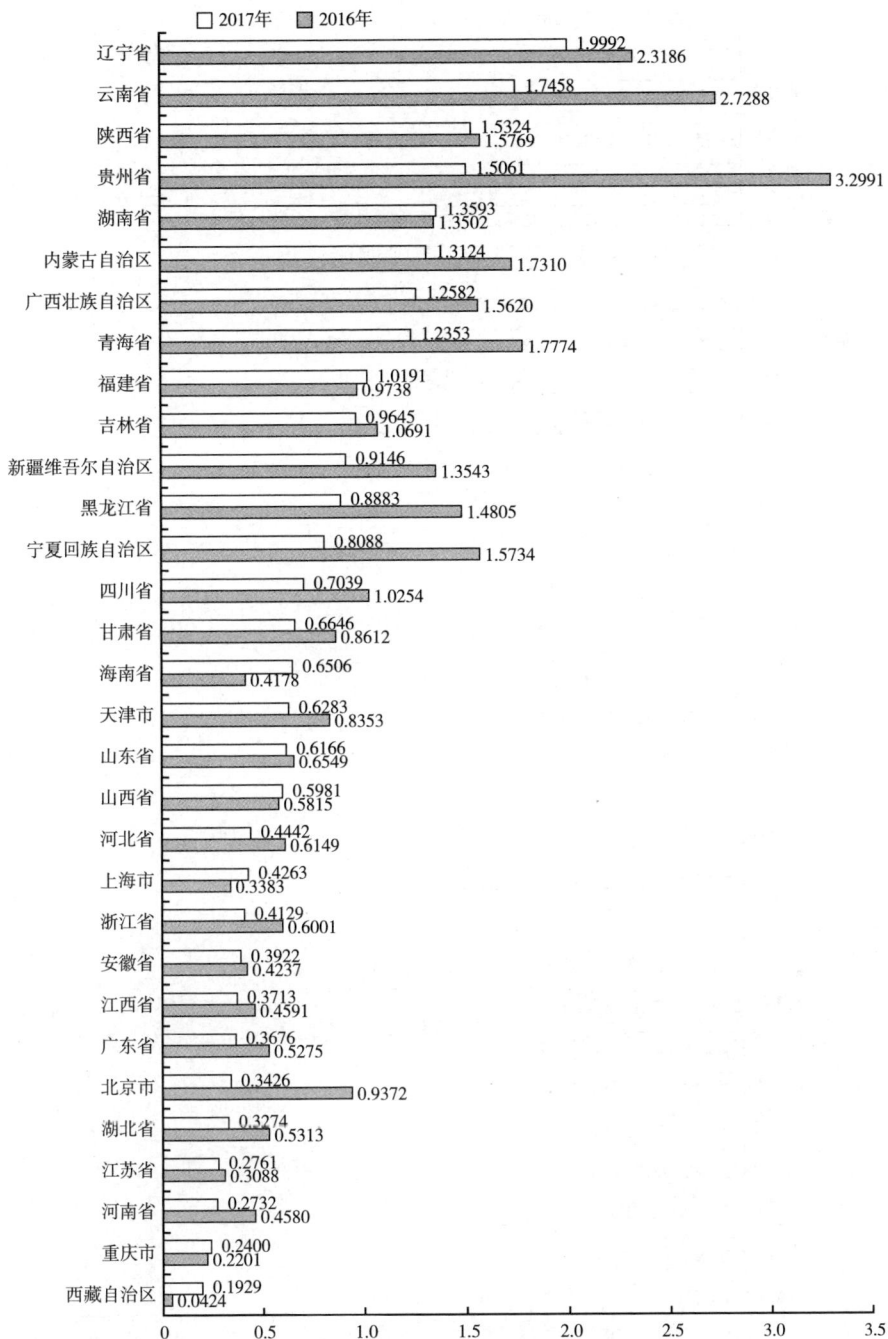

图 6 - 2　2016～2017 年 31 个省份专项债务风险综合指数排名及其变动

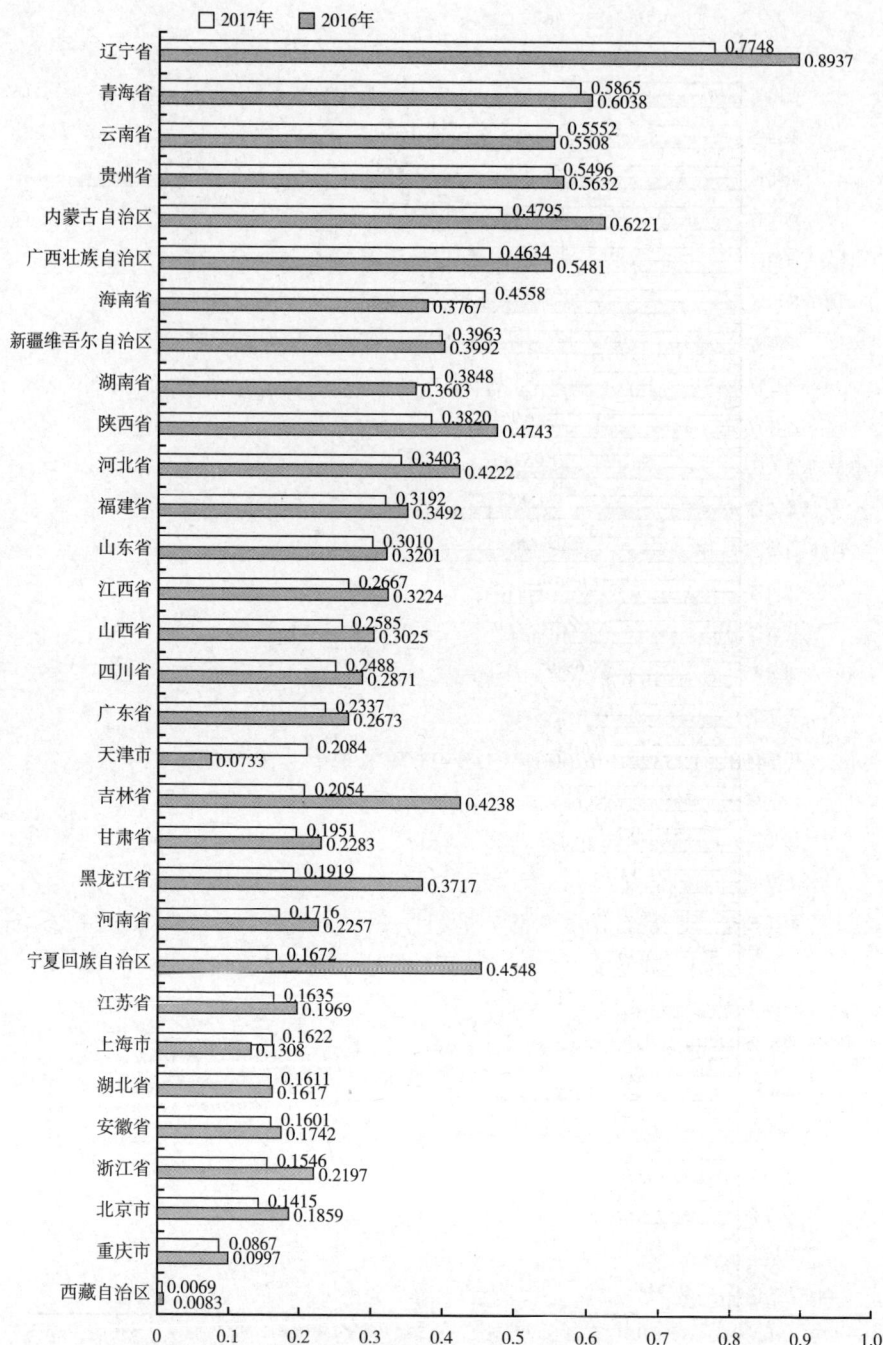

图 6-3　2016～2017 年 31 个省份债务风险综合指数排名及其变动

从图6-1可以看出，2017年一般债务风险综合指数最高的6个省份①是辽宁省、青海省、贵州省、云南省、海南省和内蒙古自治区，其综合指数分别为0.5994、0.5412、0.5349、0.4477、0.4203和0.3997；一般债务风险综合指数最低的6个省份是宁夏回族自治区、上海市、北京市、天津市、重庆市和西藏自治区，其综合指数分别为0.1577、0.1492、0.1363、0.1235、0.0894和0.0056。最高6个省份的平均值为0.4905，最低6个省份的平均值为0.1103，前者是后者的4倍多。

从2017年相对于2016年的变动来看，31个省份有升有降，下降的省份有21个，其中下降幅度最大的6个省份为西藏自治区、宁夏回族自治区、黑龙江省、内蒙古自治区、吉林省和上海市，下降幅度分别为50.88%、44.67%、44.16%、40.61%、35.10%和22.13%；上升的省份有10个，其中上升幅度最大的6个省份为贵州省、云南省、福建省、湖北省、安徽省和天津市，其上升幅度分别为27.45%、32.30%、37.07%、43.67%、62.29%和69.41%。

图6-2展示了2016~2017年31个省份专项债务风险综合指数排名及其变动。可以看出，2017年专项债务风险综合指数最高的6个省份是辽宁省、云南省、陕西省、贵州省、湖南省和内蒙古自治区，其综合指数分别为1.9992、1.7458、1.5324、1.5061、1.3593和1.3124；专项债务风险综合指数最低的6个省份是北京市、湖北省、江苏省、河南省、重庆市和西藏自治区，其综合指数分别为0.3426、0.3274、0.2761、0.2732、0.24和0.1929。最高6个省份的平均值为1.5759，最低6个省份的平均值为0.2754，前者是后者的将近6倍。

从2017年相对于2016年的变动来看，31个省份有升有降，下降的省份多，上升的省份少。下降的省份有24个，其中下降幅度最大的6个省份为北京市、贵州省、宁夏回族自治区、河南省、黑龙江省和湖北省，其下降幅度分别为63.44%、54.35%、48.60%、40.35%、40.00%和38.38%；上升的省份只有7个，其中上升幅度最大的6个省份为山西省、福建省、重庆市、上海市、海南省和西藏自治区，其上升幅度分别为2.85%、4.65%、9.04%、26.01%、55.72%和354.95%。

---

① 按照省份数量的前20%和后20%确定各指数的最高和最低的省份数量。

图6-3展示了2016~2017年31个省份债务风险综合指数排名及其变动。可以看出，2017年地方债务风险综合指数最高的6个省份是辽宁省、青海省、云南省、贵州省、内蒙古自治区和广西壮族自治区，其综合指数分别为0.7748、0.5865、0.5552、0.5496、0.4795和0.4634；地方债务风险综合指数最低的6个省份是湖北省、安徽省、浙江省、北京市、重庆市和西藏自治区，其综合指数分别为0.1611、0.1601、0.1546、0.1415、0.0867和0.0069。最高6个省份的平均值为0.5682，最低6个省份的平均值为0.1185，前者是后者的近5倍。

从2017年相对于2016年的变动来看，31个省份中下降的多，上升的少。下降的省份有26个，其中下降幅度最大的6个省份为宁夏回族自治区、吉林省、黑龙江省、浙江省、河南省和北京市，其下降幅度分别为63.24%、51.53%、48.37%、29.63%、23.97%和23.88%；上升的省份只有5个，按照上升幅度由小到大分别为云南省、湖南省、海南省、上海市和天津市，其上升幅度分别为0.80%、6.80%、21.00%、24.01%、184.31%，天津市上升的幅度最大。

第七章
基本结论与政策建议

第一节　基本结论

通过对 2014～2017 年我国省级政府、地级政府以及 2016～2017 年县级政府一般债务风险、专项债务风险以及地方政府债务风险的测度和分析，基本上可以对我国地方政府债务风险状况及其变动形成一个比较立体的认识和把握，综合来看，其在如下几个方面有较为显著的基本特征。

（1）从财政层级来看，省本级、市本级和县级的债务风险状况有很大差异性，从债务率平均值来看，市本级最高，省本级次之，县级最低，进一步看基尼系数衡量的债务风险分布均衡状况，县级的分布不均衡程度最高，省本级次之，市本级最低。综合判断，市本级的债务风险最高，县级次之，省本级最低。

（2）从东中西三大区域的横向对比来看，也是有很大差异性的，从债务率平均值来看，东部地区的债务风险最大，西部地区次之，中部地区最小，而从债务率的基尼系数来看，西部地区的地方债务风险分布不均衡程度最高，东部次之，中部最低。综合判断，西部地区的债务风险最大、东部次之、中部最小。从七大区域（东北、华北、华东、华中、华南、西南和西北）的横向对比来看，综合考虑债务率平均值和基尼系数，东北地区的地方债务风险最大，不仅债务率平均值高，并且分布状况也最不均衡，其后是西南地区，而最低的是华东地区。

（3）将地方债务风险分解为一般债务风险和专项债务风险来看，从债务率平均值来看，一般债务率大幅低于 100%，而专项债务率则远远高于 100%，后者大约是前者的 3 倍，进一步从基尼系数来看，专项债务率也明显高于一般债务率，前者在 0.4～0.7，后者在 0.3～0.4，专项债务率的分布不均衡程度要明显高于一般债务率。综合判断，专项债务风险要远大于一般债务风险。

（4）从地方债务风险的纵向变动来看，2014～2017年，全国地方政府债务率的平均水平和分布不均衡程度都是有所下降的，但是这种下降在不同区域、不同债务类别之间有所不同，大致而言，东部地区的下降更为明显，一般债务风险的下降更为明显。

另外，本书还初步提出并构建了地方政府债务风险综合指数这一指标，这一指标既能反映地方政府辖区内总债务余额与总财力之比即债务率的大小，又可以反映辖区内各个地方政府自身债务风险的分布情况，因此能够较为准确地反映地方政府债务风险的实际状况。基于上述思路以及可得数据，本书计算得到了我国31个省份的地方政府债务风险综合指数及其排名，主要结论如下。

（1）2017年一般债务风险综合指数最高的6个省份是辽宁省、青海省、贵州省、云南省、海南省和内蒙古自治区，最低的6个省份是宁夏回族自治区、上海市、北京市、天津市、重庆市和西藏自治区；2017年专项债务风险综合指数最高的6个省份是辽宁省、云南省、陕西省、贵州省、湖南省和内蒙古自治区，最低的6个省份是北京市、湖北省、江苏省、河南省、重庆市和西藏自治区；2017年地方债务风险综合指数最高的6个省份是辽宁省、青海省、云南省、贵州省、内蒙古自治区和广西壮族自治区，最低的6个省份是湖北省、安徽省、浙江省、北京市、重庆市和西藏自治区。

（2）从2016年到2017年的变动情况来看，一般债务率的综合风险指数有21个省份有所下降，其中下降幅度最大的6个省份为西藏自治区、宁夏回族自治区、黑龙江省、内蒙古自治区、吉林省和上海市，上升的省份有10个，其中上升幅度最大的6个省份为贵州省、云南省、福建省、湖北省、安徽省和天津市；专项债务率的综合风险指数有24个省份有所下降，其中下降幅度最大的6个省份为北京市、贵州省、宁夏回族自治区、河南省、黑龙江省和湖北省，上升的省份只有7个，其中上升幅度最大的6个省份为山西省、福建省、重庆市、上海市、海南省和西藏自治区；地方债务率的综合风险指数下降的省份有26个，其中下降幅度最大的6个省份为宁夏回族自治区、吉林省、黑龙江省、浙江省、河南省和北京市，上升的省份只有5个，分别为云南省、湖南省、海南省、上海市和天津市。

第二节　政策建议

综合而言，虽然我国地方政府债务规模已经得到了有效控制，整体债务风险也有所降低，但是随着区域经济运行和财政收支的进一步分化，债务风险的不均衡状况在恶化，部分地区的地方债务风险实际上非常大，尤其是专项债务风险，更需要加强预警防范并对债务风险事件进行应急处置。基于上述判断，本书提出基于"管控、疏导、绩效、问责"八字方针的综合治理措施。

（一）管控：控制债务规模、防范债务风险

一是要强化地方政府债务的预算管理，各级地方政府在编制债务预算时，应同步明确提出债务的偿债资金来源和偿还计划，所有政府债务项目都应列入预算管理，地方政府债券资金要与详细明确的公益性建设项目对应，并进行一般债券和专项债券发行的信息披露，同时对于转贷给市县政府的债务资金，要披露转贷市县政府的地方债务存量规模和风险状况等信息。

二是依据债务率指标对地方政府债务实施分类管控，进一步健全地方政府债务风险评估和预警机制，在将 100% 债务率作为整体债务风险预警线的同时，进一步细化制定一般债务率风险警戒线和专项债务风险警戒线，对于一般债务率和专项债务率两个指标都高于 100% 的地方政府，不再新增发行或转贷政府债券，并制定债务风险化解方案，对于只有一个债务率指标超过 100% 的地方政府，如果另一个债务率高于 80%，也不应再新增发行或转贷相应的政府债券。

三是加大政府资产处置力度，保证到期债务的顺利偿还，当前各个地方政府的资产负债表正在编制，政府资产是一个重要的偿债来源，因此要加强对地方政府资产或股权的整合、重组和盘活，加快推进经营性国有资产的证券化，加强土地收储和盘活存量，处置低效闲置资产和部分非办公资产等，多渠道筹措资金，保证地方政府债券到期本息的及时全额偿还。

（二）疏导：改革专项债券限额管理、试点市县级政府自主发行

目前，对于地方政府专项债券和一般债券的管理都实行限额控制，并且发

行主体都限定在省级政府，但是从性质上来说，专项债券与一般债券有所不同，专项债券更多以项目收益为支持，项目收益可以对专项债券的发行规模形成有力约束，因此应改革完善专项债券的限额管理并最终取消。另外，地方专项债券的发行主体和限额核定主体是省级政府，实际上存在发债、用债和偿债主体不完全一致的情况，因此应该逐步赋予市县级政府自主发行专项债券的权利，这有利于专项债券市场的发展以及地方政府融资自我约束能力的提升。

（三）绩效：强化地方债务资金使用绩效的评估及应用

地方债务资金涉及举借、使用和偿还三个环节，这三个环节形式相互衔接、有机统一的过程。当前，对于地方政府债务风险的管控往往聚焦在举借和偿还这两个环节，对于债务资金的使用尤其是绩效的重视程度不够，但是债务资金的使用绩效是举借债务的价值或意义所在，也是决定地方政府债务举债能力和偿还能力的根本因素，因此要进一步建立健全"举债必问效、无效必问责"的政府债务资金绩效管理机制，加强债务资金使用和项目实施情况监控。

另外，要强化完善债务资金使用绩效的量化评估工作，应制定债务资金使用绩效的评价操作指引，明确指标体系和操作流程等，同时加强对绩效评估结果的使用，将债务预算安排尤其是债务限额的确定与债务绩效的评估结果挂钩，并且在债务风险权衡的过程中加大绩效的权重。

（四）问责：加强对地方债务的审计监督、加大对违法违规举债的问责力度

各级审计部门应该把地方政府债务管理作为重要内容，结合财政预算执行、决算审计、领导干部经济责任审计等，加大监督处罚力度，同时进一步完善审计工作机制，强化上级审计机关对下级审计机关的领导，政府主要负责人应作为政府债务问题整改的第一责任人。另外，要对地方政府违法违规的举债和担保始终保持高压态势，严厉查处部分地方政府通过回购安排、保底承诺、固定回报、名股实债等进行的变相融资和违规举债，并对主要负责人严肃问责追责，同时研究出台终身问责、倒查责任的制度办法。

附　录
各个省份地级政府债务风险数据

需要强调的是，本书对于地方政府债务风险的分析均基于公开的数据，要么是地方政府或其财政部门主动公开的，要么是依申请公开的，没有公开债务数据或财政收支数据，因而无法计算债务风险的地方政府，并没有纳入本书的分析。虽然从样本数量来说，可以基本反映全国整体的状况，但是如果将地方债务相关变量引入对经济问题的实证研究，部分地方政府债务数据的缺失会带来负面影响。为了便于研究者对于地方政府债务问题或其他相关问题的扩展分析和深入研究，本书试图补全缺失的地方政府债务数据，当然，限于缺失程度、能力水平和时间精力等因素，本书仅对2014~2016年的地级政府全域债务风险的基础数据进行了估算补全，暂时没有涉及2017年，也没有涉及地市本级和县级政府。

对2014~2016年的地级政府全域债务风险基础数据进行估算补全的基本思路是：第一步，纵向补充，基本思路是，2014~2016年中的任意一年，若样本有地方债务余额数据，那么利用纵向变动率补充其他年份的地方债务余额数据，而纵向变动率则统一采纳样本所在省份所有未知债务余额数据的地市债务余额整体变动率，未知债务余额数据的地市债务余额总和则进一步利用全省债务余额减去省本级债务余额再减去已知债务余额的所有地市得到；第二步，横向补充，基本思路是，对于2014~2016年中的任意一年都没有地方债务余额数据的地市，假定其债务余额与当年GDP的比例在所有债务余额数据缺失的地市中都保持一致，则根据GDP的数据计算得到当年末债务余额的数据；第三步，基于债务余额数据估算得到一般债务和专项债务余额数据，基本思路是，假定一般债务和专项债务余额在债务总额中的比例与缺失一般债务和专项债务余额数据的地市整体比例是一致的，而缺失一般债务和专项债务余额的地市总和数据则利用全省一般/专项债务余额减去省本级一般/专项债务余额，再减去已知一般/专项债务余额的所有地市得到；第四步，对于估算的地市数据，如果其余额超过其限额，则将其限额数据作为余额数据；第五步，估算地市的政府性基金收入数据，综合利用两个思路，一个是周边的专项债务率的平均值，然后用专项债务余额除以平均化的专项债务率，另一个是利用土地出让收入折算，假定其周边或全省的土地出让收入与政府性基金收入比例相同。

基于上述思路估算补全的数据，得到2014~2016年我国333个地级政府①全域债务风险的基本数据，同时考虑到读者可能会重点关注某一个或某几个省份的具体情况，因此在下文中，按照省份分别对其辖区内地级政府的债务风险指标进行列示②。

一 安徽省

1. 2014年

表 A - 1 - 1　2014年安徽省地级政府债务风险

单位：%

地级政府	收入口径			支出口径		
	债务率	一般债务率	专项债务率	债务率	一般债务率	专项债务率
合肥市	91.60	118.19	68.41	75.85	84.63	65.61
芜湖市	115.71	128.04	102.57	92.70	86.19	103.04
蚌埠市	93.78	112.91	78.18	63.40	57.03	73.01
淮南市	113.72	125.55	102.99	78.58	64.82	102.70
马鞍山市	94.84	133.69	65.97	84.59	88.70	79.07
淮北市	132.35	155.96	87.99	74.00	71.00	86.11
铜陵市	119.60	125.44	114.48	94.64	78.95	116.98
安庆市	169.40	216.81	127.43	89.01	76.49	118.14
黄山市	157.62	142.10	188.65	85.14	64.66	162.80
滁州市	158.78	197.92	122.33	98.54	91.01	112.56
阜阳市	96.46	126.34	70.31	44.88	37.01	67.39

---

① 不包括海南省三沙市。

② 北京市、天津市、上海市和重庆市这4个直辖市没有下辖的地级政府，因此不在下文列示。同时，其他27个省份按拼音排序。

地级政府	收入口径			支出口径		
	债务率	一般债务率	专项债务率	债务率	一般债务率	专项债务率
宿州市	128.13	174.86	101.14	69.36	54.41	95.61
六安市	109.40	171.03	73.66	56.76	50.44	68.29
亳州市	116.25	202.13	75.50	68.25	64.11	74.35
池州市	192.10	205.56	158.69	109.13	101.34	144.96
宣城市	110.37	123.97	96.48	75.42	66.98	90.34
平均值	125.01	153.78	102.17	78.77	71.11	97.56
基尼系数	0.125	0.124	0.173	0.114	0.131	0.154

2. 2015年

表 A－1－2　2015 年安徽省地级政府债务风险

单位：%

地级政府	收入口径			支出口径		
	债务率	一般债务率	专项债务率	债务率	一般债务率	专项债务率
合肥市	91.98	93.17	90.06	76.44	68.92	93.54
芜湖市	126.59	130.35	121.03	98.84	87.24	125.40
蚌埠市	133.18	122.07	156.02	77.84	59.70	152.22
淮南市	161.69	137.07	217.26	97.50	69.06	235.69
马鞍山市	123.87	129.67	115.25	93.11	83.87	114.13
淮北市	136.06	149.92	101.71	72.95	68.70	94.23
铜陵市	124.44	116.68	132.74	92.79	70.34	132.26
安庆市	173.36	193.55	147.59	77.46	61.23	139.25
黄山市	152.63	121.51	267.10	75.81	54.44	221.27
滁州市	149.21	153.30	142.84	87.51	72.81	132.15
阜阳市	97.91	150.90	55.50	45.42	41.97	55.32
宿州市	186.30	208.82	157.58	78.26	60.97	150.27
六安市	90.06	160.48	50.47	46.39	45.89	47.31
亳州市	134.60	220.44	80.25	69.15	65.53	76.51
池州市	148.87	154.45	135.27	94.83	100.24	82.46
宣城市	135.05	127.18	149.36	86.21	68.79	141.73
平均值	135.36	148.10	132.50	79.41	67.48	124.61
基尼系数	0.108	0.122	0.217	0.105	0.114	0.221

3. 2016年

表 A－1－3　2016 年安徽省地级政府债务风险

单位：%

地级政府	收入口径			支出口径		
	债务率	一般债务率	专项债务率	债务率	一般债务率	专项债务率
合肥市	47.00	80.19	28.63	40.35	57.34	27.64
芜湖市	138.13	117.87	187.97	106.75	85.91	170.52
蚌埠市	112.96	116.76	107.74	70.63	58.29	103.13
淮南市	161.12	139.80	210.47	85.89	64.18	179.10
马鞍山市	102.52	108.90	96.05	79.06	71.31	90.33
淮北市	159.72	162.94	149.51	75.11	67.59	122.01
铜陵市	149.97	114.99	211.00	92.94	61.21	183.22
安庆市	159.21	157.73	161.94	75.23	59.88	139.58
黄山市	138.15	140.16	130.59	68.00	62.12	110.29
滁州市	112.81	121.94	101.08	69.39	60.90	88.55
阜阳市	77.25	148.76	39.65	43.04	45.55	38.82
宿州市	158.64	203.09	114.15	72.61	62.36	102.64
六安市	138.53	193.22	93.87	62.22	55.49	78.13
亳州市	123.52	219.98	70.60	66.42	68.20	63.59
池州市	251.86	222.95	377.03	128.75	106.73	272.85
宣城市	140.89	122.70	185.83	86.41	67.13	162.50
平均值	135.77	148.25	141.63	76.43	65.89	120.81
基尼系数	0.163	0.153	0.301	0.146	0.098	0.274

二　福建省

1. 2014年

表 A－2－1　2014 年福建省地级政府债务风险

单位：%

地级政府	收入口径			支出口径		
	债务率	一般债务率	专项债务率	债务率	一般债务率	专项债务率
三明市	243.56	238.82	250.01	141.37	109.18	229.21
南平市	115.21	51.34	195.86	62.73	21.84	164.93
厦门市	35.98	22.87	55.06	36.40	22.69	57.36

地级政府	收入口径			支出口径		
	债务率	一般债务率	专项债务率	债务率	一般债务率	专项债务率
宁德市	137.37	101.07	182.79	84.21	50.02	159.85
泉州市	158.80	137.33	180.82	143.55	109.49	189.47
漳州市	146.79	120.49	184.88	102.50	74.17	160.26
福州市	54.69	39.59	69.38	53.03	35.18	73.82
莆田市	203.93	76.91	380.53	162.34	53.72	375.91
龙岩市	244.63	118.55	467.55	164.15	69.28	425.22
平均值	149.00	100.77	218.54	105.59	60.62	204.00
基尼系数	0.265	0.328	0.309	0.247	0.288	0.308

2. 2015年

表 A - 2 - 2 2015 年福建省地级政府债务风险

单位：%

地级政府	收入口径			支出口径		
	债务率	一般债务率	专项债务率	债务率	一般债务率	专项债务率
三明市	282.83	221.81	447.27	124.49	85.58	317.27
南平市	151.22	88.41	332.59	61.26	31.84	210.74
厦门市	38.99	28.66	56.39	39.39	26.68	66.48
宁德市	151.70	91.68	282.27	73.93	38.59	209.43
泉州市	220.96	136.39	455.30	160.46	98.10	339.77
漳州市	150.53	127.31	186.16	90.79	64.08	161.38
福州市	64.94	48.94	87.25	52.95	37.79	77.15
莆田市	203.83	92.21	363.58	148.94	56.48	367.03
龙岩市	245.39	120.50	602.00	131.55	58.21	470.14
平均值	167.82	106.21	312.53	98.20	55.26	246.60
基尼系数	0.252	0.265	0.307	0.242	0.232	0.295

3. 2016年

表 A－2－3　2016 年福建省地级政府债务风险

单位：%

地级政府	收入口径			支出口径		
	债务率	一般债务率	专项债务率	债务率	一般债务率	专项债务率
三明市	296.42	263.32	379.51	135.71	98.50	396.54
南平市	178.22	138.74	266.56	72.73	45.50	240.19
厦门市	43.07	38.20	49.86	39.59	32.51	51.58
宁德市	174.70	116.41	314.81	79.20	43.72	284.29
泉州市	205.84	134.28	409.74	153.74	94.66	368.51
漳州市	162.38	148.70	185.66	97.52	75.53	161.66
福州市	55.73	54.03	57.38	51.09	38.93	71.59
莆田市	218.89	112.22	374.53	148.62	62.57	372.65
龙岩市	237.25	134.13	497.54	130.92	64.28	444.44
平均值	174.72	126.67	281.73	101.01	61.80	265.72
基尼系数	0.241	0.245	0.293	0.227	0.205	0.288

三　甘肃省

1. 2014年

表 A－3－1　2014 年甘肃省地级政府债务风险

单位：%

地级政府	收入口径			支出口径		
	债务率	一般债务率	专项债务率	债务率	一般债务率	专项债务率
临夏回族自治州	173.03	141.99	211.66	25.95	12.97	158.34
兰州市	198.35	32.17	524.68	128.03	17.49	535.04
嘉峪关市	82.17	64.08	107.52	69.70	45.95	122.62
天水市	157.70	110.68	244.35	37.89	19.64	168.90
定西市	78.71	88.33	64.44	13.40	10.56	29.56
平凉市	147.95	198.26	86.64	40.54	34.64	77.12
庆阳市	118.69	113.50	132.81	47.51	37.61	122.39

地级政府	收入口径			支出口径		
	债务率	一般债务率	专项债务率	债务率	一般债务率	专项债务率
张掖市	163.69	189.72	108.27	43.85	38.93	83.01
武威市	92.00	70.37	123.75	20.27	10.35	101.13
甘南藏族自治州	148.58	155.86	103.03	14.63	13.79	34.41
白银市	283.81	203.82	422.13	84.94	46.10	286.48
酒泉市	145.42	154.57	117.35	52.83	47.45	97.52
金昌市	164.36	147.63	229.06	66.36	52.88	181.96
陇南市	83.46	111.74	10.43	15.65	16.23	7.83
平均值	145.57	127.34	177.58	47.25	28.90	143.31
基尼系数	0.193	0.225	0.389	0.350	0.295	0.432

2. 2015年

表 A – 3 – 2　2015 年甘肃省地级政府债务风险

单位：%

地级政府	收入口径			支出口径		
	债务率	一般债务率	专项债务率	债务率	一般债务率	专项债务率
临夏回族自治州	130.75	174.64	70.08	19.10	16.50	41.84
兰州市	167.62	36.18	468.58	105.96	19.48	492.67
嘉峪关市	105.62	124.18	0.00	66.23	74.86	0.00
天水市	116.63	131.14	89.05	26.50	21.49	76.23
定西市	110.97	117.83	88.08	16.91	14.50	65.08
平凉市	151.08	201.34	85.00	36.45	30.83	84.04
庆阳市	171.74	142.61	385.69	49.51	38.06	270.85
张掖市	122.96	143.43	83.81	32.34	28.04	64.93
武威市	100.14	154.02	44.62	26.20	24.05	38.37
甘南藏族自治州	129.69	157.91	47.90	10.73	10.07	34.26
白银市	217.86	209.91	228.21	64.04	40.89	198.45
酒泉市	123.05	135.63	86.70	46.14	42.53	74.76
金昌市	166.70	163.90	186.92	62.53	58.03	122.80
陇南市	103.08	124.37	14.48	15.78	16.07	9.62
平均值	136.99	144.08	134.22	41.32	31.10	112.42
基尼系数	0.128	0.145	0.491	0.334	0.304	0.527

3. 2016年

表 A－3－3　2016 年甘肃省地级政府债务风险

单位：%

地级政府	收入口径			支出口径		
	债务率	一般债务率	专项债务率	债务率	一般债务率	专项债务率
临夏回族自治州	244.79	322.83	92.31	29.03	26.94	61.86
兰州市	126.94	39.37	267.74	80.88	20.06	285.58
嘉峪关市	115.22	118.50	86.61	77.84	83.45	43.22
天水市	93.58	132.01	48.85	26.43	22.16	67.31
定西市	160.77	187.35	96.77	25.58	22.30	80.98
平凉市	278.24	218.47	429.74	53.10	32.08	340.99
庆阳市	226.76	223.84	243.65	49.98	44.49	145.34
张掖市	171.77	207.90	104.20	40.16	34.79	94.57
武威市	124.56	151.18	82.29	31.53	26.73	66.29
甘南藏族自治州	214.86	216.77	196.47	13.11	12.13	92.78
白银市	316.18	210.40	972.20	62.62	37.52	611.75
酒泉市	115.58	114.44	119.51	37.54	31.99	88.68
金昌市	162.66	165.41	145.74	64.23	59.72	135.63
陇南市	121.94	144.08	48.17	19.24	18.46	33.07
平均值	176.70	175.18	209.59	43.66	33.77	153.43
基尼系数	0.207	0.201	0.478	0.269	0.271	0.457

四　广东省

1. 2014年

表 A－4－1　2014 年广东省地级政府债务风险

单位：%

地级政府	收入口径			支出口径		
	债务率	一般债务率	专项债务率	债务率	一般债务率	专项债务率
东莞市	94.75	118.93	38.09	94.47	118.29	38.20
中山市	30.31	21.05	57.11	30.37	20.27	64.83
云浮市	167.12	104.25	279.96	80.91	41.40	223.37
佛山市	140.75	127.24	152.90	140.45	121.47	159.06
广州市	97.44	82.35	114.87	89.46	71.28	113.45
惠州市	145.19	174.34	66.79	123.78	140.58	67.30

续表

地级政府	收入口径			支出口径		
	债务率	一般债务率	专项债务率	债务率	一般债务率	专项债务率
揭阳市	77.18	80.93	69.94	37.02	31.82	58.42
梅州市	125.83	122.66	131.06	51.89	38.74	108.63
汕头市	30.95	40.91	19.59	22.53	23.73	20.10
汕尾市	57.31	40.39	126.17	24.99	15.92	96.48
江门市	186.54	194.77	171.13	149.14	146.18	155.87
河源市	104.71	170.08	21.18	42.85	48.83	18.98
深圳市	11.31	13.53	4.59	11.93	13.02	6.82
清远市	94.31	88.10	101.41	59.74	42.32	101.04
湛江市	151.35	146.40	159.66	78.36	59.92	148.72
潮州市	54.57	67.68	34.85	26.97	26.58	28.19
珠海市	82.23	139.58	50.38	77.45	113.48	52.04
肇庆市	130.84	114.59	158.72	85.46	65.96	134.83
茂名市	90.79	82.29	109.11	41.06	31.38	82.35
阳江市	100.45	70.21	155.25	61.08	35.77	145.39
韶关市	82.80	106.31	57.86	52.82	44.21	85.09
平均值	97.94	100.31	99.08	65.84	59.58	90.91
基尼系数	0.260	0.273	0.364	0.318	0.371	0.342

2. 2015年

表 A – 4 – 2　2015 年广东省地级政府债务风险

单位：%

地级政府	收入口径			支出口径		
	债务率	一般债务率	专项债务率	债务率	一般债务率	专项债务率
东莞市	84.05	96.63	42.54	75.58	86.11	39.43
中山市	29.23	16.22	103.26	23.22	13.16	73.27
云浮市	174.08	95.60	443.22	72.46	35.65	306.77
佛山市	149.88	102.78	221.60	111.14	71.63	182.04
广州市	89.56	75.51	107.75	81.09	58.98	122.92
惠州市	136.42	149.43	80.11	99.63	104.53	72.29
揭阳市	96.78	84.68	146.32	30.19	23.67	86.83
梅州市	101.03	116.97	75.66	37.57	32.19	63.81
汕头市	45.31	50.28	35.65	25.30	23.49	32.05
汕尾市	77.82	89.93	62.83	16.28	12.17	40.34
江门市	192.75	174.90	247.72	136.41	118.84	201.04
河源市	141.23	159.60	66.80	40.19	40.13	40.83
深圳市	4.09	5.35	0.52	3.91	4.14	1.48

续表

地级政府	收入口径			支出口径		
	债务率	一般债务率	专项债务率	债务率	一般债务率	专项债务率
清远市	101.19	83.45	129.45	48.32	30.91	114.65
湛江市	103.08	73.48	159.37	38.42	21.71	117.95
潮州市	59.40	69.23	36.45	23.52	22.13	32.51
珠海市	77.45	80.82	72.74	60.48	56.12	68.81
肇庆市	153.84	116.02	271.79	91.30	62.13	243.39
茂名市	84.53	78.55	101.01	32.87	26.33	70.34
阳江市	113.53	77.77	225.73	50.27	30.91	155.61
韶关市	90.32	115.95	57.15	40.64	35.10	69.33
平均值	100.27	91.10	127.98	54.23	43.33	101.70
基尼系数	0.252	0.237	0.410	0.342	0.368	0.392

3. 2016年

表 A－4－3　2016 年广东省地级政府债务风险

单位：%

地级政府	收入口径			支出口径		
	债务率	一般债务率	专项债务率	债务率	一般债务率	专项债务率
东莞市	67.93	95.41	21.49	71.33	86.48	30.83
中山市	42.39	28.85	100.47	33.72	23.15	76.93
云浮市	204.15	95.28	591.95	80.08	33.17	422.99
佛山市	126.69	145.07	106.59	119.76	128.77	108.47
广州市	95.48	72.25	135.19	75.20	52.47	124.44
惠州市	98.46	135.82	33.92	79.56	96.12	36.30
揭阳市	124.50	111.33	156.81	44.16	32.47	118.33
梅州市	107.78	102.99	117.82	35.52	28.21	67.64
汕头市	51.04	56.22	43.11	29.63	25.90	41.58
汕尾市	97.87	156.34	44.71	26.06	23.28	41.94
江门市	184.14	166.99	239.27	140.82	118.09	247.97
河源市	151.83	186.65	80.96	45.80	43.74	58.76
深圳市	3.12	4.08	0.00	2.79	3.06	0.00
清远市	163.49	111.21	308.35	60.14	35.06	210.92
湛江市	127.72	107.04	179.21	44.99	31.53	123.24
潮州市	108.55	111.79	102.22	40.61	35.20	60.42
珠海市	60.42	77.33	45.59	50.62	54.05	46.25

续表

地级政府	收入口径			支出口径		
	债务率	一般债务率	专项债务率	债务率	一般债务率	专项债务率
肇庆市	232.44	200.38	305.02	102.92	74.05	245.14
茂名市	89.95	84.55	103.17	36.58	29.35	72.35
阳江市	126.25	90.13	214.98	50.10	29.74	169.63
韶关市	132.95	131.50	136.60	52.49	41.60	143.58
平均值	114.15	108.15	146.07	58.23	48.83	116.56
基尼系数	0.260	0.242	0.442	0.295	0.340	0.423

五　广西壮族自治区

1. 2014年

表 A-5-1　2014 年广西壮族自治区地级政府债务风险

单位：%

地级政府	收入口径			支出口径		
	债务率	一般债务率	专项债务率	债务率	一般债务率	专项债务率
北海市	156.93	112.84	204.61	89.02	50.79	161.50
南宁市	147.14	228.74	83.87	112.15	134.98	82.60
崇左市	92.10	64.42	184.14	33.09	20.04	136.37
来宾市	166.22	201.90	116.87	67.00	59.26	97.40
柳州市	228.08	69.85	403.40	143.80	35.55	345.75
桂林市	151.18	148.59	154.63	77.29	59.00	127.98
梧州市	106.88	92.57	148.15	59.45	44.29	155.02
河池市	209.19	291.10	97.45	42.76	38.52	77.50
玉林市	77.80	69.33	103.49	34.54	26.35	93.59
百色市	207.55	201.63	219.10	72.83	54.75	178.86
贵港市	87.04	101.44	74.94	36.02	25.13	71.00
贺州市	269.37	310.00	230.72	89.12	63.96	179.24
钦州市	231.21	273.19	193.25	116.89	91.66	180.36
防城港市	239.19	197.25	328.45	127.52	89.80	275.19
平均值	169.28	168.78	181.65	78.68	56.72	154.45
基尼系数	0.204	0.279	0.269	0.253	0.283	0.256

2. 2015年

表 A－5－2　2015年广西壮族自治区地级政府债务风险

单位：%

地级政府	收入口径			支出口径		
	债务率	一般债务率	专项债务率	债务率	一般债务率	专项债务率
北海市	295.51	170.18	892.27	111.67	62.24	400.30
南宁市	179.47	219.85	125.77	128.05	123.99	138.63
崇左市	134.78	118.93	228.36	39.43	32.20	127.64
来宾市	305.94	324.51	258.77	83.52	70.54	201.63
柳州市	199.17	87.87	361.64	119.78	41.61	358.93
桂林市	161.16	139.40	206.16	74.40	52.44	179.40
梧州市	134.40	108.07	341.36	61.62	46.49	324.51
河池市	268.79	321.73	141.89	43.15	38.89	106.59
玉林市	82.45	86.62	72.84	34.85	29.61	67.84
百色市	220.82	202.99	267.76	64.94	47.64	236.01
贵港市	142.42	118.96	202.57	40.79	27.17	166.53
贺州市	197.56	163.55	278.51	75.55	49.82	271.69
钦州市	243.34	199.97	349.27	80.66	52.75	309.96
防城港市	164.94	127.03	283.00	82.53	50.20	829.20
平均值	195.05	170.69	286.44	74.35	51.83	265.63
基尼系数	0.183	0.234	0.296	0.217	0.211	0.337

3. 2016年

表 A－5－3　2016年广西壮族自治区地级政府债务风险

单位：%

地级政府	收入口径			支出口径		
	债务率	一般债务率	专项债务率	债务率	一般债务率	专项债务率
北海市	270.39	208.89	460.85	107.13	70.53	394.33
南宁市	168.92	192.98	142.39	124.37	102.81	181.14
崇左市	156.22	193.78	92.10	45.28	38.55	121.47
来宾市	443.67	400.20	629.30	98.36	76.02	487.24
柳州市	180.96	98.06	279.72	161.50	73.97	319.30

地级政府	收入口径			支出口径		
	债务率	一般债务率	专项债务率	债务率	一般债务率	专项债务率
桂林市	166.77	151.88	198.84	74.38	55.22	173.32
梧州市	162.50	143.44	275.05	74.56	60.08	289.53
河池市	260.62	355.79	88.90	43.81	40.83	92.56
玉林市	84.67	96.77	61.50	36.48	31.92	64.06
百色市	236.44	214.12	298.91	69.13	50.01	295.99
贵港市	130.26	137.83	117.96	41.93	30.94	129.09
贺州市	200.16	200.90	199.13	59.05	39.74	185.80
钦州市	266.87	219.16	384.30	82.54	54.22	309.58
防城港市	161.27	119.59	315.78	79.68	52.37	297.73
平均值	206.41	195.24	253.20	78.44	55.52	238.65
基尼系数	0.207	0.227	0.334	0.236	0.190	0.277

六　贵州省

1. 2014年

表 A-6-1　2014年贵州省地级政府债务风险

单位：%

地级政府	收入口径			支出口径		
	债务率	一般债务率	专项债务率	债务率	一般债务率	专项债务率
六盘水市	260.31	343.61	119.67	176.31	196.79	117.18
毕节市	636.77	818.18	490.76	325.40	263.41	475.60
遵义市	550.67	680.23	354.91	280.91	274.02	302.98
铜仁市	622.79	1053.22	249.26	211.97	205.86	237.82
黔东南苗族侗族自治州	351.19	301.24	451.70	135.41	90.39	408.42
黔西南布依族苗族自治州	314.35	382.52	194.96	157.95	152.59	179.64
黔南布依族苗族自治州	456.96	515.56	396.64	216.05	165.94	362.56
贵阳市	417.56	114.36	1001.57	336.62	84.53	978.27
安顺市	452.37	431.06	484.53	208.58	145.86	493.12
平均值	451.44	515.55	416.00	227.69	175.49	395.07
基尼系数	0.157	0.293	0.296	0.165	0.203	0.310

2. 2015年

表 A－6－2　2015 年贵州省地级政府债务风险

单位：%

地级政府	收入口径			支出口径		
	债务率	一般债务率	专项债务率	债务率	一般债务率	专项债务率
六盘水市	228.94	339.59	88.77	148.01	172.02	88.30
毕节市	693.00	737.11	641.68	275.04	195.28	605.67
遵义市	583.02	607.51	521.23	262.82	227.92	478.05
铜仁市	545.63	952.18	210.00	186.11	178.89	219.21
黔东南苗族侗族自治州	359.99	322.48	486.23	123.01	94.44	378.77
黔西南布依族苗族自治州	324.49	341.45	275.23	149.56	136.17	231.69
黔南布依族苗族自治州	447.28	431.87	469.56	198.50	140.40	441.88
贵阳市	414.26	106.91	1356.20	336.41	79.44	1539.71
安顺市	413.51	364.86	503.17	193.92	129.40	581.23
平均值	445.57	467.11	505.79	208.15	150.44	507.17
基尼系数	0.168	0.278	0.336	0.175	0.169	0.378

3. 2016年

表 A－6－3　2016 年贵州省地级政府债务风险

单位：%

地级政府	收入口径			支出口径		
	债务率	一般债务率	专项债务率	债务率	一般债务率	专项债务率
六盘水市	267.51	329.60	136.71	148.70	153.80	127.27
毕节市	654.12	694.90	605.82	249.32	173.54	612.91
遵义市	495.66	568.00	359.65	225.00	203.41	328.52
铜仁市	453.08	858.49	163.60	161.60	156.30	185.09
黔东南苗族侗族自治州	267.19	270.59	260.21	101.19	79.47	242.84
黔西南布依族苗族自治州	322.68	322.19	324.44	137.33	120.70	273.87
黔南布依族苗族自治州	424.70	429.11	418.96	183.16	130.83	392.87
贵阳市	407.35	108.52	1281.81	289.54	75.68	965.33
安顺市	363.94	328.75	425.87	164.90	110.25	504.91
平均值	406.25	434.46	441.90	184.53	133.78	403.73
基尼系数	0.155	0.276	0.354	0.169	0.169	0.323

七　海南省

1. 2014年

表 A-7-1　2014年海南省地级政府债务风险

单位：%

地级政府	收入口径			支出口径		
	债务率	一般债务率	专项债务率	债务率	一般债务率	专项债务率
三亚市	111.78	113.99	109.31	88.96	84.54	94.73
儋州市	201.29	240.64	80.77	62.34	64.96	45.59
海口市	298.79	376.87	192.90	226.82	250.01	182.08
平均值	203.95	243.83	127.66	126.04	133.17	107.47
基尼系数	0.204	0.240	0.195	0.290	0.309	0.282

2. 2015年

表 A-7-2　2015年海南省地级政府债务风险

单位：%

地级政府	收入口径			支出口径		
	债务率	一般债务率	专项债务率	债务率	一般债务率	专项债务率
三亚市	102.50	109.03	94.82	85.37	81.94	90.51
儋州市	71.67	203.46	10.54	49.79	57.19	23.05
海口市	322.64	357.29	261.68	233.54	233.07	234.66
平均值	165.60	223.26	122.35	122.90	124.07	116.07
基尼系数	0.337	0.247	0.456	0.332	0.315	0.405

3. 2016年

表 A-7-3 2016 年海南省地级政府债务风险

单位：%

地级政府	收入口径			支出口径		
	债务率	一般债务率	专项债务率	债务率	一般债务率	专项债务率
三亚市	107.75	101.64	115.75	83.45	72.40	101.22
儋州市	86.91	190.57	39.32	44.90	61.69	27.96
海口市	265.66	405.21	117.31	187.46	233.67	108.60
平均值	153.44	232.47	90.79	105.27	122.59	79.26
基尼系数	0.259	0.290	0.191	0.301	0.312	0.226

八　河北省

1. 2014年

表 A-8-1 2014 年河北省地级政府债务风险

单位：%

地级政府	收入口径			支出口径		
	债务率	一般债务率	专项债务率	债务率	一般债务率	专项债务率
保定市	168.77	198.18	117.73	89.23	83.36	112.38
唐山市	288.85	372.18	174.63	213.12	229.66	176.07
廊坊市	48.00	59.16	37.55	45.98	48.98	42.16
张家口市	132.65	193.71	49.83	68.64	73.90	49.91
承德市	137.37	156.81	100.86	72.22	66.32	97.58
沧州市	77.51	75.06	81.54	47.02	37.35	77.46
石家庄市	144.79	189.17	85.90	103.28	114.70	80.00
秦皇岛市	271.74	327.96	109.25	162.70	175.86	98.66
衡水市	75.79	77.20	72.99	30.99	25.37	58.47
邢台市	160.39	168.82	148.95	72.46	54.84	143.24
邯郸市	176.74	211.34	119.56	96.69	95.66	99.86
平均值	152.96	184.51	99.89	91.12	91.45	94.16
基尼系数	0.257	0.277	0.218	0.294	0.338	0.223

2. 2015年

表 A－8－2　2015 年河北省地级政府债务风险

单位：%

地级政府	收入口径			支出口径		
	债务率	一般债务率	专项债务率	债务率	一般债务率	专项债务率
保定市	114.10	157.90	62.88	60.34	59.30	63.61
唐山市	336.12	329.22	356.65	211.49	186.21	337.46
廊坊市	42.70	48.18	34.49	31.41	30.33	33.96
张家口市	139.75	170.25	73.86	59.38	58.21	66.02
承德市	144.21	156.43	117.31	60.54	52.01	116.76
沧州市	78.47	68.85	100.43	40.33	29.95	88.13
石家庄市	124.10	162.51	73.25	85.06	89.32	74.62
秦皇岛市	265.49	316.57	113.35	150.67	158.58	106.47
衡水市	76.48	75.65	78.52	30.56	24.90	65.92
邢台市	139.95	149.97	126.20	55.36	41.20	125.82
邯郸市	184.27	184.85	182.60	76.54	68.34	118.26
平均值	149.60	165.49	119.96	78.33	72.58	108.82
基尼系数	0.289	0.277	0.327	0.329	0.355	0.312

3. 2016年

表 A－8－3　2016 年河北省地级政府债务风险

单位：%

地级政府	收入口径			支出口径		
	债务率	一般债务率	专项债务率	债务率	一般债务率	专项债务率
保定市	125.61	152.46	87.38	65.49	60.79	81.10
唐山市	320.19	312.12	343.78	196.06	172.48	307.84
廊坊市	43.16	41.53	45.91	32.92	27.64	46.46
张家口市	122.39	166.70	59.43	56.53	56.89	55.13
承德市	188.93	189.73	186.96	62.23	51.30	132.12
沧州市	84.92	74.59	106.43	44.70	32.56	98.08
石家庄市	115.87	155.17	71.13	77.90	86.16	62.91
秦皇岛市	283.53	313.88	182.19	139.78	148.24	105.23
衡水市	67.10	75.67	52.37	27.54	23.92	44.10
邢台市	144.43	152.47	134.45	54.73	41.52	99.18
邯郸市	158.67	177.57	125.49	74.54	68.31	96.39
平均值	150.44	164.72	126.87	75.67	69.98	102.59
基尼系数	0.293	0.273	0.334	0.310	0.342	0.306

九 河南省

1. 2014 年

表 A-9-1 2014 年河南省地级政府债务风险

单位：%

地级政府	收入口径			支出口径		
	债务率	一般债务率	专项债务率	债务率	一般债务率	专项债务率
三门峡市	103.28	97.08	123.46	62.24	54.18	100.42
信阳市	152.47	186.15	104.21	52.47	44.78	93.70
南阳市	92.54	102.13	78.33	39.94	31.91	77.76
周口市	101.38	95.31	111.21	33.69	22.66	103.65
商丘市	71.53	82.55	52.90	27.31	23.62	46.44
安阳市	89.25	89.70	88.53	50.76	39.54	92.53
平顶山市	55.83	50.73	64.03	36.25	27.45	61.29
开封市	122.28	142.62	97.09	70.66	61.47	97.06
新乡市	86.89	90.03	81.04	50.83	44.81	70.45
洛阳市	113.13	99.21	143.09	78.86	62.52	129.25
漯河市	64.35	72.20	50.34	36.49	33.39	47.88
濮阳市	129.45	181.04	74.87	69.71	70.05	68.86
焦作市	93.22	85.57	114.42	55.80	46.94	91.70
许昌市	102.95	95.34	120.92	66.34	53.98	115.67
郑州市	150.04	190.41	87.14	146.82	172.87	97.04
驻马店市	73.16	82.85	60.92	26.99	20.41	60.43
鹤壁市	214.59	269.88	140.79	133.21	135.17	128.47
平均值	106.84	118.40	93.72	61.08	55.63	87.21
基尼系数	0.187	0.233	0.172	0.270	0.332	0.160

2. 2015年

表 A - 9 - 2　2015 年河南省地级政府债务风险

单位：%

地级政府	收入口径			支出口径		
	债务率	一般债务率	专项债务率	债务率	一般债务率	专项债务率
三门峡市	88.58	98.72	25.71	49.73	53.65	18.14
信阳市	119.94	126.45	106.22	37.32	30.71	81.05
南阳市	99.49	101.60	95.24	37.66	30.94	70.42
周口市	116.39	79.92	300.45	30.31	18.50	211.27
商丘市	75.78	78.12	69.53	26.17	22.66	48.95
安阳市	97.21	90.63	110.15	47.00	36.32	89.49
平顶山市	79.22	62.96	123.41	40.31	28.61	93.15
开封市	125.85	130.11	118.71	65.32	53.29	111.68
新乡市	107.37	96.49	138.54	56.14	44.86	112.65
洛阳市	97.94	82.46	152.07	63.37	49.48	135.40
漯河市	63.35	60.12	71.58	30.26	25.05	54.48
濮阳市	158.16	153.18	172.18	67.58	55.34	151.68
焦作市	108.42	83.52	294.02	58.16	44.45	167.83
许昌市	107.07	100.76	123.65	66.47	55.94	111.39
郑州市	141.96	173.82	86.34	130.80	148.19	92.63
驻马店市	78.95	77.21	82.22	25.93	19.31	66.32
鹤壁市	173.26	185.14	149.23	94.00	85.15	127.17
平均值	108.17	104.78	130.54	54.50	47.20	102.57
基尼系数	0.146	0.183	0.273	0.248	0.302	0.249

3. 2016年

表 A - 9 - 3　2016 年河南省地级政府债务风险

单位：%

地级政府	收入口径			支出口径		
	债务率	一般债务率	专项债务率	债务率	一般债务率	专项债务率
三门峡市	84.63	89.97	55.42	49.46	48.22	64.03
信阳市	101.54	96.52	110.22	32.20	22.57	90.69
南阳市	90.79	102.41	73.54	37.63	31.17	65.83
周口市	129.66	111.26	172.06	36.51	24.31	144.51
商丘市	90.22	96.40	80.75	33.58	26.80	62.58
安阳市	112.10	94.87	155.79	57.14	42.26	125.29
平顶山市	80.37	62.89	120.33	40.77	28.39	85.11
开封市	131.37	120.50	152.35	61.53	46.12	125.57

续表

地级政府	收入口径			支出口径		
	债务率	一般债务率	专项债务率	债务率	一般债务率	专项债务率
新乡市	93.87	83.43	125.62	47.66	38.03	97.57
洛阳市	103.39	79.09	232.22	62.58	46.31	171.10
漯河市	65.06	58.17	82.09	31.65	24.65	63.08
濮阳市	153.77	157.88	145.76	62.52	51.42	115.13
焦作市	100.61	77.90	238.92	59.33	44.42	177.88
许昌市	114.91	102.18	148.93	64.48	50.84	127.00
郑州市	103.01	138.67	59.86	89.90	106.11	62.95
驻马店市	73.22	75.49	69.95	26.38	19.19	63.30
鹤壁市	180.82	110.19	367.43	98.39	52.92	308.38
平均值	106.43	97.52	140.66	52.45	41.40	114.71
基尼系数	0.143	0.140	0.287	0.204	0.230	0.263

十　黑龙江省

1. 2014年

表 A－10－1　2014年黑龙江省地级政府债务风险

单位：%

地级政府	收入口径			支出口径		
	债务率	一般债务率	专项债务率	债务率	一般债务率	专项债务率
七台河市	94.57	99.20	69.72	30.30	28.77	51.13
伊春市	325.54	346.49	274.40	61.13	49.29	235.20
佳木斯市	99.22	90.00	145.03	25.19	20.16	108.97
双鸭山市	231.12	254.82	125.76	48.04	45.46	98.38
哈尔滨市	223.06	249.89	167.59	149.88	143.01	175.94
大兴安岭地区	193.24	163.68	435.75	36.29	28.36	262.96
大庆市	79.26	83.30	68.96	67.37	65.66	73.25
牡丹江市	89.97	98.26	59.85	38.55	36.20	62.98
绥化市	363.66	383.23	314.20	95.81	81.26	213.64
鸡西市	259.79	238.21	360.42	151.23	127.41	356.83
鹤岗市	212.29	209.26	222.23	57.46	47.11	177.95
黑河市	347.10	316.54	494.11	72.77	59.04	256.66
齐齐哈尔市	70.10	75.49	51.32	19.77	17.96	40.98
平均值	199.15	200.64	214.56	65.68	57.67	162.68
基尼系数	0.287	0.290	0.376	0.334	0.340	0.328

2. 2015年

表 A – 10 – 2 2015 年黑龙江省地级政府债务风险

单位：%

地级政府	收入口径			支出口径		
	债务率	一般债务率	专项债务率	债务率	一般债务率	专项债务率
七台河市	136.09	154.33	67.40	38.29	36.74	60.25
伊春市	312.29	310.79	317.04	38.82	30.73	215.89
佳木斯市	110.22	130.62	25.67	21.77	22.16	15.84
双鸭山市	231.84	253.90	152.36	44.37	40.32	112.04
哈尔滨市	255.09	251.99	265.26	138.90	124.56	216.56
大兴安岭地区	198.53	186.70	286.42	34.98	29.70	248.73
大庆市	100.50	110.72	48.46	73.56	71.64	106.70
牡丹江市	173.78	175.36	163.30	45.52	42.70	85.94
绥化市	416.86	404.26	461.70	85.00	68.23	362.93
鸡西市	307.90	265.85	606.96	137.68	116.66	313.83
鹤岗市	229.84	270.54	83.46	47.43	46.94	54.02
黑河市	316.65	275.90	586.59	61.32	48.82	302.29
齐齐哈尔市	82.07	104.48	8.33	20.21	21.23	6.76
平均值	220.90	222.73	236.38	60.60	53.88	161.68
基尼系数	0.247	0.211	0.466	0.321	0.308	0.407

3. 2016年

表 A – 10 – 3 2016 年黑龙江省地级政府债务风险

单位：%

地级政府	收入口径			支出口径		
	债务率	一般债务率	专项债务率	债务率	一般债务率	专项债务率
七台河市	175.63	156.79	277.97	34.24	26.44	355.97
伊春市	387.44	325.51	929.27	46.53	35.91	495.61
佳木斯市	194.30	224.15	40.13	35.63	35.78	31.85
双鸭山市	314.65	323.47	220.55	53.48	51.63	122.15
哈尔滨市	275.09	294.69	228.49	141.38	126.51	220.96
大兴安岭地区	275.72	272.37	332.40	38.71	36.63	181.32
大庆市	102.47	89.17	239.96	51.53	44.06	147.49
牡丹江市	154.18	141.55	212.19	45.21	37.16	134.21
绥化市	414.51	415.01	412.98	76.16	60.94	324.70

续表

地级政府	收入口径			支出口径		
	债务率	一般债务率	专项债务率	债务率	一般债务率	专项债务率
鸡西市	299.14	259.10	568.26	69.92	54.71	472.09
鹤岗市	242.60	240.10	263.93	46.05	42.61	123.42
黑河市	349.32	281.64	1325.82	64.53	50.08	556.85
齐齐哈尔市	92.14	116.92	8.81	20.81	21.60	7.94
平均值	252.09	241.57	389.29	55.71	48.00	244.20
基尼系数	0.225	0.210	0.444	0.248	0.236	0.396

十一　湖北省

1. 2014年

表 A-11-1　2014年湖北省地级政府债务风险

单位：%

地级政府	收入口径			支出口径		
	债务率	一般债务率	专项债务率	债务率	一般债务率	专项债务率
十堰市	164.48	171.80	152.42	71.38	57.07	133.53
咸宁市	141.18	167.22	109.50	78.24	66.44	116.75
孝感市	124.97	154.90	91.98	70.75	65.66	82.68
宜昌市	143.71	141.55	147.90	96.35	86.79	121.12
恩施土家族苗族自治州	159.10	213.11	85.95	56.02	52.10	74.92
武汉市	73.67	99.20	49.85	88.22	92.95	80.62
荆州市	143.02	105.77	228.64	56.60	33.75	202.01
荆门市	83.86	97.12	66.89	43.18	37.89	58.27
襄阳市	83.34	92.34	70.57	55.90	52.55	63.41
鄂州市	95.39	85.07	123.12	58.66	48.09	99.12
随州市	101.48	106.12	96.45	50.66	37.53	86.86
黄冈市	140.98	186.43	97.05	61.42	51.84	93.49
黄石市	75.06	54.03	106.20	49.37	28.89	105.88
平均值	117.71	128.82	109.73	64.37	54.73	101.44
基尼系数	0.152	0.196	0.212	0.129	0.187	0.183

2. 2015年

表 A – 11 – 2　2015 年湖北省地级政府债务风险

单位：%

地级政府	收入口径			支出口径		
	债务率	一般债务率	专项债务率	债务率	一般债务率	专项债务率
十堰市	164.10	160.96	170.41	61.32	48.86	118.94
咸宁市	143.51	148.64	134.69	75.49	62.34	125.93
孝感市	130.10	137.22	118.43	68.68	58.02	105.48
宜昌市	119.18	115.40	127.09	80.24	72.80	99.53
恩施土家族苗族自治州	159.11	182.48	102.00	39.84	36.89	61.32
武汉市	88.34	91.52	82.88	84.85	85.20	84.19
荆州市	147.99	135.75	185.30	67.75	54.54	147.61
荆门市	91.26	88.00	98.14	39.26	31.33	75.54
襄阳市	75.38	70.84	85.80	46.58	41.10	62.37
鄂州市	80.83	80.46	81.55	52.47	44.72	78.19
随州市	140.03	126.81	180.28	46.22	35.90	120.36
黄冈市	125.59	162.85	87.56	54.46	45.54	86.67
黄石市	96.71	101.37	88.10	51.83	45.16	77.68
平均值	120.16	123.25	118.63	59.15	50.95	95.68
基尼系数	0.140	0.157	0.168	0.140	0.159	0.149

3. 2016年

表 A – 11 – 3　2016 年湖北省地级政府债务风险

单位：%

地级政府	收入口径			支出口径		
	债务率	一般债务率	专项债务率	债务率	一般债务率	专项债务率
十堰市	167.39	165.70	170.53	67.49	51.54	152.40
咸宁市	156.38	154.55	159.76	75.60	59.59	146.46
孝感市	151.13	141.84	171.34	68.01	51.36	163.31
宜昌市	161.04	143.75	205.58	94.16	81.06	132.85
恩施土家族苗族自治州	189.82	217.90	118.26	52.25	48.93	76.68
武汉市	82.40	91.19	71.40	78.48	79.07	77.55
荆州市	143.41	128.19	183.53	52.08	38.47	149.15
荆门市	74.29	85.26	60.31	43.90	41.10	50.04
襄阳市	84.39	78.41	95.78	50.58	42.35	72.54

续表

地级政府	收入口径			支出口径		
	债务率	一般债务率	专项债务率	债务率	一般债务率	专项债务率
鄂州市	66.14	79.20	51.00	45.00	43.03	49.04
随州市	150.86	135.02	213.15	52.34	41.46	150.98
黄冈市	135.56	167.90	100.64	56.03	46.82	86.81
黄石市	89.03	101.17	73.21	48.50	42.06	66.95
平均值	127.06	130.01	128.81	60.34	51.30	105.75
基尼系数	0.175	0.172	0.244	0.130	0.132	0.219

十二 湖南省

1. 2014年

表 A-12-1 2014年湖南省地级政府债务风险

单位：%

地级政府	收入口径			支出口径		
	债务率	一般债务率	专项债务率	债务率	一般债务率	专项债务率
娄底市	147.11	185.77	101.88	60.63	53.69	83.69
岳阳市	231.54	181.19	346.89	108.52	69.77	323.69
常德市	251.72	264.09	194.58	105.14	98.21	188.45
张家界市	341.57	324.96	414.97	102.40	86.98	264.96
怀化市	162.23	234.75	112.01	69.08	55.31	108.11
株洲市	222.30	132.71	425.56	144.09	76.07	392.23
永州市	229.40	229.90	228.06	72.51	60.96	147.98
湘潭市	185.72	81.95	740.48	150.81	64.15	751.57
湘西土家族苗族自治州	261.69	319.40	134.78	62.78	58.58	100.26
益阳市	281.69	249.17	338.59	94.83	62.59	281.70
衡阳市	117.73	133.64	100.38	67.84	56.14	97.27
邵阳市	142.00	119.46	195.55	41.36	27.50	153.88
郴州市	334.64	291.03	567.20	175.23	142.12	483.17
长沙市	141.00	162.65	118.18	126.93	128.28	125.03
平均值	217.88	207.91	287.08	98.73	74.31	250.14
基尼系数	0.180	0.205	0.353	0.216	0.208	0.372

2. 2015年

表 A－12－2 2015 年湖南省地级政府债务风险

单位：%

地级政府	收入口径			支出口径		
	债务率	一般债务率	专项债务率	债务率	一般债务率	专项债务率
娄底市	218.44	213.76	231.82	66.34	53.87	170.68
岳阳市	200.96	118.74	507.62	78.66	40.44	448.71
常德市	185.77	178.27	245.37	68.74	62.13	178.11
张家界市	308.82	297.87	357.11	82.89	70.20	247.12
怀化市	186.26	184.74	188.53	57.27	39.98	158.28
株洲市	202.03	121.37	537.32	119.54	66.34	484.01
永州市	184.68	212.21	133.67	63.68	55.56	111.73
湘潭市	234.40	113.49	971.13	128.25	57.95	941.80
湘西土家族苗族自治州	225.56	272.23	111.47	54.84	50.98	100.07
益阳市	269.86	227.51	366.09	85.34	56.74	296.32
衡阳市	83.76	108.37	62.74	49.61	42.88	64.57
邵阳市	101.62	75.21	149.16	29.20	16.01	115.78
郴州市	338.19	296.41	555.99	157.40	127.27	460.13
长沙市	134.50	126.34	148.66	111.18	98.20	138.12
平均值	205.35	181.89	326.19	82.35	59.90	279.67
基尼系数	0.185	0.221	0.382	0.227	0.220	0.404

3. 2016年

表 A－12－3 2016 年湖南省地级政府债务风险

单位：%

地级政府	收入口径			支出口径		
	债务率	一般债务率	专项债务率	债务率	一般债务率	专项债务率
娄底市	248.76	171.05	985.38	66.46	43.63	479.08
岳阳市	217.47	162.41	451.02	86.51	57.29	391.63
常德市	182.46	130.63	525.65	67.62	44.52	463.09
张家界市	250.44	310.76	142.09	77.96	69.93	142.15
怀化市	212.67	198.76	240.34	59.86	41.87	204.38
株洲市	118.47	79.85	269.87	96.08	62.79	249.55

续表

地级政府	收入口径			支出口径		
	债务率	一般债务率	专项债务率	债务率	一般债务率	专项债务率
永州市	207.60	230.87	143.08	63.91	57.77	121.70
湘潭市	251.24	115.54	1533.14	121.48	53.27	1371.37
湘西土家族苗族自治州	235.62	299.75	95.26	61.10	57.71	102.47
益阳市	198.67	161.79	307.66	81.69	56.21	276.47
衡阳市	100.59	114.30	84.01	55.48	43.37	102.63
邵阳市	43.39	32.05	103.73	13.25	8.90	68.32
郴州市	246.60	206.81	556.06	150.08	120.56	514.41
长沙市	159.88	140.84	205.64	125.49	100.57	211.86
平均值	190.99	168.24	403.07	80.50	58.46	335.65
基尼系数	0.172	0.248	0.472	0.223	0.223	0.437

十三 吉林省

1. 2014年

表 A-13-1 2014年吉林省地级政府债务风险

单位：%

地级政府	收入口径			支出口径		
	债务率	一般债务率	专项债务率	债务率	一般债务率	专项债务率
吉林市	95.57	90.98	107.27	45.82	36.46	102.79
四平市	86.19	107.10	40.87	31.79	32.37	28.85
延边朝鲜族自治州	111.46	89.98	180.22	44.32	31.67	122.37
松原市	392.78	314.25	650.07	162.11	114.30	480.52
白城市	239.99	203.98	333.17	63.76	46.16	161.05
白山市	221.94	187.79	311.75	85.33	60.15	253.30
辽源市	294.98	251.07	407.99	99.00	67.78	366.01
通化市	143.67	126.44	183.22	68.64	50.72	155.82
长春市	156.02	142.02	174.44	103.62	83.49	139.67
平均值	193.62	168.18	265.44	78.27	58.12	201.15
基尼系数	0.275	0.240	0.352	0.261	0.238	0.353

2. 2015年

表 A － 13 － 2　2015 年吉林省地级政府债务风险

单位：%

地级政府	收入口径			支出口径		
	债务率	一般债务率	专项债务率	债务率	一般债务率	专项债务率
吉林市	103.19	96.05	133.67	42.04	34.81	115.77
四平市	91.31	108.45	45.48	31.41	30.55	38.31
延边朝鲜族自治州	122.20	92.52	273.55	40.93	28.40	170.85
松原市	450.57	348.25	905.56	133.20	95.59	407.12
白城市	210.78	185.96	273.10	49.95	36.80	128.52
白山市	230.49	159.38	972.37	68.45	45.32	538.65
辽源市	301.82	198.06	772.42	86.53	50.31	532.11
通化市	175.26	131.51	406.57	64.38	44.62	265.40
长春市	189.99	153.63	275.50	108.16	77.89	220.58
平均值	208.40	163.76	450.91	69.45	49.37	268.59
基尼系数	0.271	0.228	0.392	0.255	0.225	0.359

3. 2016年

表 A － 13 － 3　2016 年吉林省地级政府债务风险

单位：%

地级政府	收入口径			支出口径		
	债务率	一般债务率	专项债务率	债务率	一般债务率	专项债务率
吉林市	115.44	102.97	191.44	44.15	36.70	131.82
四平市	93.67	108.27	49.28	27.57	26.29	40.92
延边朝鲜族自治州	162.35	125.34	449.92	46.25	33.82	225.69
松原市	495.08	412.80	784.03	134.23	95.13	558.89
白城市	275.53	211.74	622.03	60.64	41.97	341.93
白山市	246.91	186.00	625.92	71.54	48.92	493.68
辽源市	351.36	228.88	928.02	87.04	50.13	600.76
通化市	173.64	131.71	422.00	60.30	42.12	298.63
长春市	161.12	128.68	229.81	98.53	69.39	196.27
平均值	115.44	102.97	191.44	44.15	36.70	131.82
基尼系数	0.281	0.249	0.325	0.241	0.208	0.326

十四 江苏省

1. 2014年

表 A-14-1 2014年江苏省地级政府债务风险

单位：%

地级政府	收入口径			支出口径		
	债务率	一般债务率	专项债务率	债务率	一般债务率	专项债务率
南京市	123.74	105.48	140.98	124.48	103.45	145.35
南通市	21.02	23.95	18.15	19.13	20.28	17.83
宿迁市	93.02	103.28	74.19	64.33	62.79	68.63
常州市	47.55	62.60	36.15	47.55	62.45	36.21
徐州市	82.28	101.90	65.88	73.57	72.73	74.69
扬州市	113.88	114.98	112.35	103.01	92.30	123.66
无锡市	117.69	103.60	142.82	119.66	106.36	142.74
泰州市	116.79	117.59	115.77	97.42	88.05	112.97
淮安市	89.03	102.68	57.00	69.80	73.39	57.86
盐城市	46.15	49.88	38.89	34.20	34.57	33.31
苏州市	49.79	46.68	52.92	51.81	51.65	51.95
连云港市	56.10	54.67	57.84	44.95	38.06	56.68
镇江市	126.91	113.54	149.71	115.57	101.13	141.76
平均值	83.38	84.68	81.74	74.27	69.79	81.82
基尼系数	0.232	0.195	0.296	0.256	0.220	0.301

2. 2015年

表 A-14-2 2015年江苏省地级政府债务风险

单位：%

地级政府	收入口径			支出口径		
	债务率	一般债务率	专项债务率	债务率	一般债务率	专项债务率
南京市	120.17	101.55	141.44	119.33	99.07	143.38
南通市	21.79	21.56	22.11	19.45	18.01	21.81
宿迁市	113.18	115.68	105.85	72.17	67.18	94.67
常州市	48.61	64.73	35.46	45.36	62.18	32.32

续表

地级政府	收入口径			支出口径		
	债务率	一般债务率	专项债务率	债务率	一般债务率	专项债务率
徐州市	83.72	90.02	76.50	70.39	63.49	82.46
扬州市	114.47	108.29	125.53	95.22	82.36	125.47
无锡市	133.05	92.16	330.88	133.58	93.07	323.04
泰州市	115.55	104.62	134.50	92.70	77.03	127.67
淮安市	86.48	100.34	50.21	63.39	68.59	45.39
盐城市	49.99	43.60	78.92	33.60	27.90	68.85
苏州市	60.14	45.25	88.25	60.49	46.25	86.17
连云港市	69.75	61.05	86.89	52.75	41.82	82.63
镇江市	114.73	103.85	133.58	102.33	90.19	124.99
平均值	87.05	80.98	108.47	73.90	64.40	104.53
基尼系数	0.213	0.196	0.328	0.247	0.211	0.335

3. 2016年

表 A－14－3　2016年江苏省地级政府债务风险

单位：%

地级政府	收入口径			支出口径		
	债务率	一般债务率	专项债务率	债务率	一般债务率	专项债务率
南京市	85.47	90.21	81.91	85.86	87.82	84.30
南通市	23.85	18.81	30.82	20.01	14.82	28.40
宿迁市	121.70	120.94	123.66	73.38	67.76	92.84
常州市	55.21	67.57	44.24	51.41	63.87	40.66
徐州市	118.15	97.62	163.59	81.62	63.06	133.50
扬州市	133.01	107.93	199.82	98.06	76.93	162.06
无锡市	121.99	91.29	219.44	123.20	92.06	222.64
泰州市	120.31	108.59	140.29	94.32	79.75	124.30
淮安市	99.06	78.00	153.92	68.80	50.90	128.46
盐城市	55.26	53.04	61.75	33.80	30.06	49.06
苏州市	36.01	40.59	32.05	37.78	43.42	33.07
连云港市	106.78	87.77	141.96	68.68	49.75	121.62
镇江市	138.81	113.48	196.81	112.62	92.34	158.63
平均值	93.51	82.76	122.33	73.04	62.50	106.12
基尼系数	0.219	0.195	0.295	0.232	0.208	0.296

十五 江西省

1. 2014年

表 A－15－1 2014年江西省地级政府债务风险

单位：%

地级政府	收入口径			支出口径		
	债务率	一般债务率	专项债务率	债务率	一般债务率	专项债务率
上饶市	159.08	155.19	167.21	93.79	78.37	151.81
九江市	123.54	129.04	118.57	87.71	71.89	111.98
南昌市	85.94	86.61	85.17	70.68	62.64	83.09
吉安市	88.41	89.00	87.41	50.76	41.10	85.03
宜春市	115.53	124.68	98.43	74.81	68.44	95.94
抚州市	116.99	129.84	89.25	64.08	59.08	87.30
新余市	126.60	127.87	124.19	97.21	87.29	124.73
景德镇市	125.66	133.63	106.18	79.57	73.40	107.37
萍乡市	89.23	134.13	12.53	63.03	80.71	12.59
赣州市	111.38	120.10	99.35	61.87	50.46	99.31
鹰潭市	172.57	160.79	201.17	122.59	102.64	196.83
平均值	119.54	126.44	108.13	78.74	70.55	105.09
基尼系数	0.120	0.091	0.221	0.136	0.130	0.216

2. 2015年

表 A－15－2 2015年江西省地级政府债务风险

单位：%

地级政府	收入口径			支出口径		
	债务率	一般债务率	专项债务率	债务率	一般债务率	专项债务率
上饶市	113.90	130.08	89.66	69.65	63.30	89.08
九江市	110.35	119.11	101.20	77.81	66.49	98.41
南昌市	100.58	87.51	126.79	76.21	62.72	108.51
吉安市	111.24	91.93	193.50	55.45	41.34	179.54

地级政府	收入口径			支出口径		
	债务率	一般债务率	专项债务率	债务率	一般债务率	专项债务率
宜春市	101.88	113.64	79.84	63.71	60.56	73.96
抚州市	120.62	131.59	93.01	61.45	56.70	87.57
新余市	137.45	122.31	188.06	95.24	79.43	167.89
景德镇市	116.59	125.94	94.30	72.72	65.96	107.91
萍乡市	98.43	128.19	18.51	58.82	73.18	12.65
赣州市	139.73	123.10	188.60	64.78	49.14	166.19
鹰潭市	134.99	134.93	135.12	96.84	87.68	125.26
平均值	116.89	118.94	118.96	72.06	64.23	110.63
基尼系数	0.068	0.065	0.239	0.100	0.107	0.228

3. 2016年

表 A – 15 – 3　2016 年江西省地级政府债务风险

单位：%

地级政府	收入口径			支出口径		
	债务率	一般债务率	专项债务率	债务率	一般债务率	专项债务率
上饶市	120.25	131.39	102.46	68.45	60.33	94.56
九江市	139.02	123.74	165.51	88.43	69.24	137.91
南昌市	85.18	81.18	90.82	68.93	55.56	98.93
吉安市	116.53	97.77	178.07	54.14	40.10	146.59
宜春市	103.16	105.93	97.18	59.83	53.37	83.66
抚州市	98.36	122.13	70.32	52.35	48.02	64.21
新余市	168.98	152.65	286.58	105.52	95.42	177.73
景德镇市	145.00	118.61	266.44	79.18	60.53	214.53
萍乡市	90.79	134.97	19.69	58.97	71.14	20.42
赣州市	135.94	130.11	147.55	61.10	46.75	132.56
鹰潭市	184.64	140.62	514.97	119.20	89.64	367.33
平均值	126.17	121.74	176.33	74.19	62.74	139.86
基尼系数	0.136	0.088	0.384	0.150	0.146	0.326

十六 辽宁省

1. 2014年

表 A-16-1 2014年辽宁省地级政府债务风险

单位：%

地级政府	收入口径			支出口径		
	债务率	一般债务率	专项债务率	债务率	一般债务率	专项债务率
丹东市	137.85	174.04	39.16	93.86	106.50	38.49
大连市	183.67	163.17	232.14	153.63	128.77	226.19
抚顺市	221.89	248.94	130.43	146.70	149.53	130.76
朝阳市	101.79	88.94	126.56	55.06	39.68	115.86
本溪市	152.67	135.66	213.35	113.79	94.95	206.85
沈阳市	153.28	118.05	216.58	135.41	101.42	201.59
盘锦市	356.27	372.65	324.25	295.97	276.00	353.45
营口市	354.31	452.70	140.73	280.02	330.49	135.50
葫芦岛市	238.48	315.29	83.70	141.51	153.73	88.28
辽阳市	151.23	195.15	55.74	118.57	136.59	59.16
铁岭市	144.34	139.68	150.58	85.71	62.39	160.23
锦州市	248.75	240.59	269.28	163.96	144.10	237.47
阜新市	135.51	147.77	106.74	66.59	60.04	103.12
鞍山市	234.73	172.60	447.82	182.30	128.20	412.28
平均值	201.06	211.80	181.22	145.22	136.60	176.37
基尼系数	0.204	0.252	0.324	0.250	0.286	0.318

2. 2015年

表 A-16-2 2015年辽宁省地级政府债务风险

单位：%

地级政府	收入口径			支出口径		
	债务率	一般债务率	专项债务率	债务率	一般债务率	专项债务率
丹东市	233.22	336.99	48.55	98.15	104.85	54.83
大连市	260.83	218.10	413.35	180.37	138.88	412.41
抚顺市	399.00	471.36	184.16	201.13	207.28	164.16
朝阳市	202.42	176.29	262.91	70.88	49.72	208.81
本溪市	404.56	351.76	666.73	180.86	142.98	591.07

续表

地级政府	收入口径			支出口径		
	债务率	一般债务率	专项债务率	债务率	一般债务率	专项债务率
沈阳市	223.21	142.85	539.54	167.10	107.10	401.59
盘锦市	283.45	494.88	139.91	215.14	271.45	143.60
营口市	668.12	691.68	539.07	429.82	418.50	530.69
葫芦岛市	392.08	458.55	179.89	157.82	158.01	156.31
辽阳市	271.67	355.11	88.93	146.43	162.09	79.41
铁岭市	332.76	276.32	457.60	101.77	66.70	341.62
锦州市	267.20	418.26	104.69	137.46	150.73	99.71
阜新市	269.82	295.61	205.20	94.08	84.49	159.39
鞍山市	438.15	335.93	753.56	260.91	177.36	741.25
平均值	331.89	358.84	327.44	174.42	160.01	291.78
基尼系数	0.181	0.212	0.380	0.251	0.287	0.387

3. 2016年

表 A－16－3　2016年辽宁省地级政府债务风险

单位：%

地级政府	收入口径			支出口径		
	债务率	一般债务率	专项债务率	债务率	一般债务率	专项债务率
丹东市	293.83	353.37	81.41	124.19	129.44	76.24
大连市	252.25	209.97	410.96	188.16	147.64	397.35
抚顺市	428.68	450.22	313.61	205.09	198.74	271.64
朝阳市	233.99	219.85	264.66	70.88	50.14	278.41
本溪市	384.04	354.68	495.82	174.07	145.64	371.65
沈阳市	210.62	144.34	419.96	169.79	108.58	437.55
盘锦市	465.24	441.74	536.90	284.40	242.39	503.11
营口市	604.50	678.26	343.23	363.40	360.55	384.67
葫芦岛市	385.34	529.84	106.75	164.77	172.47	115.45
辽阳市	302.09	339.93	152.70	165.11	168.22	142.05
铁岭市	436.95	307.20	1030.45	122.00	76.47	648.65
锦州市	305.12	391.30	90.18	133.71	149.32	62.73
阜新市	317.77	317.34	319.43	94.93	82.43	221.03
鞍山市	415.71	321.71	715.78	248.43	171.15	705.43
平均值	359.72	361.41	377.27	179.21	157.37	329.71
基尼系数	0.158	0.197	0.360	0.225	0.247	0.333

十七　内蒙古自治区

1. 2014年

表 A－17－1　2014 年内蒙古自治区地级政府债务风险

单位：%

地级政府	收入口径			支出口径		
	债务率	一般债务率	专项债务率	债务率	一般债务率	专项债务率
乌兰察布市	653.48	862.28	194.47	150.37	148.04	177.54
乌海市	207.05	177.81	900.47	162.66	141.00	579.00
兴安盟	455.72	578.88	208.55	75.19	70.90	113.48
包头市	416.82	427.74	372.31	289.07	283.38	319.05
呼伦贝尔市	178.10	211.82	91.82	60.64	58.37	78.73
呼和浩特市	293.94	216.93	535.64	213.41	147.60	492.64
巴彦淖尔市	254.53	294.10	135.29	91.37	94.11	76.75
赤峰市	113.72	145.13	85.47	54.43	39.47	129.31
通辽市	250.58	248.85	259.02	95.83	88.42	157.72
鄂尔多斯市	280.12	259.91	440.51	226.83	206.33	424.08
锡林郭勒盟	279.65	326.53	98.93	125.30	130.14	85.02
阿拉善盟	313.55	286.04	570.39	150.75	133.98	363.90
平均值	308.11	336.34	324.41	141.32	128.48	249.77
基尼系数	0.233	0.283	0.395	0.275	0.270	0.374

2. 2015年

表 A－17－2　2015 年内蒙古自治区地级政府债务风险

单位：%

地级政府	收入口径			支出口径		
	债务率	一般债务率	专项债务率	债务率	一般债务率	专项债务率
乌兰察布市	633.15	780.20	223.18	137.01	135.14	158.31
乌海市	162.93	151.66	347.96	123.79	114.83	280.43
兴安盟	478.31	518.53	318.25	63.36	60.75	87.84

续表

地级政府	收入口径			支出口径		
	债务率	一般债务率	专项债务率	债务率	一般债务率	专项债务率
包头市	418.44	372.87	1071.62	270.98	239.22	802.57
呼伦贝尔市	241.12	256.00	167.18	73.69	70.63	109.90
呼和浩特市	270.26	189.83	757.95	190.81	130.22	650.19
巴彦淖尔市	291.16	305.63	198.29	87.56	87.58	87.37
赤峰市	138.10	168.27	103.53	56.05	42.40	140.00
通辽市	244.47	230.88	346.15	83.72	75.21	192.29
鄂尔多斯市	274.65	239.56	1019.78	213.73	184.69	991.46
锡林郭勒盟	257.87	292.94	19.49	115.56	122.61	16.81
阿拉善盟	380.98	344.99	794.46	152.33	133.58	507.64
平均值	315.95	320.95	447.32	130.72	116.41	335.40
基尼系数	0.227	0.263	0.426	0.268	0.248	0.487

3. 2016年

表 A−17−3　2016 年内蒙古自治区地级政府债务风险

单位：%

地级政府	收入口径			支出口径		
	债务率	一般债务率	专项债务率	债务率	一般债务率	专项债务率
乌兰察布市	731.17	801.37	409.26	155.95	149.74	248.58
乌海市	186.04	172.57	423.31	120.59	109.07	498.70
兴安盟	454.11	484.28	326.77	71.97	67.28	127.55
包头市	361.16	342.45	491.21	248.41	223.68	535.12
呼伦贝尔市	191.33	192.98	182.63	54.37	49.34	126.14
呼和浩特市	286.31	199.98	1117.93	187.43	128.15	923.65
巴彦淖尔市	316.47	299.16	505.46	93.81	88.71	149.10
赤峰市	178.16	211.74	100.73	59.07	53.93	109.68
通辽市	238.06	234.81	268.90	87.72	84.13	135.96
鄂尔多斯市	275.44	235.23	1609.05	220.56	188.30	1302.56
锡林郭勒盟	252.71	273.52	44.65	113.05	117.82	32.55
阿拉善盟	270.80	309.04	184.86	128.05	118.23	186.13
平均值	311.81	313.09	472.06	128.42	114.87	364.64
基尼系数	0.227	0.250	0.452	0.262	0.243	0.503

十八 宁夏回族自治区

1. 2014年

表 A－18－1 2014年宁夏回族自治区地级政府债务风险

单位：%

地级政府	收入口径			支出口径		
	债务率	一般债务率	专项债务率	债务率	一般债务率	专项债务率
中卫市	307.95	398.15	182.55	82.85	72.98	140.42
吴忠市	276.71	284.18	256.28	78.92	68.89	141.37
固原市	341.32	394.28	242.53	44.23	36.45	125.08
石嘴山市	396.98	353.11	636.93	185.36	153.91	487.33
银川市	191.04	235.44	121.54	130.48	137.03	113.96
平均值	302.80	333.03	287.97	104.37	93.85	201.63
基尼系数	0.126	0.105	0.307	0.256	0.258	0.303

2. 2015年

表 A－18－2 2015年宁夏回族自治区地级政府债务风险

单位：%

地级政府	收入口径			支出口径		
	债务率	一般债务率	专项债务率	债务率	一般债务率	专项债务率
中卫市	295.36	334.28	220.67	71.06	59.95	154.05
吴忠市	298.26	284.48	347.12	71.58	57.99	224.30
固原市	418.75	417.02	423.87	45.04	36.15	157.67
石嘴山市	466.16	405.03	830.43	165.76	135.17	484.24
银川市	179.71	195.93	144.86	112.27	108.51	124.86
平均值	331.65	327.35	393.39	93.14	79.55	229.02
基尼系数	0.168	0.138	0.320	0.243	0.250	0.276

3. 2016年

表 A-18-3 2016年宁夏回族自治区地级政府债务风险

单位：%

地级政府	收入口径			支出口径		
	债务率	一般债务率	专项债务率	债务率	一般债务率	专项债务率
中卫市	347.94	366.72	300.53	73.81	59.37	294.54
吴忠市	323.57	321.21	331.07	77.38	63.78	225.79
固原市	189.55	227.26	101.01	19.43	17.16	64.65
石嘴山市	602.21	526.78	1077.77	183.89	149.60	626.27
银川市	233.60	215.09	317.93	140.16	121.67	263.51
平均值	339.37	331.41	425.66	98.93	82.32	294.95
基尼系数	0.222	0.184	0.373	0.320	0.318	0.323

十九　青海省

1. 2014年

表 A-19-1 2014年青海省地级政府债务风险

单位：%

地级政府	收入口径			支出口径		
	债务率	一般债务率	专项债务率	债务率	一般债务率	专项债务率
果洛藏族自治州	72.54	76.96	0.00	2.99	3.01	0.00
海东市	422.04	439.85	396.04	64.19	42.12	424.96
海北藏族自治州	102.68	118.89	0.00	11.47	11.78	0.00
海南藏族自治州	120.72	118.25	129.11	12.12	9.75	49.80
海西蒙古族藏族自治州	162.78	171.38	94.19	65.36	64.10	91.35
玉树藏族自治州	53.42	55.90	0.00	2.50	2.51	0.00
西宁市	155.44	176.43	130.08	74.95	59.64	129.41
黄南藏族自治州	86.06	117.64	0.00	5.01	5.21	0.00
平均值	146.96	159.41	93.68	29.82	24.77	86.94
基尼系数	0.346	0.328	0.651	0.522	0.522	0.709

2. 2015年

表 A-19-2   2015 年青海省地级政府债务风险

单位：%

地级政府	收入口径			支出口径		
	债务率	一般债务率	专项债务率	债务率	一般债务率	专项债务率
果洛藏族自治州	131.26	133.40	0.00	5.21	5.22	0.00
海东市	450.62	349.51	903.41	53.38	36.45	273.64
海北藏族自治州	125.27	135.55	0.00	12.41	12.53	0.00
海南藏族自治州	118.67	111.86	178.02	12.48	10.98	49.35
海西蒙古族藏族自治州	178.60	182.02	117.89	70.12	69.42	96.89
玉树藏族自治州	65.44	67.71	0.00	4.45	4.45	0.00
西宁市	175.18	152.66	226.84	71.70	51.67	178.49
黄南藏族自治州	96.80	114.64	0.00	5.55	5.68	0.00
平均值	167.73	155.92	178.27	29.41	24.55	74.80
基尼系数	0.306	0.244	0.711	0.499	0.497	0.658

3. 2016年

表 A-19-3   2016 年青海省地级政府债务风险

单位：%

地级政府	收入口径			支出口径		
	债务率	一般债务率	专项债务率	债务率	一般债务率	专项债务率
果洛藏族自治州	107.62	113.05	0.00	8.60	8.75	0.00
海东市	479.24	422.29	625.39	55.30	36.98	390.38
海北藏族自治州	175.36	186.14	0.00	12.33	12.57	0.00
海南藏族自治州	111.05	121.51	51.59	13.67	13.27	22.81
海西蒙古族藏族自治州	194.02	196.00	168.49	70.96	70.51	78.44
玉树藏族自治州	91.41	97.19	0.00	3.75	3.78	0.00
西宁市	232.08	189.63	338.50	75.52	49.55	286.29
黄南藏族自治州	92.92	102.18	0.00	5.39	5.49	0.00
平均值	185.46	178.50	148.00	30.69	25.11	97.24
基尼系数	0.315	0.266	0.700	0.495	0.481	0.711

二十　山东省

1. 2014年

表 A - 20 - 1　2014 年山东省地级政府债务风险

单位：%

地级政府	收入口径			支出口径		
	债务率	一般债务率	专项债务率	债务率	一般债务率	专项债务率
东营市	70.15	110.25	12.09	63.35	94.21	11.90
临沂市	134.20	132.79	135.26	99.37	73.24	134.43
威海市	98.49	139.85	61.49	86.69	110.04	60.55
德州市	172.54	219.32	126.33	132.12	136.45	125.30
日照市	92.31	110.19	72.36	72.77	72.95	72.45
枣庄市	102.32	126.94	77.58	79.08	80.58	76.73
泰安市	147.81	196.53	69.39	107.46	128.87	61.14
济南市	77.43	23.78	127.22	77.74	22.60	134.77
济宁市	103.72	133.55	60.59	83.38	95.60	59.23
淄博市	93.53	125.72	48.73	87.30	107.38	52.24
滨州市	180.06	195.14	140.20	134.85	135.37	132.97
潍坊市	119.16	149.24	84.08	104.89	121.65	81.61
烟台市	105.37	136.67	48.97	94.13	116.53	47.86
聊城市	101.04	124.23	62.64	66.60	67.86	62.77
莱芜市	197.89	270.66	18.04	130.62	167.57	14.24
菏泽市	76.12	61.57	101.56	43.34	29.03	90.73
青岛市	70.75	79.53	57.32	63.09	66.25	57.29
平均值	114.29	137.41	76.70	89.81	95.66	75.07
基尼系数	0.180	0.223	0.270	0.158	0.219	0.271

2. 2015年

表 A－20－2　2015年山东省地级政府债务风险

单位：%

地级政府	收入口径			支出口径		
	债务率	一般债务率	专项债务率	债务率	一般债务率	专项债务率
东营市	89.15	105.84	28.06	76.65	90.41	24.71
临沂市	182.15	115.37	310.51	111.76	61.38	270.10
威海市	103.68	125.47	76.44	85.30	92.60	73.43
德州市	232.69	198.16	337.08	140.34	107.22	311.19
日照市	89.21	109.57	66.34	67.82	71.90	61.36
枣庄市	136.15	125.57	159.58	96.85	79.31	157.62
泰安市	157.38	183.85	88.49	107.40	115.48	77.92
济南市	71.74	21.10	134.83	66.73	19.69	124.90
济宁市	100.10	119.36	66.41	79.25	85.42	64.59
淄博市	106.51	115.55	83.29	90.77	95.94	76.13
滨州市	172.65	172.89	171.71	121.80	114.11	164.57
潍坊市	118.91	135.52	94.54	101.28	107.26	90.66
烟台市	109.59	126.23	65.59	94.49	106.44	60.12
聊城市	117.54	122.45	102.69	67.11	62.11	94.55
莱芜市	190.43	268.04	14.75	131.11	160.39	15.40
菏泽市	84.59	62.29	143.14	42.79	27.64	114.64
青岛市	62.72	63.53	60.98	54.03	52.28	58.42
平均值	125.01	127.69	117.91	90.32	85.27	108.25
基尼系数	0.200	0.225	0.368	0.165	0.216	0.362

3. 2016年

表 A－20－3　2016年山东省地级政府债务风险

单位：%

地级政府	收入口径			支出口径		
	债务率	一般债务率	专项债务率	债务率	一般债务率	专项债务率
东营市	98.86	105.78	63.58	80.37	87.53	47.44
临沂市	179.41	114.25	300.10	106.80	58.47	256.03
威海市	93.71	119.59	66.25	78.24	92.00	60.82
德州市	214.80	192.25	268.76	132.71	106.24	231.38
日照市	106.26	105.42	107.70	72.61	66.17	86.58
枣庄市	154.80	130.23	223.16	103.28	82.25	176.54
泰安市	265.39	355.54	120.90	110.53	114.77	94.13

续表

地级政府	收入口径			支出口径		
	债务率	一般债务率	专项债务率	债务率	一般债务率	专项债务率
济南市	57.50	22.35	86.89	53.71	19.37	86.85
济宁市	111.59	113.20	107.44	83.41	79.76	95.23
淄博市	112.69	108.04	130.11	94.36	89.17	115.19
滨州市	149.77	153.14	137.75	105.87	105.12	108.95
潍坊市	118.08	127.43	103.42	99.87	104.23	92.42
烟台市	118.34	114.37	138.89	98.68	97.17	105.70
聊城市	107.96	117.17	87.76	65.66	61.40	82.39
莱芜市	181.42	202.01	76.53	126.88	147.00	44.66
菏泽市	80.68	64.02	111.67	41.40	27.57	88.93
青岛市	61.52	57.52	71.40	50.81	46.77	61.36
平均值	130.16	129.55	129.55	88.54	81.47	107.92
基尼系数	0.221	0.259	0.262	0.162	0.214	0.265

二十一　山西省

1. 2014年

表 A–21–1　2014年山西省地级政府债务风险

单位：%

地级政府	收入口径			支出口径		
	债务率	一般债务率	专项债务率	债务率	一般债务率	专项债务率
临汾市	128.94	143.83	79.27	58.68	60.09	51.41
吕梁市	77.90	100.14	14.29	44.30	49.58	14.14
大同市	136.66	175.14	80.51	80.89	82.87	75.18
太原市	62.53	17.81	124.91	56.24	14.29	135.21
忻州市	136.84	134.14	143.02	61.71	50.67	115.73
晋中市	115.00	123.49	100.02	73.13	66.92	91.66
晋城市	29.79	38.56	10.82	20.81	23.37	11.26
朔州市	67.81	99.09	3.11	46.21	59.97	2.86
运城市	84.36	117.45	42.22	27.17	25.97	32.48
长治市	67.28	66.66	69.41	41.02	37.24	61.61
阳泉市	124.18	125.19	120.32	72.74	67.77	101.75
平均值	93.75	103.77	71.63	52.99	48.98	63.03
基尼系数	0.206	0.237	0.369	0.195	0.236	0.389

2. 2015年

表 A–21–2 2015 年山西省地级政府债务风险

单位：%

地级政府	收入口径			支出口径		
	债务率	一般债务率	专项债务率	债务率	一般债务率	专项债务率
临汾市	176.42	158.38	239.08	62.50	48.57	183.45
吕梁市	168.64	179.68	76.02	57.49	59.46	34.60
大同市	209.09	207.23	215.83	76.88	65.84	184.83
太原市	62.69	15.97	133.19	47.96	10.43	137.56
忻州市	187.77	151.79	400.79	62.00	46.20	266.00
晋中市	160.41	150.26	189.13	76.44	62.46	153.93
晋城市	41.86	43.38	31.65	22.25	22.61	19.38
朔州市	126.95	113.03	177.16	55.71	44.38	135.02
运城市	107.21	111.89	94.40	26.27	22.74	52.53
长治市	110.77	98.87	185.55	47.07	39.47	132.31
阳泉市	171.39	167.74	193.54	81.63	73.56	193.01
平均值	138.47	127.11	176.03	56.02	45.07	135.69
基尼系数	0.204	0.239	0.281	0.184	0.239	0.290

3. 2016年

表 A–21–3 2016 年山西省地级政府债务风险

单位：%

地级政府	收入口径			支出口径		
	债务率	一般债务率	专项债务率	债务率	一般债务率	专项债务率
临汾市	193.64	180.14	234.67	61.81	49.66	144.20
吕梁市	187.97	147.77	514.63	63.73	48.00	271.17
大同市	237.55	226.52	279.27	85.17	70.44	237.78
太原市	66.78	31.98	118.55	51.80	21.32	121.57
忻州市	208.12	170.03	389.00	64.54	47.56	248.26
晋中市	160.14	157.38	166.22	80.41	64.18	170.37
晋城市	52.75	48.22	83.85	28.09	24.92	56.48
朔州市	162.26	138.58	269.90	67.60	53.32	180.13
运城市	118.30	112.28	135.52	29.41	23.06	84.84
长治市	114.51	100.25	232.18	49.19	42.15	121.52
阳泉市	214.13	185.24	472.61	88.83	77.75	177.57
平均值	156.01	136.22	263.31	60.96	47.49	164.90
基尼系数	0.209	0.230	0.288	0.178	0.214	0.223

二十二 陕西省

1. 2014年

表 A - 22 - 1 2014 年陕西省地级政府债务风险

单位：%

地级政府	收入口径			支出口径		
	债务率	一般债务率	专项债务率	债务率	一般债务率	专项债务率
咸阳市	130.74	83.74	553.85	44.07	26.23	590.27
商洛市	431.10	257.97	1125.63	90.69	45.89	884.38
安康市	194.58	272.84	107.27	44.38	37.43	93.75
宝鸡市	149.19	150.68	144.00	57.35	49.92	125.07
延安市	202.75	136.36	624.01	116.31	73.84	573.78
榆林市	84.06	47.05	303.90	56.38	29.77	316.53
汉中市	235.60	177.71	331.51	60.48	31.05	381.37
渭南市	286.60	171.36	1065.00	70.64	39.40	511.09
西安市	158.86	105.90	219.67	131.44	75.43	223.14
铜川市	229.17	256.47	125.31	71.97	68.26	124.88
平均值	210.27	166.01	460.02	74.37	47.72	382.43
基尼系数	0.231	0.250	0.417	0.204	0.206	0.354

2. 2015年

表 A - 22 - 2 2015 年陕西省地级政府债务风险

单位：%

地级政府	收入口径			支出口径		
	债务率	一般债务率	专项债务率	债务率	一般债务率	专项债务率
咸阳市	128.11	104.90	194.47	44.39	29.86	177.81
商洛市	462.46	417.74	860.31	86.42	73.16	398.27
安康市	213.68	261.07	135.28	42.06	35.85	94.06
宝鸡市	119.27	144.49	67.90	48.38	46.22	60.66

地级政府	收入口径			支出口径		
	债务率	一般债务率	专项债务率	债务率	一般债务率	专项债务率
延安市	183.52	145.50	331.69	100.29	74.30	249.47
榆林市	75.98	42.51	386.12	49.01	27.04	285.78
汉中市	224.19	205.78	248.28	59.92	35.54	234.03
渭南市	269.11	172.96	774.65	63.90	37.20	405.96
西安市	162.62	95.56	308.21	128.72	67.82	325.41
铜川市	229.96	251.66	144.97	68.18	64.73	106.82
平均值	206.89	184.22	345.19	69.13	49.17	233.83
基尼系数	0.254	0.298	0.385	0.206	0.200	0.285

3. 2016年

表 A‐22‐3　2016年陕西省地级政府债务风险

单位：%

地级政府	收入口径			支出口径		
	债务率	一般债务率	专项债务率	债务率	一般债务率	专项债务率
咸阳市	121.68	116.92	131.34	39.70	28.12	154.84
商洛市	296.33	303.71	266.92	77.31	67.34	235.23
安康市	326.53	446.41	153.71	61.47	54.24	139.10
宝鸡市	141.73	179.11	74.46	50.30	47.13	71.01
延安市	235.86	162.48	596.23	101.72	64.80	428.48
榆林市	100.91	77.74	357.62	51.41	38.40	279.18
汉中市	222.80	195.62	262.68	53.85	31.55	236.25
渭南市	300.21	211.04	665.79	65.45	39.33	477.79
西安市	193.99	112.94	391.98	144.79	76.82	383.80
铜川市	293.60	281.68	410.02	68.69	62.45	208.73
平均值	223.36	208.77	331.08	71.47	51.02	261.44
基尼系数	0.195	0.270	0.312	0.208	0.176	0.269

二十三 四川省

1. 2014年

表 A - 23 - 1 2014年四川省地级政府债务风险

单位：%

地级政府	收入口径			支出口径		
	债务率	一般债务率	专项债务率	债务率	一般债务率	专项债务率
乐山市	154.48	203.53	106.61	82.28	74.44	102.35
内江市	255.96	646.70	43.44	130.63	174.08	43.24
凉山彝族自治州	97.15	98.71	92.02	34.96	30.30	76.35
南充市	269.36	438.34	176.53	117.82	97.36	165.19
宜宾市	211.69	198.47	232.84	103.36	75.53	207.78
巴中市	374.93	819.59	120.36	126.54	132.14	108.61
广元市	310.75	479.42	115.91	86.55	86.68	85.94
广安市	156.31	354.18	26.67	68.31	86.96	23.83
德阳市	164.35	99.74	253.44	89.82	42.27	230.67
成都市	106.68	79.79	134.22	92.77	61.04	135.72
攀枝花市	286.13	205.11	620.40	158.99	106.48	485.69
泸州市	143.41	167.36	108.20	76.35	68.97	100.93
甘孜藏族自治州	86.33	86.89	82.54	9.17	8.27	43.20
眉山市	159.53	233.14	107.96	99.45	96.35	104.53
绵阳市	153.19	175.17	129.24	75.48	60.49	119.03
自贡市	231.37	241.86	221.14	96.48	69.63	163.90
资阳市	124.76	200.61	96.23	74.64	58.97	94.23
达州市	253.90	381.65	98.18	95.13	96.17	90.50
遂宁市	189.21	324.39	119.97	93.56	82.50	114.92
阿坝藏族羌族自治州	139.88	152.79	53.99	22.75	22.72	23.22
雅安市	107.17	161.90	37.87	15.63	14.20	34.34
平均值	189.36	273.78	141.80	83.37	73.60	121.63
基尼系数	0.224	0.349	0.370	0.242	0.283	0.372

2. 2015年

表 A-23-2　2015 年四川省地级政府债务风险

单位：%

地级政府	收入口径			支出口径		
	债务率	一般债务率	专项债务率	债务率	一般债务率	专项债务率
乐山市	188.56	197.65	172.90	88.48	72.82	153.50
内江市	356.00	575.00	89.02	140.07	150.20	91.49
凉山彝族自治州	112.64	104.83	154.03	32.30	26.88	118.31
南充市	372.25	354.98	392.34	128.62	81.70	325.04
宜宾市	169.90	137.43	263.65	74.73	51.33	238.02
巴中市	379.99	729.78	126.69	117.54	115.84	125.25
广元市	334.43	438.93	150.30	88.59	85.47	109.11
广安市	169.79	294.19	34.09	64.43	74.08	28.95
德阳市	183.50	101.76	356.74	90.17	41.09	324.53
成都市	105.47	68.56	158.95	92.59	54.05	166.98
攀枝花市	252.19	258.28	222.29	125.11	122.30	144.00
泸州市	120.19	158.40	77.51	68.41	66.84	72.28
甘孜藏族自治州	87.23	85.68	102.93	9.36	8.50	62.98
眉山市	143.92	219.06	93.65	89.34	87.94	91.63
绵阳市	197.07	182.06	227.69	84.25	62.32	197.69
自贡市	296.59	228.63	438.76	97.05	59.12	322.84
资阳市	220.68	207.26	235.60	89.27	59.25	176.91
达州市	311.81	376.48	166.96	97.58	91.88	142.12
遂宁市	228.92	273.30	184.24	94.74	73.71	165.04
阿坝藏族羌族自治州	137.21	138.77	111.38	21.09	20.42	64.54
雅安市	114.55	173.75	41.00	24.85	23.70	33.37
平均值	213.47	252.61	180.99	81.84	68.07	150.22
基尼系数	0.244	0.333	0.321	0.229	0.278	0.320

3. 2016年

表 A – 23 – 3　2016 年四川省地级政府债务风险

单位：%

地级政府	收入口径			支出口径		
	债务率	一般债务率	专项债务率	债务率	一般债务率	专项债务率
乐山市	201.33	203.45	196.97	92.40	73.60	202.32
内江市	396.28	532.43	147.86	141.41	142.74	133.21
凉山彝族自治州	114.03	116.25	104.56	34.65	30.58	94.54
南充市	415.93	321.05	589.60	122.52	71.01	442.20
宜宾市	187.93	146.85	335.53	75.44	53.04	224.53
巴中市	454.06	693.53	195.89	122.27	115.17	159.84
广元市	380.50	473.75	210.08	87.92	83.52	112.25
广安市	169.64	272.79	66.41	66.37	73.22	47.93
德阳市	189.77	96.05	479.48	93.66	42.32	376.54
成都市	111.00	70.27	171.15	90.06	51.76	163.39
攀枝花市	264.31	241.85	472.66	123.22	112.51	224.74
泸州市	146.98	149.82	142.14	73.14	62.73	104.19
甘孜藏族自治州	126.53	126.72	124.58	14.67	13.62	82.40
眉山市	155.32	188.66	125.04	89.09	78.87	108.33
绵阳市	192.69	181.76	212.31	78.10	58.38	162.29
自贡市	233.81	225.74	242.98	93.25	61.30	207.03
资阳市	348.17	285.78	436.41	123.12	71.06	383.03
达州市	272.48	368.98	120.86	87.84	87.00	92.12
遂宁市	226.33	266.18	183.90	92.48	72.62	159.90
阿坝藏族羌族自治州	83.39	82.36	110.39	19.33	18.60	80.67
雅安市	169.19	171.48	164.36	43.05	36.32	72.84
平均值	230.46	248.37	230.15	84.00	67.14	173.06
基尼系数	0.255	0.326	0.318	0.218	0.251	0.318

二十四　西藏自治区

1. 2014年

表 A - 24 - 1　2014 年西藏自治区地级政府债务风险

单位：%

地级政府	收入口径			支出口径		
	债务率	一般债务率	专项债务率	债务率	一般债务率	专项债务率
山南市	35.76	51.20	0.00	6.24	6.58	0.00
拉萨市	3.04	4.35	0.00	1.43	1.66	0.00
日喀则市	62.78	89.88	0.00	5.90	6.07	0.00
昌都市	14.90	22.22	0.00	1.89	2.00	0.00
林芝市	47.36	61.15	0.00	8.60	9.34	0.00
那曲市	32.97	42.50	0.00	2.18	2.22	0.00
阿里地区	27.15	35.07	0.00	2.03	2.11	0.00
平均值	31.99	43.77	0.00	4.04	4.28	0.00
基尼系数	0.322	0.327	—	0.344	0.345	—

2. 2015年

表 A - 24 - 2　2015 年西藏自治区地级政府债务风险

单位：%

地级政府	收入口径			支出口径		
	债务率	一般债务率	专项债务率	债务率	一般债务率	专项债务率
山南市	24.91	34.29	0.00	3.18	3.26	0.00
拉萨市	2.53	3.68	0.00	1.02	1.15	0.00
日喀则市	42.28	61.42	0.00	3.08	3.14	0.00
昌都市	14.98	19.52	0.00	1.20	1.24	0.00
林芝市	32.52	42.31	0.00	4.78	4.89	0.00
那曲市	23.05	28.79	0.00	1.11	1.13	0.00
阿里地区	17.69	23.73	0.00	1.05	1.07	0.00
平均值	22.57	30.53	0.00	2.20	2.27	0.00
基尼系数	0.292	0.307	—	0.324	0.319	—

3. 2016年

表 A-24-3 2016年西藏自治区地级政府债务风险

单位：%

地级政府	收入口径			支出口径		
	债务率	一般债务率	专项债务率	债务率	一般债务率	专项债务率
山南市	30.13	42.75	0.00	4.37	4.60	0.00
拉萨市	3.35	0.84	8.26	1.24	0.24	7.24
日喀则市	47.49	69.54	0.00	2.70	2.75	0.00
昌都市	22.49	25.42	0.00	1.82	1.84	0.00
林芝市	37.67	50.01	0.00	5.91	6.19	0.00
那曲市	37.19	38.78	0.00	1.39	1.40	0.00
阿里地区	67.72	85.19	0.00	3.05	3.11	0.00
平均值	35.15	44.65	1.18	2.93	2.88	1.03
基尼系数	0.291	0.322	0.857	0.296	0.362	0.857

二十五 新疆维吾尔自治区

1. 2014年

表 A-25-1 2014年新疆维吾尔自治区地级政府债务风险

单位：%

地级政府	收入口径			支出口径		
	债务率	一般债务率	专项债务率	债务率	一般债务率	专项债务率
乌鲁木齐市	208.21	135.19	429.58	182.72	113.76	433.42
伊犁哈萨克自治州	74.46	60.27	104.01	30.15	19.27	94.59
克孜勒苏柯尔克孜自治州	214.75	266.80	0.00	29.45	30.62	0.00
克拉玛依市	178.93	206.94	8.28	147.07	162.14	9.71
博尔塔拉蒙古自治州	138.61	156.17	84.68	41.86	39.01	71.43
吐鲁番市	109.71	153.99	4.48	63.00	73.28	5.06
和田地区	140.16	132.91	171.27	13.66	11.16	53.68
哈密市	156.07	182.10	35.64	128.03	144.74	34.32

续表

地级政府	收入口径			支出口径		
	债务率	一般债务率	专项债务率	债务率	一般债务率	专项债务率
喀什地区	100.64	89.55	144.41	16.92	12.53	119.77
塔城地区	165.72	181.77	89.71	61.99	61.78	64.15
巴音郭楞蒙古自治州	102.07	104.35	95.56	51.93	45.64	91.00
昌吉回族自治州	82.44	100.60	46.76	49.86	51.88	42.81
阿克苏地区	104.03	117.96	45.51	42.54	42.64	41.49
阿勒泰地区	110.34	130.38	0.10	34.99	37.20	0.08
平均值	134.72	144.21	90.00	63.87	60.40	75.82
基尼系数	0.179	0.195	0.559	0.393	0.400	0.578

2. 2015年

表 A－25－2　2015年新疆维吾尔自治区地级政府债务风险

单位：%

地级政府	收入口径			支出口径		
	债务率	一般债务率	专项债务率	债务率	一般债务率	专项债务率
乌鲁木齐市	196.80	123.15	478.38	168.18	101.65	472.69
伊犁哈萨克自治州	104.64	68.99	280.36	31.41	18.59	191.46
克孜勒苏柯尔克孜自治州	150.84	166.89	0.00	17.83	18.10	0.00
克拉玛依市	184.39	202.95	12.36	159.99	169.74	16.42
博尔塔拉蒙古自治州	161.95	125.73	371.62	40.39	28.40	233.72
吐鲁番市	130.33	153.57	29.80	61.24	64.85	27.36
和田地区	109.68	112.84	100.32	11.21	9.01	60.40
哈密市	109.73	129.84	29.85	64.33	70.30	26.08
喀什地区	72.57	71.36	76.38	12.49	9.74	71.10
塔城地区	196.64	200.93	166.59	61.80	59.25	97.10
巴音郭楞蒙古自治州	103.58	107.67	91.74	46.77	41.93	76.98
昌吉回族自治州	86.94	90.95	75.03	49.60	46.41	65.93
阿克苏地区	119.82	115.36	169.05	37.79	35.13	88.13
阿勒泰地区	131.99	143.33	51.52	36.01	36.20	32.77
平均值	132.85	129.54	138.07	57.07	50.66	104.30
基尼系数	0.163	0.172	0.520	0.399	0.412	0.530

3. 2016年

表 A‑25‑3 2016 年新疆维吾尔自治区地级政府债务风险

单位：%

地级政府	收入口径			支出口径		
	债务率	一般债务率	专项债务率	债务率	一般债务率	专项债务率
乌鲁木齐市	184.81	112.73	458.83	165.69	99.81	432.26
伊犁哈萨克自治州	130.18	100.59	383.96	36.29	26.04	315.72
克孜勒苏柯尔克孜自治州	162.14	176.73	0.00	17.01	17.20	0.00
克拉玛依市	237.65	174.23	1305.09	192.79	138.37	1657.82
博尔塔拉蒙古自治州	152.11	125.50	290.44	39.49	29.02	208.77
吐鲁番市	138.54	145.61	87.98	64.07	62.65	87.59
和田地区	124.98	115.40	153.65	13.35	9.60	110.31
哈密市	121.49	97.55	270.86	65.92	49.37	266.76
喀什地区	89.34	87.00	99.24	13.76	11.31	69.73
塔城地区	185.46	196.56	107.41	56.75	55.07	93.51
巴音郭楞蒙古自治州	133.44	124.60	178.89	51.44	43.94	132.65
昌吉回族自治州	121.02	113.53	161.62	58.14	50.13	148.65
阿克苏地区	127.61	125.32	151.08	39.74	37.06	102.78
阿勒泰地区	153.74	170.81	56.16	37.95	37.64	44.31
平均值	147.32	133.30	264.66	60.89	47.66	262.20
基尼系数	0.127	0.136	0.507	0.402	0.365	0.584

二十六 云南省

1. 2014年

表 A‑26‑1 2014 年云南省地级政府债务风险

单位：%

地级政府	收入口径			支出口径		
	债务率	一般债务率	专项债务率	债务率	一般债务率	专项债务率
临沧市	324.01	254.27	582.44	73.83	48.72	444.03
丽江市	160.16	177.73	83.26	63.47	63.95	59.28
保山市	341.98	257.59	544.11	120.49	74.00	419.14
大理白族自治州	220.69	239.22	173.17	81.92	73.94	132.66
德宏傣族景颇族自治州	498.62	303.41	1816.28	137.77	77.27	1175.48
怒江傈僳族自治州	157.75	171.64	4.97	24.26	25.28	1.48

续表

地级政府	收入口径			支出口径		
	债务率	一般债务率	专项债务率	债务率	一般债务率	专项债务率
文山壮族苗族自治州	285.31	367.71	107.98	85.87	85.82	86.19
昆明市	227.69	104.92	442.00	206.48	84.48	514.17
昭通市	315.73	394.81	117.24	62.54	60.88	81.41
普洱市	318.09	374.40	159.21	80.57	75.08	156.69
曲靖市	184.06	193.95	142.72	70.84	67.14	103.11
楚雄彝族自治州	251.24	206.18	390.40	90.43	64.05	275.53
玉溪市	385.30	287.37	858.61	224.85	157.46	731.06
红河哈尼族彝族自治州	189.35	219.04	128.50	79.64	70.53	145.26
西双版纳傣族自治州	182.54	96.90	320.66	79.02	30.98	323.75
迪庆藏族自治州	432.08	442.88	360.77	68.32	63.47	179.56
平均值	279.66	255.75	389.52	96.89	70.19	301.80
基尼系数	0.196	0.217	0.506	0.257	0.189	0.491

2. 2015年

表 A - 26 - 2   2015 年云南省地级政府债务风险

单位：%

地级政府	收入口径			支出口径		
	债务率	一般债务率	专项债务率	债务率	一般债务率	专项债务率
临沧市	334.81	232.33	1050.50	69.29	43.67	739.69
丽江市	170.45	168.71	195.05	57.86	55.95	99.42
保山市	357.69	283.50	600.36	114.21	77.08	446.14
大理白族自治州	213.04	214.27	208.46	69.57	60.32	168.65
德宏傣族景颇族自治州	502.66	290.70	2732.24	135.68	74.61	1614.05
怒江傈僳族自治州	187.80	200.49	5.66	24.65	25.13	2.30
文山壮族苗族自治州	337.81	372.65	194.43	84.66	79.88	160.17
昆明市	320.69	154.09	913.13	269.49	125.73	858.56
昭通市	354.39	364.85	283.28	53.49	49.75	155.90
普洱市	343.26	357.09	274.66	84.91	77.40	226.70
曲靖市	191.48	187.30	220.92	65.75	60.93	124.83
楚雄彝族自治州	258.63	198.98	581.98	88.88	62.75	389.54
玉溪市	357.98	244.10	1280.95	209.15	136.45	1181.24
红河哈尼族彝族自治州	226.47	240.76	181.37	90.24	80.37	185.89
西双版纳傣族自治州	239.62	109.24	797.95	80.42	31.85	760.11
迪庆藏族自治州	396.87	404.39	299.52	58.39	56.84	111.71
平均值	299.60	251.47	613.78	97.29	68.67	451.56
基尼系数	0.163	0.188	0.497	0.296	0.220	0.505

3. 2016年

表 A - 26 - 3　2016 年云南省地级政府债务风险

单位：%

地级政府	收入口径			支出口径		
	债务率	一般债务率	专项债务率	债务率	一般债务率	专项债务率
临沧市	336.15	358.48	84.52	65.98	66.72	43.19
丽江市	175.23	178.15	142.26	58.97	57.27	101.63
保山市	358.34	243.91	1005.91	108.12	65.96	880.05
大理白族自治州	205.26	209.17	191.67	67.23	58.18	164.23
德宏傣族景颇族自治州	495.54	327.46	1445.22	136.40	79.48	1639.01
怒江傈僳族自治州	256.16	163.04	2400.97	29.91	18.51	802.67
文山壮族苗族自治州	287.13	347.80	113.67	72.56	69.88	109.29
昆明市	286.78	146.60	668.39	233.25	112.75	644.52
昭通市	336.98	343.87	282.13	52.92	50.15	114.01
普洱市	319.22	236.31	707.39	76.48	48.14	963.01
曲靖市	192.23	178.97	381.05	62.34	56.49	202.46
楚雄彝族自治州	271.45	220.63	503.75	95.72	69.08	420.21
玉溪市	326.85	234.54	850.43	195.63	131.73	811.10
红河哈尼族彝族自治州	188.31	184.44	206.82	74.15	64.81	192.64
西双版纳傣族自治州	254.89	137.24	705.58	79.62	35.66	976.95
迪庆藏族自治州	344.84	353.72	235.31	50.82	49.08	148.35
平均值	289.71	241.52	620.32	91.26	64.62	513.33
基尼系数	0.148	0.177	0.470	0.284	0.208	0.464

二十七　浙江省

1. 2014年

表 A - 27 - 1　2014 年浙江省地级政府债务风险

单位：%

地级政府	收入口径			支出口径		
	债务率	一般债务率	专项债务率	债务率	一般债务率	专项债务率
丽水市	115.30	149.77	91.69	65.34	55.81	80.78
台州市	128.63	160.47	84.61	101.02	114.56	77.11
嘉兴市	135.54	148.82	123.24	127.17	136.46	118.18

续表

地级政府	收入口径			支出口径		
	债务率	一般债务率	专项债务率	债务率	一般债务率	专项债务率
宁波市	113.20	120.98	103.30	107.35	104.03	112.71
杭州市	81.17	76.67	84.57	85.79	81.94	88.63
温州市	88.08	73.73	98.71	75.47	53.16	98.30
湖州市	194.95	343.42	81.43	168.91	256.67	80.33
绍兴市	147.78	155.01	140.46	143.40	141.96	145.05
舟山市	199.09	186.07	216.85	132.86	99.88	216.50
衢州市	146.68	160.05	134.15	83.35	66.98	114.71
金华市	78.11	74.57	81.67	66.61	56.82	79.09
平均值	129.87	149.96	112.79	105.21	106.21	110.13
基尼系数	0.169	0.235	0.169	0.174	0.267	0.175

2. 2015年

表 A – 27 – 2　2015 年浙江省地级政府债务风险

单位：%

地级政府	收入口径			支出口径		
	债务率	一般债务率	专项债务率	债务率	一般债务率	专项债务率
丽水市	98.97	109.81	88.35	50.96	37.15	93.05
台州市	125.82	135.81	104.50	89.29	88.52	91.50
嘉兴市	143.94	119.88	190.48	123.55	99.03	176.89
宁波市	115.05	92.42	190.60	95.00	74.25	173.49
杭州市	80.88	61.94	109.79	82.95	63.40	112.95
温州市	88.09	68.00	108.96	74.36	48.14	114.97
湖州市	212.70	266.25	130.52	170.42	186.07	134.88
绍兴市	143.36	115.75	201.98	127.81	99.68	194.69
舟山市	217.57	167.52	329.77	112.98	78.79	223.26
衢州市	138.54	114.67	185.55	68.10	46.74	153.55
金华市	91.46	74.84	124.69	66.15	49.91	108.54
平均值	132.40	120.63	160.47	96.51	79.24	143.43
基尼系数	0.181	0.228	0.213	0.188	0.251	0.165

3. 2016年

表 A - 27 - 3　2016 年浙江省地级政府债务风险

单位：%

地级政府	收入口径			支出口径		
	债务率	一般债务率	专项债务率	债务率	一般债务率	专项债务率
丽水市	134.36	140.70	126.90	58.19	42.65	110.85
台州市	117.29	131.39	89.20	88.46	87.68	90.80
嘉兴市	116.77	118.32	114.81	124.88	129.29	119.57
宁波市	74.35	80.45	65.59	70.74	69.54	72.96
杭州市	72.19	64.45	80.79	73.52	64.36	84.12
温州市	47.60	19.35	73.85	37.75	12.77	72.10
湖州市	195.63	246.36	114.89	163.33	180.26	123.68
绍兴市	158.54	146.53	177.51	145.61	125.39	184.40
舟山市	180.47	153.68	229.33	103.77	73.81	205.96
衢州市	133.64	147.45	119.08	71.23	56.31	108.80
金华市	94.40	93.31	96.19	67.46	58.18	90.49
平均值	120.48	122.00	117.10	91.36	81.84	114.88
基尼系数	0.209	0.247	0.205	0.223	0.295	0.189

参考文献

［1］ 曹勇、李孟刚、李刚、洪雅惠：《基于信用利差与 Logistic 回归的公司违约概率测算模型与实证研究》，《运筹与管理》2016 年第 6 期，第 209 ~ 223 页。

［2］ 常欣、张莹、汤铎铎：《中国政府部门的债务风险》，载中国社会科学院国家金融与发展实验室编《管理结构性减速过程中的金融风险》，社会科学文献出版社，2017，第 101 ~ 156 页。

［3］ 陈菁、李建发：《财政分权、晋升激励与地方政府债务融资行为——基于城投债视角的省级面板经验证据》，《会计研究》2015 年第 1 期，第 61 ~ 67、97 页。

［4］ 戴国强、吴许均：《基于违约概率和违约损失率的贷款定价研究》，《国际金融研究》2005 年第 10 期，第 43 ~ 48 页。

［5］ 刁伟涛：《我国地方政府债务分类纳入预算管理的初始状况分析：2014 ~ 2015》，《财政研究》2016 年第 8 期，第 28 ~ 39 页。

［6］ 刁伟涛：《中国地方政府债务透明度评估：2014 ~ 2015》，《上海财经大学学报》2017 年第 5 期，第 80 ~ 90 页。

［7］ 刁伟涛、王楠：《我国各省地方政府偿债能力的空间格局和动态演进——一般债务和专项债务的分类评估》，《财经论丛》2017 年第 4 期，第 26 ~ 36 页。

［8］ 伏润民、缪小林、高跃光：《地方政府债务风险对金融系统的空间外溢效应》，《财贸经济》2017 年第 9 期，第 31 ~ 47 页。

［9］ 郭玉清、何杨、李龙：《救助预期、公共池激励与地方政府举债融资的大国治理》，《经济研究》2016 年第 3 期。

［10］ 郭玉清、袁静、李永宁：《中国各省区财政偿债能力的比较与演进：2005 ~ 2012》，《财贸研究》2015 年第 1 期，第 80 ~ 90 页。

［11］韩立岩、郑承利、罗雯、杨哲彬：《中国市政债券信用风险与发债规模研究》，《金融研究》2003 年第 2 期，第 85～94 页。

［12］黄春元、毛捷：《财政状况与地方债务规模——基于转移支付视角的新发现》，《财贸经济》2015 年第 6 期，第 18～31 页。

［13］李腊生、耿晓媛、郑杰：《我国地方政府债务风险评价——基于风险可转移性的 KMV 模型分析》，《统计研究》2013 年第 10 期，第 30～39 页。

［14］李扬、张晓晶、常欣：《中国国家资产负债表 2015——杠杆调整与风险管理》，中国社会科学出版社，2015。

［15］李扬、张晓晶、常欣：《中国主权资产负债表及其风险评估（上）》，《经济研究》2012 年第 6 期，第 4～19 页。

［16］罗党论、佘国满：《地方官员变更与地方债发行》，《经济研究》2015 年第 6 期，第 131～146 页。

［17］马德功、马敏捷：《地方政府债务风险防控机制实证分析》，《西南民族大学学报（社科版）》2015 年第 2 期，第 139～144 页。

［18］沈沛龙、崔婕：《内部评级法中违约损失率的度量方法研究》，《金融研究》2005 年第 12 期，第 86～95 页。

［19］沈沛龙、樊欢：《基于可流动性资产负债表的我国政府债务风险研究》，《经济研究》2012 年第 2 期，第 93～105 页。

［20］王俊：《地方政府债务的风险成因、结构与预警实证》，《中国经济问题》2015 年第 2 期，第 13～25 页。

［21］王学凯、黄瑞玲：《基于 KMV 模型的地方政府性债务违约风险分析》，《上海经济研究》2015 年第 4 期，第 62～69 页。

［22］王振宇、郭艳娇：《地方财政收入负增长现象、影响因素及量化测度：以辽宁为例》，《财贸经济》2016 年第 4 期，第 18～29 页。

［23］吴恒煜、胡锡亮、吕江林：《我国银行业系统性风险研究——基于拓展的未定权益分析法》，《国际金融研究》2013 年第 7 期，第 85～96 页。

［24］武剑：《内部评级理论、方法与实务——巴塞尔新资本协议核心技术》，中国金融出版社，2005。

［25］徐占东、王雪标：《中国省级政府债务风险测度与分析》，《数量经济技

术经济研究》2014 年第 12 期，第 38～54 页。

[26] 杨林、侯欢："新型城镇化进程中地方政府债务风险的再思考"，《财经论丛》2015 年第 5 期，第 24～31 页。

[27] 于立勇、詹捷辉、金建国：《内部评级法中违约概率与违约损失率的测算研究》，《统计研究》2004 年第 12 期，第 22～26 页。

[28] 詹原瑞：《银行内部评级的方法与实践》，中国金融出版社，2009。

[29] 张晓晶、刘学良：《中国的债务与杠杆率：基于国家资产负债表的分析》，载中国社会科学院国家金融与发展实验室编《管理结构性减速过程中的金融风险》，社会科学文献出版社，2017，第 19～42 页。

[30] Altman, Edward I. , Brook Brady, Andrea Resti & Andrea Sironi, The Link between Default and Recovery Rates: Theory, Empirical Evidence, and Implications. *Journal of Business*, 78 (6), 2005, pp. 2203－2228.

[31] Altman, Edward I. , & Vellore M. Kishore, Almost everything you wanted to know about recoveries on defaulted bonds. *Financial Analysts Journal*, 52 (6), 1996, pp. 57－64.

[32] Asarnow, Elliot and David Edwards, Measuring Loss on Defaulted Bank Loans: A 24－Year Study. *Journal of Commercial Lending*, 77 (7), 1995, pp. 11－23.

[33] Black, Fischer and Myron S. Scholes, The pricing of options and corporate liabilities, *Journal of Political Economy*, (81), 1973, pp. 637－654.

[34] Crosbie, Peter and Jeff Bohn, 2003, Modeling Default Risk, Moody KMV.

[35] Derbali, A. , & S. Hallara, Dependence of default probability and recovery rate in structural credit risk models: Empirical Evidence from Greece. *International Journal of Management & Business Research*, 5 (2), 2015, pp. 141－158.

[36] Gapen, Michael T. et al. , 2005, Measuring and Analyzing Sovereign Risk with Contingent Claims, IMF Working Paper, WP/05/155.

[37] Hu, Yen－Ting & William Perraudin, The Dependence of Recovery Rates and Defaults, Research Paper, 2006, Reference Number: 6/1.

[38] Merton, Robert C. , Theory of Rational Option Pricing, *Bell Journal of*

Economics and Management Science, 4 (1), 1973, pp. 141 – 183.

[39] Thorburn, Karin S. , Bankruptcy auctions: costs, debt recovery, and firm survival. *Journal of Financial Economics*, 58 (3), 2000, pp. 337 – 368.

后　记

在本书基本要定稿出版的时候，回想起来，本书的写作已经持续将近三年，在这三年里，地方政府债务信息的工作不断推进、透明度不断提高，为本书的写作提供了重要的基础数据支撑，同时，党中央、国务院乃至全社会对于地方政府债务风险的防范化解和规范治理也给予了更多关注，为本书的公开出版赋予了现实意义和应用价值。

当然，本书的完成不是仅靠一人之力，而是凝聚着太多人的关心、支持、努力和奉献。首先要感谢的是参与地方政府债务和财政收支数据查找工作的同学，本书的完成离不开他们高效率、高质量的数据查找工作，他们是：硕士研究生王楠、傅巾益、仪姗、张雪雁、张倩慧、徐柳、钱苏月、王意、孙咪佳、马萌蔚、王爽、李彬、张娅娅、李宝驹和郭纯孜等同学；本科生徐匡迪、李群、董雪莲、赵海龙、赵心静、付式宇、王祖钰、孙笑、郑园、台文静、张晓娜、田亚楠、蔡文健、岳凤晶、周丽珺、张潇尹、柏淑伟、王国庆、刘祥祥、林聪惠和黄岚等同学。他们的认真和执着、努力和奉献，无疑体现了青岛理工大学学生的担当与风采。

其次要感谢参加中国地方政府性债务系列报告发布会暨债务治理研讨会的专家学者，本书的初稿在这次会议上进行了发布，这次会议由青岛理工大学主办、青岛理工大学商学院承办，于 2018 年 9 月 16 日召开，来自政府部门、社科院、高等院校、专业机构以及新闻媒体等的专家学者、业界人士以及关注地方政府债务问题的老师和同学共 80 余人参加了这次会议，其中《财贸经济》杂志的张德勇研究员、南京财经大学财政与税务学院副院长朱军教授、山东大学商学院副院长杨林教授、中南财经政法大学财政税务学院庄佳强副教授、中国社会科学院财经战略研究院何代欣副研究员、上海财经大学公共经济与管理学院郭峰副教授、湖南大学经济与贸易学院洪源副教授、青岛大学 PPP 研究所所长王亚玲副教授、鹏元资信评估公司研发总监李慧杰、西安工程大学管理学院陈宝东博士、山东省财政厅债务办公室曲哲先生等对地方政府债务风险报告进行了深入的点评和专业的指导，也使本书在报告的基础上有了很大完善和提升。

最后要感谢青岛理工大学商学院院长王曙光教授，他对本书涉及的数据查找、团队建设、发布会筹备等相关工作都给予了高度的重视，为本书的顺利完成提供了人力、物力和财力等方面的支持。

还有太多需要感谢的人，学校领导、学院领导、学院同事、专家学者、业界人士等，大家的关注和支持给予我完成本书莫大助益，也是我在今后持续研究的不竭动力，由于财政收支和债务数据查找、整理和申请工作量大，书中不免有疏漏之处，希望读者多批评指正，也希冀能够以本书为我国地方政府债务在新时代的风险防范和规范治理贡献一份绵薄之力。

习伟涛

2018 年 10 月 26 日

图书在版编目（CIP）数据

中国地方政府债务风险：2014－2017／刁伟涛著
. －－北京：社会科学文献出版社，2018.12
ISBN 978－7－5201－4064－5

Ⅰ.①中… Ⅱ.①刁… Ⅲ.①地方财政－债务管理－
风险管理－研究－中国－2014－2017 Ⅳ.①F812.7

中国版本图书馆 CIP 数据核字（2018）第 280064 号

中国地方政府债务风险（2014～2017）

著　　者／刁伟涛

出 版 人／谢寿光
项目统筹／恽　薇　陈　欣
责任编辑／陈　欣

出　　版／社会科学文献出版社·经济与管理分社（010）59367226
　　　　　　地址：北京市北三环中路甲29号院华龙大厦　邮编：100029
　　　　　　网址：www.ssap.com.cn
发　　行／市场营销中心（010）59367081　59367083
印　　装／天津千鹤文化传播有限公司

规　　格／开本：787mm×1092mm　1/16
　　　　　　印张：17.25　字数：288千字
版　　次／2018年12月第1版　2018年12月第1次印刷
书　　号／ISBN 978－7－5201－4064－5
定　　价／89.00元

本书如有印装质量问题，请与读者服务中心（010－59367028）联系